Gauge Invariance

I. The gauge invariance in Electromagnetic theory

(i) Give rise to the definition of a charge and current density

(ii) Fix the interaction between an arbitrary field and the fields, by the requirement of the gauge invariance.

By the second purpose, e.g. a real field cannot interact with the photon. (But notice that a complex field cannot undergo a transformation change under a Gauge Transformation does not interact with the photon either. e.g. the neutral mesons belong to this class)

II. We can easily formulate a "theory" for Meson gauge by requiring that $U_k \rightarrow U_k e^{i \partial_k \epsilon}$, $U_k^* \rightarrow U_k^* e^{-}$

and get a "meson charge & current" density when the constants, $(e_k = $ meson charge of the particle $U_k)$

In order to fix the interaction between an arbitrary field number, the meson field a Gauge transformation of the second kind for the meson field is necessary. This can be done in the case of neutral mesons by writing

(incorrect)
↑
(see IV) $\mathcal{L} = -\frac{1}{4} F_{\nu\mu} F_{\nu\mu} - K^2 U_\nu U_\nu + 2A_\nu \partial_\mu$

where A_ν is Stuckelberg's potential

regarding A_ν & B as independent

For charged

曙光集

—— 十年增订版 ——

杨振宁 著　翁帆 编译

生活·讀書·新知 三联书店

图书在版编目（CIP）数据

曙光集／杨振宁著；翁帆编译. —十年增订版. —北京：
生活·读书·新知三联书店，2018.9 （2023.4 重印）
ISBN 978 – 7 – 108 – 06253 – 6

Ⅰ．①曙…　Ⅱ．①杨…②翁…　Ⅲ．①杨振宁－文集
Ⅳ．① K837.126.11-53

中国版本图书馆 CIP 数据核字（2018）第 056956 号

责任编辑　徐国强
装帧设计　朴　实　康　健
责任校对　曹忠苓
责任印制　董　欢
出版发行　**生活·讀書·新知** 三联书店
　　　　　（北京市东城区美术馆东街 22 号 100010）
网　　址　www.sdxjpc.com
经　　销　新华书店
印　　刷　河北鹏润印刷有限公司
版　　次　2018 年 9 月北京第 1 版
　　　　　2023 年 4 月北京第 3 次印刷
开　　本　635 毫米 × 965 毫米　1/16　印张 31
字　　数　336 千字　图 88 幅
印　　数　13,001 – 16,000 册
定　　价　88.00 元
（印装查询：01064002715；邮购查询：01084010542）

编前言

　　振宁和我结婚后一直有出版他的新文集的想法，可是我们总是行程匆匆，没有做成。最近我们才挑选、整理（有些文章曾作少许字句的更改）、翻译了部分他在过去二十几年间所写的文章，包括一些采访，成为今天的《曙光集》。

　　关于书名，其实我们有过几个想法。振宁以前的书有《读书教学四十年》和《读书教学再十年》，那我们是不是还沿用《读书教学×××》呢？有一段日子我们一直斟酌着，直到一个早上，振宁很高兴地对我说："我找到好名字了！就叫《曙光集》。"

　　这个名字给我的第一感觉是很"进步"，不过后来我觉得这个名字还不错。振宁在好些文章里，都是以一个勤于思考的人的身份去讨论一些文化及社会问题，他的感触源自于他几十年来所闻所睹的事物。我曾经说他有些思想或语言过于直率，我记得我笑说："你何苦要写呢？过后又有些人要骂你了。"他回答："我不怕。我讲的是真话！"编这本文集的时候我明白了一些道理：他看着一个民族与社会经历了许多变化与发展的阶段，而像我这一代人很难有一样深刻的感受，因为在我们懂事的时候，社会已经开始迅速地发展了。我从而也明白了他寄托在书里的热情与希望。《曙光集》也可以说是这二十多年间振宁的心路历程——他走过的，他思考的，他了解的，他关心的，他热爱的，以及他期望的一切。

《曙光集》仍然采用了 Selected Papers 的排序方法。数字表示写作或发表的年代，数字后的字母没有特别的意思。特别要提出的是，书里的文章由不同译者翻译，译名不尽相同，如 80b 中的"韦耳"与 85j 中的"魏尔"指的都是 H. Weyl。为了不改变原译文，我们没有将各译名做统一处理。还有，书里出现的人名，除了像"爱因斯坦"这种已达成共识的译名，其他外国人的名字在有些文章里仍保留原来的英文形式，不作翻译。

最后，我们要特别感谢黄美芳小姐在我们整理文集的时候给我们提供了很大的帮助。

翁　帆

2007 年 10 月于北京

前 言

1918 年钱玄同写信请鲁迅（1881—1936）为《新青年》杂志写稿，鲁迅回答说：

> 假如一间铁屋子，是绝无窗户而万难破毁的，里面有许多熟睡的人们，不久都要闷死了，然而是从昏睡入死灭，并不感到就死的悲哀。现在你大嚷起来，惊醒了较为清醒的几个人，使这不幸的少数者来受无可挽救的临终的苦楚，你倒以为对得起他们么？

可是后来鲁迅还是写了，写了有名的《狂人日记》，署名"鲁迅"。

那是五四年代，是提倡"赛先生"和"德先生"的年代。我正是出生于那个年代。

1927 年 6 月 2 日上午王国维（1877—1927）离开清华园内西院 18 号住宅，坐人力车到颐和园，在鱼藻轩投水而死。遗嘱说：

> 五十之年，只欠一死，经此世变，义无再辱。

后来陈寅恪（1890—1969）在《王观堂先生挽词》中说：

> 凡一种文化值衰落之时，为此文化所化之人必感苦痛，其表现此文化之程量愈宏，则其所受之苦痛亦愈甚；迨既达极深之度，殆非出于自杀无以求一己之心安而义尽也。

1929 年 10 月我随父母亲搬入清华园西院 19 号居住，那时我七岁。后来听到王国维自杀的传闻，记得曾和同班同学熊秉明、郑士京在18号门前徘徊；曾到颐和园看水边的石碑："海宁王静安先生殉国处"；也曾诵读清华园工字厅东南小土坡下的王静安先生纪念碑。

1938年夏清华、北大及南开三校迁到昆明，成立抗战时期的西南联大。由于校舍未造好，文法学院暂迁蒙自。陈寅恪到蒙自后作了一首诗：

南湖即景

景物居然似旧京，荷花海子忆升平。

桥边鬓影还明灭，楼外歌声杂醉醒。

南渡自应思往事，北归端恐待来生。

黄河难塞黄金尽，日暮人间几万程。

那时我是联大一年级学生。

鲁迅、王国维和陈寅恪的时代是中华民族史上一个长夜。我和联大同学们就成长于此似无止尽的长夜中。

幸运地，中华民族终于走完了这个长夜，看见了曙光。我今年八十五岁，看不到天大亮了。翁帆答应替我看到，会验证冯友兰在《西南联大纪念碑碑文》中的一段话：

我国家以世界之古国，居东亚之天府，本应绍汉唐之遗烈，作并世之先进。将来建国完成，必于世界历史，居独特之地位。盖并世列强，虽新而不古；希腊、罗马，有古而无今。惟我国家，亘古亘今，亦新亦旧，斯所谓"周虽旧邦，其命维新"者也。

杨振宁

2007年12月于香港中文大学

目 录

（编按：文章序号后加＊者为 2018 年版新增补文章）

物理学的未来

1961 年 4 月 8 日在麻省理工学院百年校庆的一场小组讨论会上的发言，未发表。翻译：张美曼。

　　在最近的四五年里，理论物理学家将许多注意力和努力奉献在从物理可观察的经验到非物理区域的解析延拓上。特别是通过外推去研究尚未观察到的区域中的奇异性质。这种努力一开始就被重重困难所包围。然而在这个方向上工作的兴趣一直保持着。以类似的精神，今天上午我们尝试着采取一种类似的方法：通过外推，我们来看一下过去的经验以外的事情，去认识一些到目前为止尚未看到的物理学的将来的发展。在这种追索中我们不能期望得到具体的好结果，但我相信大家都会同意，这种尝试是非常有趣味的。

　　从各种标准来看，到目前为止 20 世纪物理学的成就是惊人的。在本世纪初，物质的原子的面貌作为一门新的研究科目刚刚出现，而今天在其研究范围的精细程度上我们进展了百万倍：从原子大小进入到亚核（subnuclear）大小。在能量方面的进展给人印象更深：从几个电子伏特到几十亿电子伏特。实验技术的能力和精巧程度随着物理学家探索的深

1

入也在阔步前进。物理学中的进展给其他学科——化学、天文学乃至生物学带来的影响，其重大程度实在难以形容。物理学的发展对于技术的影响、对于人类事务的影响在战后的年代是如此突出，以致没有必要再在这里做进一步的强调。

但是物理学的荣耀并不是建立在这类影响之上，物理学家最看重的也不是这些影响。甚至物理实验深入范围的不断扩大，也不是物理学家感到满意和引以为自豪的主要方面。物理学家最注重的是去形成这样一些概念的可能性，从这些概念出发，用爱因斯坦的话说[1]，一个"完整的可用的理论物理学系统"能够被构造起来。这方面的工作，使物理学在智力的努力上极其独特和出类拔萃。这样的一个系统体现了普适的基本规律，"用这个系统，宇宙能用纯粹推导的方式建造起来"。

从这样一个极高的、极严格的判断出发，20世纪前六十年在物理学方面的成就恰如一首英雄诗。在这六十年间，在物理学的领域里不仅有大量拓宽我们了解物理世界的重要发现，而且还证实了不是一个，不止两个，而是三个物理概念上的革命性的变化：狭义相对论、广义相对论和量子理论。由于这三个概念上的革命，形成了一个深刻的、完整的、统一的理论物理体系。获得了刚过去的这段时期所留下的卓越的遗产，那么物理学的前景是什么？

毫无疑问，在佩尔斯（R. Peierls）教授称之为物理学的基础和第一线后面的物理学这两方面，我们的知识将会继续迅速增长。

对前者，凭现有的知识，我们可以很肯定地说，在以后的几年中弱相互作用领域中的问题将得到很大的澄清。如果运气好，我们甚至可以期望看到弱相互作用的各种表示的某种综合。

此外，我们对许多事尚未确切了解。诚然，我们已经明确地提出了若干问题，然而在目前去寻求这些答案是一件既迫切又困难的事：怎样处理一个有无穷多自由度的系统？空间、时间连续的概念是否能够被外推到 10^{-14} 厘米至 10^{-17} 厘米的空间区域？或者外推到比 10^{-17} 厘米更小的区域？电荷共轭下的不变性和同位旋转动下的不变性的基础是什么？与空间－时间对称性不同，已经知道这两种不变性是可以被破坏的。强相互作用、电磁相互作用和弱相互作用统一的基础是什么？与这些有关的引力场的作用是什么？这类问题可以继续罗列下去。然而当我们在这里叙述它们时，我们不能肯定这些问题是否意义深远：事实上物理学中的许多进展，是从以前问过的一些无意义问题的真正认识中发展出来的。

然而，有一件事可以肯定，我们的知识的积累会继续迅速增长。我们只需要提醒自己，在不久前物理学的发现周期是以几十年或者几年来计算。例如，迈克尔逊－莫雷实验在 1881 年首次完成，在 1887 年以更高的精确度重做了一次，为了解释否定的实验结果，在 1892 年菲茨杰拉德（G. F. Fitzgerald）提出了收缩假设。然后在 1902 年洛伦兹提出了洛伦兹变换，发展到顶点就导致了 1905 年爱因斯坦狭义相对论的产生。想象一下，倘若迈克尔逊的第一个实验是今天做的，情况将会是怎样？

人类对科学重要性的普遍的觉醒，以及人类思维在技术创造方面令人惊奇的智慧，确保了我们在实验科学方面进一步加速前进的步伐。

3

对于我们几分钟前所提到的一个"完整的可用的理论物理学系统"我们应当采取什么态度？在20世纪前六十年的光荣传统下，我们是否能合理地期待进一步的成功？

如果说用外推去确定函数的奇异性是困难的，那么同样地，通过推测去预言物理概念方面会发生什么样的革命性变化也是困难的。由于存在无限制地相信一个"将来的基本理论"的倾向，我想发表一些悲观的意见。在这100周年的庆祝会上，整个气氛充满着对过去获得的成就的自豪，充满着对未来前景的广阔展望，在这充满着激情的气氛中插入一些不和谐的旋律，也许并非完全不合适。

首先让我们再一次强调，纯粹的知识积累尽管是有趣的、对人类有益的，但与基本物理的目标十分不同。

其次，亚核物理的内容与人类直接感觉的经验已经相距很遥远，而当我们探究的空间变得更小时，这种遥远性肯定还会增加。随着加速器、探测器、计算机和实验室的规模越来越大，我们不难找到这一点的生动证明。

今天实验由精良的设备和精确的运行构成。欲使一个实验的结果有意义，必须把概念建筑在我们直接感受的经验和实验安排之间的每一个层次上。这里存在一个固有的困难，概念的每一个层次与前一个层次是有关联的，是建筑在前一个层次上的。当不恰当之处表现出来时，必须更深入地检验先前概念的整个综合情况。随着对问题考虑的深入，这个任务的困难程度急剧发散开来。这很像下棋，随着棋艺的提高，在下棋时总是检验前一步，这在实践时困难会越来越大。

按照维格纳的计算[2]，要达到现在场论的研究水平，至少必须贯穿四个不同层次的概念。这个计算的细节可以讨论，但无可否认，我们所设想的、比较深入和比较完整的理论体系的结构，表现了概念的至少多于一个层次的贯穿。在这方面，物理学家面对这样一个不利条件，即理论物理的最终判断是在现实中。与数学家和艺术家不同，物理学家不能全凭自由的想象去创造新的概念，构造新的理论。

第三，爱丁顿（A. S. Eddington）曾经讲过一位海洋生物学家的例子[3]，这位生物学家用的渔网网眼为 6 英寸，经过长时间的仔细研究，他得出了一个定律，即所有的鱼比 6 英寸长。这个假想的例子十分荒谬，然而在现代物理学中我们很容易找到这种例子。由于实验的复杂性和间接性，出现了这样的情况，人们没有认识自己所做实验的选择性质。选择是建立在概念上的，而这个概念也许是不合适的。

第四，在物理学家的日常工作中很自然地隐含着这样的信念，即人类智力的威力是无限的，而自然现象的深度是有限的。这种信念是有益的，或像人们有时说的是健康的，因为从这样的信念中可以得到勇气。但是，相信自然现象的深度是有限的想法是不合逻辑的，相信人类智力的威力是无限的信念也是不正确的。一个重要而必须考虑的事实是，每个人的创造力的生理局限性和社会局限性可能比自然的局限性更为严重。

在说了这些告诫性的意见后我们必然会问，它们是否与物理学的发展有关，譬如是否与这个世纪余下的四十年中的物理学的发展有关，现在我们不知道这个问题的答案，我们希望答案是否定的。

注释：

[1] A. Einstein, *Essays in Science* (New York: Philosophical Library, 1934).

[2] E. P. Wigner, *Proc. Amer. Phil. Soc.* **94**, 422 (1950).

[3] A. S. Eddington, *The Philosophy of Science* (New York: MacMillan, 1939).

后记（杨振宁）

1961 年 4 月是麻省理工学院百年校庆的日子，时值美国物理学界对未来有着前所未有的自满和乐观的展望。许多人内心有一种期望：所有的基本问题在短时间内都可以解决。或者有一种假设：物理学家可以征服任何困难。有了 20 世纪 40 年代和 50 年代科学和技术惊人的进步，这样的感觉也就不令人惊奇了。（似乎为了印证这种乐观的气氛，在麻省理工学院校庆过后没有几天，苏联就成功地发射了一颗载人的人造卫星进入绕地球飞行的轨道。）

作为百年校庆的一部分，学校组织了一个关于物理学未来的小组讨论会，费曼、考克饶夫特（J. D. Cockcroft）、佩尔斯和我是小组委员会成员。我决定在我的简短讲话中插入一些"不同的意见"，这就是【61f】。

二十年过去了，不幸的是我在 1961 年演讲中提出的警告并没有错。当然，过去的二十年无论是实验物理或者是理论物理都取得了令人兴奋的进展。但是我感到今日物理学所遇到的困难有增无减。一方面，现代的物理实验越来越复杂、费用越来越高，其中每一项实验都需要好几年去准备和执行。现在高能物理实验需要的周期很长，而且不幸的是，以后还会变得越来越长。另一方面，高能物理理论也越来越复杂，理论物理学家之间，以及理论物理学家与实验物理学家之间越来越充满隔膜。

这样发展的结果是，我们的理论物理学研究生，乃至于一些实验物理学研究生，距离物理现象越来越远，但是物理现象说到底是物理学的源泉。这不是任何人的过错，但是却不得不使人为之担忧。我担心，爱因斯坦和我们曾经梦想的终极大一统将持续到下个世纪仍无法实现。

建造友谊桥梁的责任

原载香港《七十年代》1979 年 4 月号。

邓副总理、邓夫人、各位贵宾：

我代表全美华人协会和全美各界华人热烈欢迎你们光临这个宴会！

为了写今天这个短短的讲词，我花了很多的时间，稿纸一张一张地都被送到字纸篓里面去。这使我想起四十多年前的一个类似的经验。那时候我在北京崇德中学初中念书。为了参加中山公园里面的初中生演讲竞赛，记得我非常紧张，好几个晚上不能睡觉。我的讲题是《中学生的责任》——那是一二·九、一二·一六的时代。

中美建交和邓副总理的访问是近代史上的分水岭性的发展。国际关系从今开始了新纪元。美中两国的学术、文化和商业旅游等一切交流都将大大扩展。我们全美华人家庭团聚的机会也将大大增加。

为了庆祝中美建交，为了庆祝邓副总理和各位贵宾的访问，我们和美中友好协会合办了今天的宴会。我们特别要感谢邓副总理接受了我们的邀请。邓副总理：你的光临使得在座的五百位主人每人都感到他自己也在中美建交这个划时代的历史事件中尽了少许的力量，也在美中两大民族间的友谊桥梁的建筑工程中放上了几块小小的基石！

美中建交是符合两国人民的利益，符合亚洲人民和世界人民的利益，符合历史潮流的发展的。所有中国人都同意只有一个中国，而台湾省是中国的一部分。这是四千年中国历史所孕育出来的观念。台湾和中国大陆有共同的语言，共同的文化。在未来的极度竞争性的世局里面，台湾不可能不和大陆有共同的命运。我们呼吁台湾省的每一个人，为了他们自己和他们子孙的长远利益，都能掌握住历史的动态和他们自己对历史的责任而为统一工作做出贡献。

中美两国领导人自 1971 年以来为两国建交做了许多工作。全世界人民都要感谢他们。他们的报酬将是历史所必然给予他们的卓见和勇气的正面评价。

我们在美华人有一百五十多年的历史。这一百五十多年间曾经经过血泪的、沉痛的经验，也曾对美国社会的发展做出了巨大的贡献。横断美洲大陆的铁路干线的修建就同时是我们的血泪史和巨大贡献的例子。今天美华人士继续我们对美国社会发展的贡献。我们散居全国各地。这些年来我有机会和各地华人社会作了广泛的接触。我知道得很清楚，绝大多数美华人民都是热烈地支持美中建交的，像《纽约时报》上月所报道的那样。

我们深自知道因为我们同时扎根于中美两大民族的文化，我们对增进两国间的友好和了解肩负着特别的责任。在今天这个场合，全美华人协会和全美各界华人重申我们将继续为建造两大民族间的友谊桥梁尽我们每一个人的责任。我们知道没有这座桥梁，世界不可能有真正的和平与安定。

杨振宁

1979 年 1 月 30 日

后记（杨振宁）

1979 年初，邓小平副总理到美国访问，与美国总统卡特签约建交。1 月 30 日，全美华人协会、全美各界华人与美中友好协会在希尔顿酒店宴请邓小平副总理及夫人（图 79f. 1）。这篇文章是我在宴会上的讲词。

图 79f. 1 杨振宁与邓小平在宴会上的合影

致朋友们的一封信

1980 年 1 月在广州附近的从化开了一个高能理论物理会议。共有一百多人参加，其中海外华裔学者有四五十位。会后有一讨论会，讨论中国拟花一亿美元造一大加速器的计划。讨论结果是大家签了一个文件极力支持此计划。杨振宁虽参加了从化会议，但没有参加此讨论会。后来在美国他听到许多朋友批评他与大家不合作。他于是用英文写了下面的信给大家。译者：翁帆。

朋友们：

我没有在广东文件上签字，听说有些人认为奇怪。下面是我的简单解释。

我们每一个人的意见当然都应基于他／她对中国社会的了解，对中国高能物理发展的历史的了解，尤其重要的，是对中国人民的需求与愿望的了解。国内现在有极强烈反对建造 50 GeV 加速器的声音，称此计划为"超级强国"，其他研究计划为"第三世界"。我不能无愧于心地签字，因为我知道需要的不是我的签字，而是中国人民的签字。

我没有参加那天在广州的讨论会，因为我知道问题十分复杂，而其中有许多我不了解的因素。我觉得我不应试图影

11

响别人的意见。而且，我的意见中国领导人也已经知道了。

杨振宁

1980 年 3 月 12 日

后记（杨振宁）

20 世纪 80 年代初，因为种种原因，50 GeV 加速器的建造计划被取消，后来改建了一个花费约 3000 万美元的对撞机。我没有再反对此较小的计划，只是建议增加同步辐射的机制。

谣言说邓小平对我不支持 50 GeV 加速器的计划甚不满意。事实不是如此：他仍然继续征询我关于科技教育发展的意见。

爱因斯坦对理论物理的影响

1979 年，是爱因斯坦百年诞辰，世界各地开会纪念。7 月，在意大利特里亚斯特（Trieste）举行的第二届马赛耳·格罗斯曼（Marcel Grossman）会议上，杨振宁作了报告 "Einstein's Impact on Theoretical Physics"，原载 *Physics Today*，1980 年 6 月。中译文载《读书教学四十年》，香港：三联书店，1985 年。译者：甘幼坪、黄得勋。

　　　　对称支配相互作用，几何是物理的核心，形式美在对世界的描述中极为重要，这些都是对当前的思想有着深刻影响的见地。

　　本世纪初，发生了三次概念上的革命，深刻地改变了人们对物理世界的认识。这三次革命是：狭义相对论（1905）、广义相对论（1915）和量子力学（1925）。爱因斯坦本人发动了头两次革命，影响并帮助形成了第三次革命。然而，我这里所要谈的，并非他在这些概念革命中的工作。关于这方面的文章已经不少了。我要概略讨论的是爱因斯坦对理论物理结构的见地及其与本世纪下半叶物理学发展的关系。我的讨论将分作四部分，当然，这四部分是密切相关的。

对称支配相互作用

基础物理学中发现的第一个重要的对称原理是洛伦兹（Lorentz）不变性。这是作为麦克斯韦（Maxwell）方程的数学性质而被发现的，而麦克斯韦方程则是在电磁学实验定律的基础上建立起来的。在这一历史过程中，不变性，或者说对称性，只是次要的发现。后来赫曼·闵可夫斯基（Hermann Minkowski）倒转了这一过程。爱因斯坦在其自传笔记[1]中对此大加赞赏。闵可夫斯基引入的观念是从洛伦兹不变性入手要求场方程不变，如表80b.1所示。

表 80b.1 对称性与物理定律

爱因斯坦和闵可夫斯基之前	爱因斯坦和闵可夫斯基之后
实验——场方程——对称性（不变性）	对称性——场方程

对称原理的巨大物理成果给爱因斯坦留下了极为深刻的印象。他于是悉心研究以求扩大洛伦兹不变性的范围。他的广义坐标不变性的想法，加上等价原理，导致出了广义相对论。所以可以说，是爱因斯坦首先用了对称支配相互作用这一原则。它是近年来出现的各种场论的基础，这些发展包括：

• 坐标变换不变导致广义相对论

• 阿贝尔（Abel）规范对称导致电磁学

• 非阿贝尔规范对称导致非阿贝尔规范场

• 超对称导致费米（Fermi）子和玻色（Bose）子间的对称理论

• 超引力对称导致超引力场论

场论与统一

1920年以后，爱因斯坦在他的论文及讲演中反复强调，场概念对于基础物理具有核心重要性。例如，1936年，他在刊载于《富兰克林学院学报》上的一篇论文中写道[2]：

> 法拉第和麦克斯韦的电场理论把物理从这不能令人满意的局面下解脱出来，这也许是牛顿时代以来基础物理的最深远的转变。

那个时候（1936）已知的两个场论，一是麦克斯韦的理论，一是爱因斯坦的广义相对论。爱因斯坦在他生命的最后二十年致力于将这两个理论统一起来。1934年，在一篇题为《物理学上关于空间、以太及场的问题》[3]的论文中，他解释了这样做的必要性：

> ……存在着两种互相独立的空间结构，一种是度规－引力，一种是电磁……我们被激起这样的信念，即这两种场必须结合成统一的空间结构。

在《相对论的意义》一书的最后版本中，爱因斯坦加了一篇附录，里面提出了一个有非对称度规 $g_{\mu\nu}$ 的统一理论。反对称部分被认为是电磁场张量 $f_{\mu\nu}$。这一努力并不特别成功，以致有些人曾一度有一种说法，以为统一只是爱因斯坦晚年的一种奇妄的想法。是的，这确是奇妄的想法，可是是有洞察力的奇妄想法，是洞察到理论物理学的基础结构的想法。今天，我应该加一句，爱因斯坦的这个想法已成了基本物理学的主题。

　　而且，爱因斯坦对统一的强调立刻产生了效果。它使好些杰出的数学家，包括杜利奥·列维－西维塔（Tullio Levi-Civita）、埃利·嘉当（Elie Cartan）和赫尔曼·韦耳（Hermann Weyl）等更深入地探索对时空的数学结构进行增补的可能性。

　　自 1918 年、1919 年开始，韦耳努力要将电磁学与引力结合起来。他提出了"规范理论"[4]。既然正确处理坐标不变产生了引力理论，韦耳认为一个新的几何不变性能够产生电磁理论。他因而提出了规范不变。

　　如果 x^μ 和 $x^\mu+\mathrm{d}x^\mu$ 是相邻的两个时空点，f 是某物理量，它在 x^μ 为 f，在 $x^\mu+\mathrm{d}x^\mu$ 为 $f+(\partial f/\partial x^\mu)\,\mathrm{d}x^\mu$，韦耳研究随时空而变的 f 的重新标度。如表 80b.2 中最后两行所示。请特别注意第三行所给的标度因子

$$1+S_\mu\mathrm{d}x^\mu \tag{1}$$

表 80b. 2　标度变换

物理量	在第一点上的值	邻近一点上的值
坐标	x^μ	$x^\mu+\mathrm{d}x^\mu$
场	f	$f+(\partial_\mu f)\,\mathrm{d}x^\mu$
标度	1	$1+S_\mu\mathrm{d}x^\mu$
换了标度的场	f	$f+(\partial_\mu+S_\mu)/f\mathrm{d}x^\mu$

　　［上面应用了记号 $\partial_\mu=(\partial/\partial x^\mu)$，并且用了求和惯例。］

　　关于此标度因子，韦耳观察到两点。第一，S_μ 有着与电磁势 A_μ 同样数目的分量。第二，经过进一步研究，他证明如果要求这个理论在标度改变（1）下保持不变，那么只有 S_μ 的旋度，而不是 S_μ 自身有物理意义。而这也正是电磁势 A_μ 的特点。因此，他认为 S_μ 和 A_μ 乘一系数等同。可是这一

想法行不通。好几位物理学家为此进行了讨论，其中包括爱因斯坦。爱因斯坦证明韦耳的理论不可能描述电磁学。韦耳于是放弃了他的想法。

到了 1925 年，量子力学问世，这是与韦耳的理论完全无关的发展。

大家知道，在经典力学中，在有电磁力参与的情况下，出现的不是粒子动量 P_μ，而总是下面的组合：

$$\pi_\mu = P_\mu - (e/c) A_\mu \qquad (2)$$

在量子力学中，π_μ 变成

$$-i\hbar [\partial_\mu - (ie/\hbar c) A_\mu] \qquad (3)$$

这是由符拉基米尔·亚历山大罗维奇·福克（Vladimir Alexandrovitch Fock）于 1927 年指出来的[5]。紧接着，弗利茨·伦敦（Fritz London）将（3）和表 80b.2 中最后一公式中的增量算符 $(\partial_\mu + S_\mu)$ 作了比较[6]，得出结论说，S_μ 不和 A_μ 等同，而等同于 $(-ie A_\mu/\hbar c)$。这和韦耳的最初设想的不同只是加入了一个因子 $i = \sqrt{-1}$。可是这个因子影响深远。公式（1）因而变成了

$$1 - (ie/\hbar c) A_\mu dx_\mu \rightarrow \exp\left[-(ie/\hbar c) A_\mu dx^\mu\right] \qquad (4)$$

这是相位的改变而不是标度的改变。因此，局部的相不变是电磁现象的量子力学特性。

韦耳自己开头曾经将此概念称为 "Masstab Invarianz"，后来又改称 "Eich-Invarianz"。20 年代初，这一名称被翻译为英语，叫作 "gauge invariance"，以后中译为规范不变。若我们今天将它重新命名，很明显，应该称之为相不变。同样，规范场其实应当称为相场。

一旦懂得规范不变即相不变，便会发现，关键是一个不

可积分的相因子。如果用复杂的相 [即李（Lie）群的一个
元素]，取代简单的复数相，便进一步得到非阿贝尔规范理论。
这个推广最初于 1954 年被提出。

这里我们要强调，相的概念在现代物理学中具有巨大的
实际意义。例如，超导理论、超流理论、约瑟夫逊（Josephson）
效应、全息术、量子放大器及激光等，都以各个不同形式的
相概念为根基。

1967 年，史蒂文·温伯格（Steven Weinberg）和阿布道
斯·萨拉姆（Abdus Salam）各自独立地提出了一个电磁与
弱相互作用统一理论的模型。此模型基于两个关键概念：非
阿贝尔规范场及破缺对称。又由于谢尔登·格拉肖（Sheldon
Glashow）的工作，认识到需要一个重要的进一步的思想来
消除模型与实验之间的矛盾。最近六年来，此模型取得了令
人惊异的实验上的支持。这一成功激发出一个蓬勃的局面，
使许多人在为强相互作用、电磁相互作用和弱相互作用一起
的更大的统一而努力。我认为，我们离成功的大统一仍然还
有一段距离，而离这些相互作用与广义相对论的全盘统一更
远。可是，已经不容怀疑的是爱因斯坦洞察力的深与准：他
曾面对种种公开和未公开的批评，始终坚持统一的重要性并
勇敢地为之辩护。

物理学的几何化

在爱因斯坦关于理论物理基础的信念中，另一个经常出
现的主题，出自爱因斯坦对几何概念的偏爱。这并不奇怪，
因为提出重力和力学应该用黎曼几何来描述这个意义深远的

概念的人，正是爱因斯坦自己。他认为，电磁学也是几何的。
这个观点在他 1934 年发表的上面引过的一篇论文中已很清
楚地提到：他在该文中说，电磁学是一种空间的"结构"。
如果我们接受爱因斯坦偏爱几何的论点，那么甚至可以把这
论点进一步发挥，认为爱因斯坦喜欢波动力学，因为它比较
几何化，而他不喜欢矩阵力学，因为它比较代数化。

爱因斯坦竭力要找出产生电磁学的那种几何结构。他
了解这样一个事实，即洛伦兹不变并不足以导出麦克斯韦
方程[7]：

> 麦克斯韦方程导致"洛伦兹群"，但"洛伦兹群"
> 并不导致麦克斯韦方程。

例如，标量场看来比麦克斯韦的电磁场简单，也不违背
洛伦兹不变性，但却不是电磁学的基础。

爱因斯坦也深刻认识到必须有一种导致非线性方程的几
何结构[1]：

> 正确的定律不可能是线性的，它们也不可能从线性
> 导出。

原来，爱因斯坦在寻求的结构是规范场：正如我们将要
讨论到的那样，它是一种几何结构；最简单的阿贝尔规范场
是麦克斯韦的电磁场；而非阿贝尔规范场必定是非线性的。

前几分钟我们谈过规范场的初期历史。只是到了近年，
物理学家才懂得规范场和纤维丛（fiber bundle）上的关联
（connection）这个几何概念有密切关系。为了显示规范场的
几何本性，让我们把高斯定律和法拉第定律写成下述大家熟
知的形式：

$$\partial_\lambda f_{\mu\nu} + \partial_\mu f_{\nu\lambda} + \partial_\nu f_{\lambda\mu} = 0$$

图 80b. 1

一个区域的边界是没有边界的。此 Moebius 条带仅有一个表面，其边界是单一边缘，可是边缘本身并无边界。关于此定理的进一步解释，见图 80b.2（文内所有插图皆由 Louis Fulgoni 作。）

图 80b. 2　拓扑学定理

一个区域的边界本身没有边界。在左图中，带阴影的二维区域有一个一维圈作其边界。此圈没有端点，即它本身并无边界。

中图的三维区域由一个封闭的二维曲面限定其范围。这个曲面同样无边缘，也就是无边界。

若我们将此区域割开，抛去下部，则给了曲面一边缘。但同时我们另外创造出一个平面，如右图所示。此图中的三维区域的边界包括两部分，一为曲面，一为平面。每一部分都有边界，这两个边界正好方向相反，互相抵消，所以右图的三维区域的总边界也没有边界

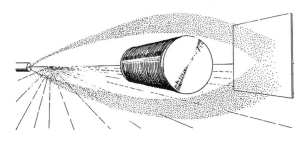

图 80b.3　规范场的全局效应

　　强度为 g 的磁单极是一个简单而自然的概念。狄拉克在 1931 年指出，在量子力学中，g 值与电荷 e 的关系必须由下述条件决定：$2eg/\hbar c=$ 整数。原来，这个条件是拓扑学里非常普遍且意义深远的陈 – 韦尔（Chern-Weil）定理的一个最简单的特例。陈 – 韦尔定理的又一个最简单的例子是 1975 年发现的 SU_2 规范场的所谓"瞬息子"。特霍夫特 – 泡利雅柯夫单极是某种规范场的无奇点解。它的存在与拓扑性质有关。

　　博姆 – 阿哈罗诺夫实验是 1959—1960 年间提出并进行的。如图所示，由电子源发出的电子从一个长螺线管两旁经过，但不能进入管内。电子在屏幕上产生一个干涉图案。螺线管外既没有电场，也没有磁场，因此电子没有受到电磁力。然而干涉图案却与管内的磁通量有关。这表明电磁的效应并不完全是局域的

　　式中 $f_{\mu\nu}$ 是电磁场。可以证明，这个方程和"一个区域的边界本身并没有边界"这个定理有深刻的关系，而此定理当然是一个几何命题（参看图 80b. 1 与图 80b. 2）。规范场的几何本性的另一个表现可以从这样一个事实看出，即通过下述理论和实验上的发展，对规范场来说，全局（global）的考虑变得重要起来：

• 狄拉克的磁单极（1931）。

• 博姆 – 阿哈罗诺夫（Bohm-Aharonov）实验（1960）。

• 特霍夫特 – 泡利雅柯夫（'t Hooft-Polyakov）单极（1974）。

• 瞬息子（instanton）（1975）。

图 80b. 3 阐述了上述思想。

规范场本质上也同广义相对论有关，而后者的基础是几何概念。但它们之间的准确关系相当难以捉摸，目前仍在探讨。

关于理论物理的方法

1933 年，爱因斯坦在他的赫伯特·斯宾塞（Herbert Spencer）讲座中，以本节的小标题为题，分析了理论物理的意义及其发展。下面几段令人瞩目的文字就是引自他的演讲[8]：

> 理论物理的基本假设不可能从经验中推断出来，它们必须是不受约束地被创造出来……
>
> 经验可能提示某些适当的数学概念，但可以非常肯定地说，这些概念不可能由经验演绎出来……
>
> 但创造寓于数学之中。因此，在某种意义上我认为，单纯的思考能够把握现实，就像古代思想家所梦想的那样。

爱因斯坦是否在说，基础理论物理是数学的一部分？他是否在说，基础理论物理应该具有数学的传统和风格？答案是否定的。爱因斯坦是物理学家而不是数学家。而且，他本人也自认为如此。他在自传笔记里[1]对此中原因说得十分透彻：

> 这显然是因为我在数学方面的直觉不够强，不能把最重要的、真正基本的、同其余多少可以废弃的腐学清

楚地区分开来。除此之外，我对大自然的兴趣无疑要浓厚得多。而且，作为一个学生，我并不清楚，要掌握物理学基本原理方面的更渊博的知识，离不开非常错综复杂的数学方法。经过多年的独立科学研究，我才逐渐明白了这个道理。当然，物理学本身也分成了许多独立的领域，其中每一个领域都可以消耗我们短促的一生的全部精力，还不一定能满足我们获得更深奥知识的欲望。在这里，大量彼此间无联系的实验数据也是人们难以招架的。可是在这个领域中，我很快就学会从一大堆充斥我们的头脑、分散我们对本质事物注意力的东西中，分辨出哪些可能导致根本性的结果，而置其他于不顾。

但是爱因斯坦从自己的经验及本世纪初物理学的几次大革命中认识到，虽然实验定律一直是（而且继续是）物理学的根基，然而，数学的简和美对于基础物理概念的形成起着越来越大的作用。他把"接近于经验的"理论和更数学化的理论进行了比较[7]：

> 另一方面，必须承认，如果一个理论的基本概念和假设接近于经验，它就具有一种重要的优越性，人们对这样的一种理论自然就有更大的信心。尤其因为用经验去反驳这些理论既省时又省力，所以被完全引入歧途的危险性就比较小。然而，随着认识的深入，我们要寻求物理理论基础的逻辑简单性和一致性，因而我们要放弃上述的这种优越性。

为了防备物理学界的误解，他申辩道[3]：

> 一个理论科学家就越来越被迫让纯粹数学的、形式的思考来引导他……这种理论家不应该被斥为空想家，

相反，他应该有自由想象的权利，因为，要达到目的，别无他法。

基础理论物理和数学之间的关系，是一个引人入胜的题目。说到这里，请允许我给大家讲一个故事。

规范场与纤维丛理论有关系，这给我留下了深刻印象。我在 1975 年驱车前往陈省身先生在伯克利（Berkeley）附近 El Cerrito 的寓所。40 年代初期，当他是中国昆明西南联大的年轻教授而我是该校的学生时，我曾听过他的课。那时，纤维丛在微分几何里还未显示出重要性，陈教授也还未以他对高斯－波涅特（Gauss-Bonnet）定理的推广及建立陈氏级（Chern Classes）所作的贡献而创造历史。我们谈了许多：朋友们，亲戚们，中国。当我们的谈话转到纤维丛理论时，我告诉他，我终于从吉姆·西蒙斯（Jim Simons）那里学到了纤维丛理论和意义深远的陈－韦尔定理的美妙。我说，规范场恰是纤维丛上的关联，而后者是数学家在不涉及物理世界的情况下发展起来的，这实在令人惊异。我还加了一句："这既令人震惊，也令人迷惑不解，因为你们数学家凭空梦想出了这些概念。"他马上提出异议："不，不。这些概念不是梦想出来的。它们是自然的，也是实在的。"

虽然数学和物理学关系密切，但是，如果以为这两门学科重叠得很多，则是错误的。事实不是这样。它们各有各的目标和爱憎。它们有明显不同的价值观和不同的传统。在基本概念上，二者令人诧异地具有某些共同的概念。然而，即使在这些方面，二者的生命力也向着不同的方向奔驰。

注释：

［1］A. Einstein, "Autobiographical Notes", in *Albert Einstein, Philosopher-Scientist*, P. A. Schilpp, ed., Open Court, Evanston, Ill. (1949).

［2］A. Einstein, *J. Franklin Inst.* **221**, 43 (1936).

［3］A. Einstein, in *Mein Weltbild*, Querido, Amsterdam (1934), translated in *Ideas and Opinions*, Bonanza, New York (1954).

［4］关于规范场的简史，见杨振宁：*Ann. N. Y. Acad. Sci.* **294**, 86 (1977)。

［5］V. A. Fock, *Z. Phys.* **39**, 226 (1927).

［6］F. London, *Z. Phys.* **42**, 375 (1927).

［7］A. Einstein, *Sci. Am.*, April 1950, p.13.

［8］A. Einstein, *On the Method of Theoretical Physics*, Clarendon, Oxford (1933); reprinted in ref. 3.

Joseph Mayer 与统计力学

此文是 80 年代初在庆祝 Joseph Mayer 学术讨论会上的讲词。原文 "Joseph Mayer and Statistical Mechanics"，发表于 *International Journal of Quantum Chemistry:Quantum Chemistry Symposium*，16（1982），John Wiley & Sons，Inc.。译者:翁帆。

1937 年 1 月《化学物理》（第 5 卷）上出现了 Joseph Mayer 的一篇论文，是一系列论文的第一篇。它立即产生了巨大的影响。文章的标题是《凝聚系统的统计力学 I 》。原文所附摘要如下：

> 对于一个由 N 个有相互势能的相同分子组成的系统，如果假设其总势能可以表示为各对分子之间的势能的总和，则其热力学性质即可以以简单、准确的方程式表示。在一定的条件下，通常是在低温状态下，这些方程式显示：压力（P）与 Gibbs 自由能，在一定条件下，都可以和体积无关，而这正是凝聚现象的特点。自这些方程式可以导出与蒸气共存的液态的 Gibbs 的自由能，也可以导出饱和气态的所有性质，可是不能导出凝聚后的液态的体积。

短短几个月内就有以下一篇对这一系列论文的评论：

> 我们认为这些论文对统计力学有极大的贡献，这一观点也在 1937 年 11 月 26 日在 Amsterdam 举行的纪念 van der Waals 诞辰的国际会议上得到认同。[1]

这些论文有什么不寻常的地方？是什么引起了人们的注意？它们产生了什么影响？要回答这些问题，就有必要用长远的眼光，从总体的统计力学的发展历史来看。

早期的统计力学诞生于 19 世纪 Maxwell 和 Boltzmann 的伟大论著。1902 年 Gibbs 出版《统计力学的基本原理》（*Elementary Principles in Statistical Mechanics*），把统计力学推至高潮。这本书精深而美妙，尤其值得注意的是那时 Gibbs 知道他的仔细而优美的分析引导出的结果与实验不合。为此他给书加上了一个副标题：

> 从而推导热力学的合理基础

他在书的前言里说：

> 我们无法了解像双原子气体的自由度这样一个简单的难题。我们都知道根据理论，每个分子的自由度是六，然而在比热的实验中，我们最多只能得到五。所以，基于物质结构的研究都是建立在不牢固的基础上。

最后一个句子指的不仅是关于气体比热的难题，而且是关于物质的分子理论的巨大争议，这个争议在 20 世纪初年曾是物理学界的大事。

我们今天当然知道，Gibbs 的合理基础是绝对正确的，而且在 20 年代后期量子力学取代传统力学以后取得了最终胜利。此后，量子统计力学毫无疑问地成为这个领域的基础：在这个基础上，研究工作者能够通过统计观念研究气态、液态、固态的物理学和化学。而这些研究的中心是逐渐发展的相变理论。

当然，相变现象之热力学早已于上一世纪被广泛研究过。Gibbs 的一项重要贡献就是他的相规律（phase rule）。自统计力学来研究相变则始于本世纪之早年，始于 1907 年 P. Weiss 的磁学工作。后来在 1934 年 Bragg 与 Williams 在有序－无序方面的工作是 Weiss 工作的推广。这一类研究今天还是有其直觉的意义，被统称为平均场理论。

在 30 年代中期这些直觉想法很有影响。当此类研究正向多方向发展的时候，Mayer 发表了他的 1937 年的文章。这是第一篇尝试超越直觉思维，而用严谨的数学来研究相变的文章。他用同一统计函数来计算液态与气态的自由能，冲出了传统的把液态与气态当作两个运动系统的基本观念。Born 与 Fuchs 在一年以后这样描述 Mayer 的工作所引起的冲击：

> 本文的作者之一在此会上作了一个关于 Mayer 在 1937 年 Physica 上面的文章的报告。报告以后，有了激烈的讨论：Mayer 对相变的解释是否正确？评审人提出了疑问：Mayer 自气态出发，怎么能导致出等温线上相变区域内密度的突变？通常的研究出发自两态各自的热力学函数，然后写出二者的平衡方程式。Mayer 的理论完全与此不同，它研究各种可能的分子构图，好像只有一态。气态的分子怎能"知道"它们什么时候应该凝聚成液体或固体呢？ Mayer 的数学太复杂了，不能回答此问题。[1]

Mayer 的工作用统一公式研究相变现象中两态的热力学，从而开始了此类对相变的数学与物理的研究：Born 与

Fuchs[1]，Kahn 与 Uhlenbeck[2]，Van Hove[3] 以及 Yang 与 Lee[4] 等就是沿此方向发展出 50 年代至 60 年代的许多工作。

除此以外，Mayer 的初创性工作还引导出系统计算 virial coefficient 及其他函数的研究。这些研究后来与 30 年代和 40 年代对 Ising 模型的兴趣会合而成为很活跃的领域。当 Onsager[5] 发现了 Ising 模型的严格解以后，相变研究就更吸引了许多物理学家。

可是，即使一些年后仍然有物理学家坚持一种看法，认为这一类研究的数学性太强，未必与实际物理现象有关。到了 50 年代底 60 年代初，Fairbank 等[6]、Robinson 与 Friedberg[7]，以及 Bagatskii 等[8] 的美妙实验发现多类相变中比热的奇点，才完全扫光了此类怀疑态度，开始了理论与实际工作的密切联系，发展出临界指数、标度、普遍性（universality）、重整化群等观念，将统计力学研究引入高峰。

这些研究近年来在另外一个物理领域也产生了巨大影响：粒子物理。统计力学的研究对象是无限多自由度系统，而粒子物理研究的重点越来越接近这类系统。所以二者趋于同一领域并不稀奇。我在 1971 年就曾写过[9]：

> 我相信粒子物理的基本困难实起源于我们对多维运动系统不够了解。一个强子其实不过是所谓的真空中的一个复杂的激发态，而真空有无限多维自由度。研究量子统计力学的经验应可帮助我们了解强子之间的相互作用。希望在这两个领域中以后会有更多的观念上的与方法上的交流。

我当时的想法是正确的：量子场论与量子统计力学在过去十年间有过极多合作，对二者都极有利。显然此类合作今后还会继续。

注释：

［1］M. Born and K. Fuchs, *Proc. R. Soc. London* Ser. **A166**, 391 (1938).

［2］B. Kahn and G. E. Uhlenbeck, *Physica.* **5**, 399 (1938).

［3］L. van Hove, *Physica.* **15**, 951 (1949).

［4］C. N. Yang and T. D. Lee, *Phys. Rev.* **87**, 404, 410 (1952).

［5］L. Onsager, *Phys. Rev.* **65**, 117 (1944).

［6］W. M. Fairbank, M. J. Buckingham and C. F. Kellers, *Proceedings of the Fifth International Conference on Low Temperature Physics* (Wisconsin U. P., Madison, WI, 1957), p. 50.

［7］W. K. Robinson and S. A. Friedberg, *Phys. Rev.* **117**, 402 (1960).

［8］M. I. Bagatskii, A. V. Voronel and V. G. Gusak, *J. Exp. Theor. Phys.* **43**, 728 (1962).

［9］C. N. Yang, in *Phase Transitions and Critical Phenomena*, C. Domb and M. S. Green, eds. (Academic, New York, 1972), Vol. I, p. 1.

后记（杨振宁）

Joseph Mayer（1904—1983）是有名的化学家。夫人 Maria Mayer 是有名的物理学家，于 1963 年获诺贝尔物理学奖。Mayer 夫妇于 1946 年任职于芝加哥大学，与 Fermi, Urey, Libby, Teller 等大家创造了当时芝加哥大学的物理和化学研究的辉煌时代。

磁通量量子化

——个人的回忆

此文是 1982 年 3 月在 Stanford 庆祝 W. M. Fairbank 生日的学术会议上的演讲。原文 "Flux Quantization, A Personal Reminiscence"，发表于 *Near Zero New Frontiers of Physics*，J. D. Fairbank，B. S. Deaver, Jr.，C. W. F. Everitt，P. F. Michelson，eds.，W. H. Freeman & Company，1988。译者：翁帆。

在 1948—1949 年，Onsager 猜想[1] 在超流液体中也许会有量子化的旋涡，环绕一个旋涡原子的运动，符合

$$\oint p \mathrm{d}q = nh \tag{1}$$

紧接着 London 讨论[2] 在超导圈中的磁通量也许也有量子化的规律。他是这样说的：

我们注意到：因为 $\varPsi$ 是一个单值函数，所以 χ 的 moduli 符合一种准量子化条件：

$$<\chi> = \oint \bar{p}_s \cdot \mathrm{d}s = Kh \tag{2}$$

K 是一个整数。所以 fluxoid 有一个普遍的单位。

$$\varPhi_1 = hc/e \approx 4 \times 10^{-7} \mathrm{gauss} \cdot \mathrm{cm}^2 \tag{3}$$

London 的讨论很有趣味，可是容易引起混乱：他的

31

讨论与线圈是否是超流或非超流没有关系。这种混乱引起 Onsager 在 1953 年 Kyoto-Tokyo 国际会议中超导组上面说[3]：

> 所以，问题是：在这些实验之中，是什么时候通量变成了整数？一个可能的理论是说，通量一被捕获，就是整数。这种想法很像 Dirac 的猜想，认为自然不会错过机会，使得（磁单极）量子化。另外一个可能是电磁场的结构使得它只能用电荷 e 来探测。这个想法也许可以被接受，可是我们仍然需要找到它的正确数学形式。最近 Frohlich 教授提出以下这个问题：是否这样一个公理可能是多体问题中的集体现象。假如我们必须讨论的不只是超导体中间的集体现象，而是所有的宇宙间的基本粒子的基本现象，那么我们实际上是在研究一个我们目前不了解的基本宇宙规律。

Onsager 显然是在摸索，想了解磁通量量子化的意义是否与电磁现象的新结构有关。1961 年磁通量量子化的实验被证实了以后，Onsager 发表了一个短文[4]，其中对于上引讨论这样说：

> London 的结果引起一个提议，说磁通量量子化是电磁场的基本性质。

他接着说这个提议是不正确的：

> 认为电磁场有新的基本性质，现在看来是不正确的，因为电荷是 e 的玻色子存在（氘），假如电磁场自己有新的基本性质，它也应适用于氘。

实际上（在 1961 年以前），假如磁通量量子化在超导圈中出现，那么是不是电磁场应该有一个新的基本性质，是一个非常容易引起混乱的问题。

我参加了 1953 年的国际会议，可是那时候我还没有对超流和超导发生兴趣，我不记得曾参加任何 Onsager 发言的讨论组。八年以后，在 1961 年的春天，Felix Bloch 和 Leonard Schiff 安排我到 Stanford 访问几个月。当时物理系的办公室还在那个大而老的西班牙式的建筑里面。记得我觉得那个建筑很漂亮，可是不太方便。到了 Stanford 不久，William Fairbank 告诉我，说他跟 Bascom Deaver 正在做实验，研究超导圈中的磁通量量子化问题。他问我假如他们发现了量子化，那是不是一个新的基本物理原理。我完全不会回答他的问题。

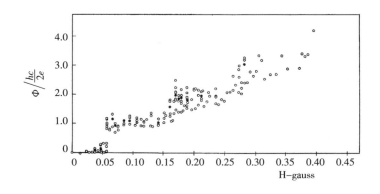

图 82e.1

可是 Fairbank 的问题引起了我的兴趣，开始了我和 Nina Byers 的合作研究，我们很快地就陷入混乱的推理之中。几个礼拜以后，Fairbank 和 Deaver 说他们果然发现了磁通量的量子化。Fairbank 给我看了他们的实验结果，只是那个时候他们的数据没有图 82e.1 所示的多。（此图是他们后来的文章[5]里面的图 1。）Fairbank 宣称他们的结果显示了台阶形的结构，每一个台阶的高度就是量子化单位。我在图中的实验数据中间画了一条直线，说我并不觉得他们的数据显示了任何台阶形的结构！

就在那个时候，Byers 和我终于开始了解根据已知的物理原理，在超导圈中就可能有磁通量量子化。我们对于这个新的了解感到很激动，花了很长的时间做了仔细的计算。同时 Fairbank 跟 Deaver 在第二个样品上做了测试，得到很清楚的结果，使得像 Byers 和我这样的理论学家也能看出来他们是发现了磁通量量子化。

他们的极漂亮的实验是在 *Physical Review Letters* 发表的[5]。紧跟着他们的文章就有 Byers 跟我的文章，讨论其理论解释。下面是我们的文章里面开始与结束的两段：

> 以前的讨论没有能回答磁通量量子化是不是一个新的物理原理。而且有的讨论似乎假设超导的波函数，在有磁场的时候，是一个常数乘上没有磁场的时候的波函数：这个假设显然是不对的。在本文中我们将证明：（1）超导圈中的磁通量量子化不显示任何新的基本物理原理；（2）要求在任何一个全部在超导体中的线圈里面的磁通量都是量子化的，就引导出来了 Meissner 效应；而且（3）磁通量量子化显示超导之中的电子成对效应。
>
> …………
>
> 上面证明：即使在金属 P 里面没有磁场，P 里面的电子的能级仍然与 Φ 有关。这个证明与 Aharonov 和 Bohm 所提出的实验是根据同一推论的。

　　许多年以后，我曾经跟 Fairbank 讨论为什么那一年在他的初步数据图里面，他能够看见台阶而我不能。他的回答对我极有启发。他说对于一个实验物理学家，他的数据图里面的每一点都有其个性。不自觉地，他会给每一点一个分量。所以他的实验图给他的信息远比给一个理论工作者来得多。

　　磁通量量子化的发现是超导物理学中的里程碑。他引导我去研究相位 coherence 问题，尤其是在费米子系统中。这些研究的结果后来发表成一篇文章，里面引进了一个新名词 ODLRO（非对角长程序），这是我很喜欢的一篇文章。

　　为了今天在这个会议中的演讲，我想了一下"相位"观念的历史。它是一个非常基本的观念，呈现在种种方向。下面是我们对它的意义跟重要性的了解的几个里程碑：

玻色－爱因斯坦凝聚	（1924）
狄拉克的磁单极	（1931）
London 方程	（1935）
BCS 理论	（1956）
Aharonov-Bohm 实验	（1959）
磁通量量子化	（1961）
Josephson 效应	（1962）
量子化 Hall 效应	（1981）

　　而且，规范场的观念今天在粒子物理里非常重要。而它的名字其实应该改为相位场。从"规范"变成"相位"历史上[6]需要引入 $i = \sqrt{-1}$。这是 London 所最先指出的。有趣的是 London 也是第一个讨论磁通量量子化的物理学家。

　　在 1982 年 3 月在 Stanford 为庆祝 Fairbank 生日的讨论

会上面，我最后所讲的几句话是：

> Bill，我记得是在 1958 年到 Duke 大学访问的时候第一次见到了你。你给我看了你的不可思议的准确的液 He 比热的实验。从那时候开始，我就非常佩服你。不只因为你的漂亮的实验，不只因为你在多种方向上开拓性的成就，不只因为你对基本现象的多种独立思考，而尤其是因为你坚决不肯盲从理论物理学家的见解。我相信将来你会有更多探讨自然界的奥秘的成就，给我们带来更多的兴奋。

注释：

[1] L. Onsager, remark at a low temperature conference at Shelter Island 1948 (unpublished); see F. London, *Superfluids* (Wiley, 1954), Vol. Ⅱ, footnote 10, p. 151. See also V. L. Ginsberg, *Dok. Akad. Nank.* **69**, 161 (1949), and L. Onsager, *Nuovo Cim. Suppl.* **6**, No. 2, 249 (1949).

[2] F. London, *Superfluids* (Wiley, 1950), Vol. I, p. 152.

[3] L. Onsager, in *Proc. International Conference of Theoretical Physics* (Science Council of Japan, 1954), p. 936.

[4] L. Onsager, *Phys. Rev. Lett.* **7**, 50 (1961).

[5] B. S. Deaver, Jr., and W. M. Fairbank, *Phys. Rev. Lett.* **7**, 43 (1961).

[6] F. London, *Z. Phys.* **42**, 375 (1927). For a short history, see C. N. Yang, *Annals of N. Y. Acad. Sci.* **294**, 86 (1977). See also C. N. Yang, "Hermann Weyl's Contribution to Physics", to appear in a book on Hermann Weyl edited by K. Chandrasekharan (Springer).

后记（杨振宁）

Fairbank（1917—1989）是第一流的实验物理学家。他在
Duke 大学所做的 Helium 4 的比热实验和后来在 Stanford 大学所
做的磁通量量子化实验，都是诺贝尔奖级的工作。

分立对称性 P，T 和 C

原文 "The Discrete Symmetries P，T and C"，载 于 *Journal de Physique*，Colloque C 8，Supplement au No.12，December 1982。中译文载《杨振宁谈科学发展》，八方文化企业公司，1992 年。译者：张美曼。本书编者做了一些修改。

一、宇称 P 的概念

1924 年奥托·拉波蒂（Otto Laporte）[1]在分析铁元素的光谱结构时发现了两类项，他分别称它们为"带撇项"和"不带撇项"。跃迁总是从带撇项到不带撇项或者反过来，从来没有发现跃迁在带撇项之间，或者不带撇项之间发生。后来发现，这个选择规则也适用于其他元素的原子谱，并给这个规则起名为"拉波蒂规则"或"拉波蒂－拉赛尔"规则（Laporte-Russell）。在量子力学发展起来之后，这个选择规则被解释为与下面的变换下的不变性有关[2]。

$$i: \qquad x'=-x，\quad y'=-y，\quad z'=-z \qquad (1)$$

这个变换被称为镜像，韦耳（Weyl）选用符号 i 表示这个变换。韦耳给这个算符的本征值起名为"符号差"（signature）。

1931 年，在维格纳（Wigner）[3] 的书中此本征值被称为"镜像特征标"。"宇称"这个名词是何时开始被采用的，我了解得不确切。在 1935 年，康登（Condon）和肖特勒（Shortley）[4] 用了"宇称算符"这个词。

在 30 年代，宇称对称很快地成为原子物理、分子物理和原子核物理语言的一部分。能级安排、选择和强度规则及角分布都明显地或隐含地用设想的宇称守恒的概念进行了讨论。当基本粒子物理开始发展时，宇称守恒很自然地转入到新的领域中。

在进入宇称不守恒的课题之前，回忆一下过去是很有趣的。今天，群论在物理学中的广泛应用被认为是理所当然的事，然而在 20 年代晚期，韦耳和维格纳将群论引入物理中却一点也不受欢迎。在维格纳的书的 1953 年英文版前言中，他写道[3]：

> 当最初的德文版于 1931 年发表时，物理学家很不情愿接受群论的论证和群论的观点。使作者感到愉快的是以后这种反感实际上消失了。事实上，年轻一代并不理解这种反感的原因和基础。在老一代人中，可能是范劳埃（M. van Laue）首先确认了群论的意义。他认为群论是在处理量子力学问题中得到最初认识的自然工具。范劳埃对出版者和作者的鼓励对这本书得以问世做出了贡献。我喜欢回忆他的问题，在这卷书中对他的问题导出的结果，我认为是最重要的。我的回答是这样，拉波蒂的规则（宇称的概念）和矢量相加模型的量子理论，我认为是最有意义的。自那时以来，我终于同意了他的回答，确认几乎所有的谱学中的规律都从问题的对称性

得出，这是最出色的结果。

在写下这段话后的二十多年里，越来越大的李群找到了它们进入物理学文献的路。人们可能会担心，是否这个好且重要的发展被滥用了。

现在我们来谈谈 50 年代。在对 τ 粒子衰变的研究中，达立兹（Dalitz）引入著名的达立兹图[5]对 τ 粒子可能的自旋－宇称进行了分析。这是一个特别有用的方法。在 1955 年 1 月，他得到了一个结论[6]，即"如果 τ 介子的自旋小于 5，它就不能衰变到两个 π 介子"。换句话，τ 和 θ 粒子的自旋－宇称安排很像是不相同的。但是这个结论必须与有关 τ 和 θ 粒子质量与寿命的实验相对照。那时的气氛可以从 1956 年我在西雅图举行的理论物理国际会议上作的题为《关于新粒子的现有的知识》的报告中的一段看出[7]：

> ……一般认为 τ^+ 和 θ^+ 不是同一粒子。
>
> 然而，不能轻率地下结论。因为实验上这些 K 介子仿佛有相同质量和相同的寿命。它们的质量实验已精确到 2~10 个电子质量，或百分之几，它们的寿命精确到 20%。可是由于这两种粒子有不同的自旋和宇称值，它们又都与核子和 π 介子有强相互作用，因而不能期待它们有相同的质量和寿命。这迫使人们认为这个问题继续存在，即上述的 τ^+ 和 θ^+ 不是相同粒子的推论是否是结论性的。我可以插上这样一段话，此推论一定曾被当作结论（事实上它比物理学中许多其他的推论的基础要好得多），假如没有质量与寿命相同的异状。

请注意这里（1956）所用的词"异状"。它显示当时普遍的感受；质量与寿命不应该相同。

从 1956 年初开始,这个进退两难的推论被明确地称为 θ-τ 之谜。在这一年的 4 月里,在罗彻斯特会议上,按大会的约请,我做了一个新粒子的报告,在报告中我花费了一半以上的时间去讨论这个谜[8],在这个会议结束时,奥本海默说:"τ 介子有内部的或外来的复杂性,两者都不会是简单的。"

这个谜被后来发现的宇称不守恒解决了。为什么这不是一个显然的直接的解答?我想有三条理由:

1. 一般自然地认为几何对称性是绝对的。在原子、分子和核物理中,空间 – 时间对称性的精确性仅进一步加强了这个先验的信念。

2. 在核物理和原子物理中,宇称选择规则都十分成功。借助于宇称选择规律,成百个实验成功地分析了核能级,核反应和 β 衰变的鉴别。面对过去这些广泛的经验,很难接受宇称破坏的思想。

3. 宇称仅在弱作用中不守恒的思想还没有诞生。在 1956 年 4 月下旬和 5 月上旬,李政道和我研究 θ-τ 之谜。我们特别注意在实验

$$\pi p \rightarrow \Lambda^0 \theta^0$$
$$\Lambda^0 \rightarrow \pi^- p \qquad\qquad (2)$$

中"二面角"的定义。在罗彻斯特会议上舒特(R. P. Shutt)、斯坦伯格(J. Steinberger)和瓦尔克(W. D. Walker)的小组报告了这个实验。有一天,李和我突然想到也许宇称仅仅在弱作用中不守恒。这会在反应(2)中产生上下不对称。这个想法使我们紧张地工作了几周,特别是对 β 衰变的研究。我们在 6 月向《物理评论》提交了一篇题为《宇称在弱作用中守恒吗?》的文章,发表于 10 月[9, 10]。但发表时文章的

题目改为:《在弱作用中的宇称守恒问题》,因为编辑规定,文章的标题不能含有问号。

我们建议了几种检验方法,去发现在弱作用中宇称是否守恒。有两组人于 1956 年开始做我们所建议的那些实验,其中一组是哥伦比亚的吴健雄和标准局的安布勒（E. Ambler）、海沃德（R. W. Hayward）、霍普斯（D. D. Hoppes）及赫德逊（R. P. Hudson）。另一组是芝加哥的泰勒格第（V. L. Telegdi）和费雷德曼（J. I. Friedman）。在 1957 年 1 月初哥伦比亚 – 标准局的实验证明在 β 衰变中确实存在宇称不守恒时,戈文（R. L. Garwin）、莱德曼（L. M. Lederman）和韦恩瑞其（M. Weinrich）突击于 48 小时内完成了另一个宇称不守恒的实验。这三个实验结果使所有的物理学家相信宇称在弱作用中不守恒[11]。

二、时间反演 T 的概念

在经典物理学中,时间反演不变性是一个早在 19 世纪就已经研究过的课题。对这个不变性的现代理解是从克拉默（Kramers）的定理[12]开始的。这个定理说,在任何一个电场中,对奇数个电子来说,能量本征态至少是双简并的。为证明这个定理,克拉默用了一个对电子系统的波函数进行复数共轭运算的算子。两年之后,维格纳[13]证明,在量子力学中这是一个正确的时间反演算子。

维格纳的时间反演算子没有立刻被物理学家们赏识[14]。甚至直到 1941 年,当泡利写他那篇场论的总结文章[15]时,也没有提到这个算子。泡利好像喜欢另一个不包括复数共轭运算的算子（那是不正确的）。确实，复数共轭运算使得时间反演算子很难理解，并且应用时也很困难。因此整个 30 年代和 40 年代，只有几篇文章讨论这一课题。

今天，我们知道时间反演不变性的一个重要应用就是确定跃迁矩阵的元素之间的相对相位。首先使用这一想法的是劳依德（S. Lloyd），他讨论了电 2^L 极和磁 2^{L-1} 极辐射的矩阵元素之间的相对相位[16]。

施温格（Schwinger）[17] 引入了时间反演不变的另一种形式，但他的公式在实质上与维格纳的公式等价。

三、电荷共轭 *C* 的概念

电荷共轭概念的起因与宇称和时间反演完全不同。事实上它在经典力学中没有对应物。

当狄拉克[18]写下他的关于狄拉克方程的文章时，在引言中他提到负能态是成问题的："因此所得到的理论仅仅是一个近似……"两年之后，他在题为《电子和质子的理论》的文章中又回到这个问题上[19]。在这篇文章中他提出"所有的负能量态都被占据了，也许有少数的几个空着……"他称这些未被占据的负能量态为"空穴"，他假定"这些空穴是质子"。他又提出两个问题："这个理论能说明电子和质子之间巨大的不对称吗？它们不对称因为它们的质量是不同的，而且质子能组合成重的原子核。"这篇文章发表之后不久，塔姆（Tamm）、狄拉克、奥本海默和韦耳得出结论[20]，期待的不对称并不存在。而且，如果空穴是质子，那么氢原子的寿命将是 10^{-10} 秒。这显然是错误的。因此，奥本海默[21]

提出质子和电子应分开处理。结果是下面的看法：

> 在这个世界上，正如我们所知道的，不只是几乎所有的，而是所有的负能量电子态都被占据了。一个空穴，如果存在，将是一类新粒子，它是实验物理还不知道的，它与电子有相同的质量、符号相反的电荷。我们可以称那样的粒子为反电子。[22]

这就是电荷共轭粒子概念的诞生经过。我曾将狄拉克为创造"空穴"这个思想所采取的步骤比作为"负数的第一次引入"[23]。这导致了今天对"真空"本质的深奥微妙的理解，这是人类的空间－时间概念的一场革命。我一直很欣赏狄拉克提出负能量粒子海那样疯狂思想的勇气，关于这个问题有一天我曾问过狄拉克。他说，在那个时候这个思想并不那么疯狂（按照他的意见），因为人们在原子壳结构中已经对空穴很熟悉了。我想，对他来说也可能并不那么疯狂，因为他相信[22]：

> 现在能够建议的最有效的方法是，采用纯数学的所有手段使现存的理论物理基础的数学公式完美化并得以推广，而且每一次在这个方向上取得成功之后，都要借助于物理去解释新的数学。……

但那时与他同辈的物理学家们却非常不欢迎他的思想。[见 Moyer, D. F., *Am. J. Phys.* **49**, 1055(1981)]

在这个发展中，法雷（Furry）[24]迈了下一步，他证明了一个后来称为法雷定理的定理。用费曼图语言来表达，则这个定理是说，量子力学中奇数级的电子－正电子圈图中，方向（方向定义从电子到正电子）相反的两个图彼此相互抵消。法雷在文章的摘要中强调，抵消是"电子和正电子之分布的对称性带来的"。

在大约相同的时间，麦杰拉纳（Majorana）[25]和稍后的克拉默[26]开始着手于共轭对称的正规处理。

在 1937 年发表的这三篇文章是很有趣的，除讨论电荷共轭外，他们接触了各种各样附加的概念，这些概念后来变得有趣和重要：麦杰拉纳的文章引入了中微子的麦杰拉纳理论；克拉默用下面一段话结束他的文章：

因此一个修正必须加到 1928 年狄拉克理论给出的氢原子静态能级上。

在以后的文章中我们将比较详细地讨论实际计算这一修正的可能性。

所以克拉默早在 1937 年就开始考虑重整化的思想，但似乎没有获得成功的结果。

在第二次世界大战期间，法雷定理被推广到各种类型的介子－核子耦合[27]，派斯（Pais）和乔斯特[28]（Jost）证明，这些都与电荷共轭不变性和电荷对称有关。电荷共轭不变性的进一步应用是米协尔（Michel）[29]及李、杨做的[30]。

1956—1957 年的实验证明了弱作用不遵守宇称守恒，并证明了弱作用不遵守电荷共轭不变性[11, 31]。

四、CPT 定理

在施温格关于场论的文章中[32]，隐含有对后来称为 CPT 定理的认识，这个定理表示，在任一洛伦兹不变的定域场论中，算子 CPT 使理论保持不变，即使 C、P 和 T 个别地不能保持理论不变。吕德斯（Lüders）[33]部分地证明了这个定理，而泡利[34]给出比较完全的证明。这个定理在 50 年代中期有很大的重要性。

乔斯特于 1957 年指出了 *CPT* 定理与微观因果性之间的关系[35]。

从概念的观点来看，下面的事实是有趣的。在量子力学中，复数在描写物理宇宙中起着实质性的作用，而量子场论则必须使用解析函数，从这些发展中得出了 *CPT* 定理[36]。此刻我们当然不知道，对 *CPT* 定理的理解，以后是否还有什么更奥妙的发展。

五、*CP* 不变性的破坏

在 *C* 和 *P* 不守恒发现以后，为了尽可能挽救尽可能多的对称性，*CP* 严格守恒的提议出现了。在一些年里，这个提议与所有的实验结果符合。但在 1964 年，克里斯坦桑（Christenson）、克劳宁（Cronin）、费奇（Fitch）和特雷（Turlay）[37]发现 *CP* 守恒也不是严格有效的。由于 *CPT* 定理，于是相信时间反演不变性也不是严格有效的。

六、评　论

直到今天，对分立对称破坏的研究还在许多方向上继续进行。对 *P*、*C* 和 *CP* 不守恒现象已经知道得很多了。从理论上看，这些研究造成了两个最重要的概念上的发展，第一个发展是对早有的中微子二分量理论[38]的再次肯定[39]。第二个发展是小林（Kobayashi）和益川（Maskawa）[40]在

1973 年所做的令人十分惊奇的分析，即为了容纳 *CP* 不守恒，仅有 4 个夸克是不够的。从技术上看，*P* 守恒的破坏使得产生极化粒子束成为可能，这种束促成了许多实验研究。

但是造成分立对称破坏的基本原因今天仍然不知道，事实上，对这些破坏连一个可能的基本理论上的建议都没有。我相信那样一个基本理论必须存在，因为我们知道，物理世界所取的理论结构绝不是没有原因的。

注释：

［1］Laporte, O., *Zeit. f. Phys.* **23**, 135 (1924).

［2］Wigner, E. P., *Zeit. f. Phys.* **43**, 624 (1928); Neumann, J. V. und Wigner, E. P., *Zeit f. Phys.* **49**, 73 (1928); Weyl, H., *Cruppen Theorie and Quantenmechanik* (Leipzig, 1928).

［3］Wigner, E. P., *Gruppen Theorie und Ihre Anwendung auf die Quantenmechanik der Atomspektren* (Friedr. Vieweg, 1931); English translation (Academic Press, 1959).

［4］Condon, E. U. and Shortley, G. H., *The Theory of Atomic Speectra* (Cambridge University Press, 1935).

［5］Dalitz, R. H., *Phil. Mag.* **44**, 1068 (1953); *Phys. Rev.* **94**, 1046 (1954); Fabri, E., *Nuovo Cimento* **11**, 479 (1954).

［6］Dalitz, R. H., in *Proceedings of the 1955 Rochester Conference.*

［7］Yang, C. N., *Rev. Mod. Phys.* **29**, 231 (1957).

［8］Yang, C. N., in *Proceedings of the 1956 Rochester Conference.*

［9］Lee, T. D. and Yang, C. N., *Phys. Rev.* **104**, 254 (1956).

［10］See Yang, Chen Ning, *Selected Papers 1945–1980 with Commentary* (Freeman, 1985).

［11］Wu, C. S., Ambler, E., Hayward, R. W., Hoppes, D. D. and Hudson, R. P., *Phys. Rev.* **105**, 1413 (1957); Garwin, R. L., Lederman, L. M. and Weinrich, M., *Phys. Rev.* **105**, 1415 (1957); Friedman, J. I. and Telegdi, V. L., *Phys. Rev.* **105**, 1681 (1957). See *Adventures in Experimental Physics*, Gamma volume, ed. B. Maglich (World Science Education, 1973).

［12］Kramers, H. A., *Proc. Acad. Amsterdam* **33**, 959 (1930). Reprinted in *H. A. Kramers Collected Scientific Papers* (North-Holland, 1956).

［13］Wigner, E. P., *Nachrichtung Akad. Wiss. Gottingen*, Math Physik, 546 (1932).

［14］阅将由 Springer-Verlag 出版的 M. Dresden 写的 H. A. Kramers 的传记。

［15］Pauli, W., *Rev. Mod. Phys.* **13**, 203 (1941).

［16］Lloyd, S., *Phys. Rev.* **81**, 161 (1951).

［17］Schwinger, J., *Phys. Rev.* **82**, 914 (1951).

［18］Dirac, P. A. M., *Proc. Roy. Soc.* **A117**, 610 (1928).

［19］Dirac, P. A. M., *Proc. Roy. Soc.* **A126**, 360 (1930).

［20］Tamm, I., *Z. Physik* **62**, 545 (1930); Dirac, P. A. M., *Proc. Camb. Philos. Soc.* **26**, 361 (1930); Oppenheimer, J. R., *Phys. Rev.* **35**, 939 (1930); Weyl, H., *Gruppen Theorie und Quantenmechanik*, 2nd edition, 234 (1931).

［21］Oppenheimer, J. R., *Phys. Rev.* **35**, 562 (1930).

［22］Dirac, P. A. M., *Proc. Roy. Soc.* **A133**, 60 (1931).

［23］Yang, Chen Ning, Paper【59c】in reference 10 above.

［24］Furry, W. H., *Phys. Rev.* **51**, 125 (1937).

［25］Majorana, E., *Nuovo Cimento* **14**, 171 (1937).

［26］Kramers, H. A., *Proc. Acad. Amsterdam* **40**, 814 (1937).

［27］Fukuda, H. and Miyamoto, Y., *Progr. Theoretical Phys.* **4**, 389

(1950); Mishijama, K., *Progr. Theoretical Phys.* **6**, 614 (1951).

［28］Pais, A. and Jost, R., *Phys. Rev.* **87**, 871 (1952).

［29］Michel, L., *Nuovo Cimento* **10**, 319 (1953).

［30］Lee, T. D. and Yang, C. N., *Nuovo Cimento* **3**, 749 (1956).

［31］Lee, T. D., Oehme, R. and Yang, C. N., *Phys. Rev.* **106**, 340 (1957). This paper was written as a result of a letter from Oehme dared August 7, 1956. See Commentary on【57e】in ref. 10. See also Loffe, B. L., Okun, L. B., Rudik, A. P., *Jetp.* **32**, 396 (1957).

［32］Schwinger, J., *Phys. Rev.* **91**, 713 (1953); **94**, 1362 (1954). See especially equations (54) and (209) and discussions of these equations in latter paper.

［33］Lüders, G., *Kgl. Danske Videnskab. Selskab, Mat. Phys. Medd.* **28**, No. 5 (1954).

［34］Pauli, W., in *Niels Bohr and the Development of Physics* (Pergamon, 1955).

［35］Jost, R., *Helv. Phys. Acta.* **30**, 409 (1957).

［36］韦耳 1930 年 11 月在他的《群论和量子力学》一书的前言中写了一段有趣的话：

> 质子和电子的基本问题已经在它与量子定律的对称性的关系中讨论了，而这些性质是与左和右、过去和将来以及正电和负电的交换有关。现在似乎还看不到这个问题的解决；我担心，悬在这一课题上的乌云会滚动到一处，形成量子物理中的一个新的危机。（参见 H. P. Robertson 的译文，Dover，1950）

他是在考虑 *P, T* 和 *C*, 但我不能肯定他指的危机是什么。

［37］Christenson, J., Cronin, J. W., Fitch, V. L. and Turlay, R., *Phys. Rev. Letters.* **13**, 138 (1964).

［38］Weyl, H., *Z. Physik* **56**, 330 (1929).

［39］Salam, A., *Nuovo Cimento* **5**, 299 (1957); Lee, T. D. and Yang, C. N., *Phys. Rev.* **105**, 1671 (1957); Landau, L., *Nuclear Physics*. **3**, 127 (1957).

［40］Kobayashi, M. and Maskawa, T., *Progress Theoret. Physics* **49**, 652 (1973).

附：报告后的讨论

米协尔（Michel）：杨教授，谢谢您。

我肯定，杨教授的这个报告将在圆桌成员之间和听众之间引起可喜的讨论。我将用我作为主席的特权向历史学家们说几句，有些事情对我们来说很清楚，当然，对维格纳来说对 30 年代开始的事情也很清楚，但对物理学家们可能并不是很清楚的。我可以列出一个名单，他们违反了宇称守恒但并不知道，如今天上午我们所谈论的物理学家中的一些我特别尊敬的人，如托赛克（Tousheck）的双 β 衰变的文章。我昨天引用的埃纳错（Enatsu）在 1950 年之前就有了最经济的矢量介子——中间玻色子。我还可以引用其他几个人。我甚至可以引用泡利，他在宇称问题上的一些有关论证是错的，这个错误出现在一封信中。他回答我说："是的，但是你在电荷共轭上也有错误。"当然，这是真的。我可以得到原谅的是开莫（Kemmer）教授在我之前，在他著名的关于电荷独立（charge independence）的文章中出现同一错误。我不想谈时间反演，我也应当谴责我自己在 1951 年反对时间反演的过失。你们知道，这是在我到普林斯顿并且认识了维格纳之前的事，但是，如果我把那些违反时间反演的文章罗列出来，可能要花费几个小时。我想，我可以问维格纳一些关于宇称和时间反演的问题。您懂得时间反演比任何一位物理学家都早，您在 1932 年就写了这方面的文章，例如，我记得 1951 年的辩论。现在知道 *P* 和 *T* 不变性是自然界中两个近似的定律。您是否愿意给我们谈谈您的回忆和评论？

维格纳（Wigner）：我必须承认，我确实被反射对称性的破坏吓了一大跳。我对电荷对称的破坏从未惊讶过，我知道地球上大多数电子带负电，大多数质子带正电，但是反射不对称对我是一个震动。让我说一件我感到十分困惑的事吧，柯克斯（Cox）博士曾寄给我一篇 β 衰变的文章，他的文章清楚地表明反射对称性的欠缺。

米协尔：那是什么时候？

维格纳：很久以前，1932 年或 1933 年。我给他回信说，你的实验结果好像与反射对称矛盾，我会更仔细地看一下这篇文章。于是他收回了这篇文章。今天我意识到这篇文章是正确的以后，我总感到十分窘迫，但是这样的事发生了。

杨振宁：我是否可以说一点关于这个问题的意见？

李·格劳翠斯（Lee Grodzins）的文章对柯克斯的实验做了仔细的分析。这篇文章收在麦格里克（Maglic）编的《实验物理中的冒险》一书中。在这篇文章中，他得到下面的结论：柯克斯发现的效应的值（关于 β 粒子的涡旋度）大致上是对的，但是符号是错的。格劳翠斯加了一段话，他相信实验是正确的，但在资料分析中柯克斯加了错误的正负号。

阿马尔第（E. Amaldi）：正如杨振宁指出的，在 1928 年和 1930 年，有一些实验提供了电子纵向极化的证据，在近几年这些文章被广泛地讨论，得到的结论是，这些结果与宇称守恒的关系没有被同时代的物理学家和作者自己确认和理解。这些文章的参考文献在我的《β 衰变打开了通向弱作用的路》的报告末尾给出了（文献 99，100）。

米协尔：我可以提供另一个"可能是"宇称破坏实验的逸事。这是 1955 年的事。鲍开雅特（Bouchiat）和我计算了在巴巴（Bhabha）散射中或电子–电子莫勒（Moller）散射的关联，后来哈尔本（Halban）来了（他已经不在了），对我说："啊哈，我愿意做这个实验，这是很有趣的实验。它是否很重要？"我告诉他："你知道 QED 有效到 6 位数字（在那个时候），因此，如果你做这个实验，就算达到 10% 甚至 1% 的精度，也不会教给我们许多东西。"可是不管怎样，他们开始用 ^{32}P 源做实验，但你们知道 ^{32}P 的寿命仅仅是两周，在买了三个源之后，他们不再有耐心了（也许由于基金和时间的原因），他没有发表他们的结果。当宇称不守恒这个爆炸性的新闻出现后，他们来看我，说："那么我们能做什么？"我说："就再做一次相同的实验吧。"他们做了类似的实验。维格纳教授，时间反演方面的情况怎么样？你谈到了时间反演，并且还由于在克拉默的漂亮文章后，你第一个为我们在量子力学中确认时间反演而受谴责。（编者注：这是反话。）克拉默的文章你引用过，我们也读过。关于时间反演你有什么评论吗？我想说一下，时间反演是我在现代物理评论中读到过的被引用的一些例子中的一个，在那些例子里，维格纳理解了物理，但物理学家们不理解维格纳，这种情形持续了二十年。

维格纳：坦率地说，我完全相信时间反演不变性和反射对称是有效的。当证明这些不再有效时，对我是极大的震动。我完全注意到熵增加的事实，但对此我有一个基于初始条件上的完全不同的解释。我相信这个解释是有效的，它并不缺少时间反演不变性，由此造成熵增加。但是我必须说，我很尊敬那些大胆地期望这些不变性不是有效的人。我不知道这些不变性无效是否也依赖于初始条件。可以肯定，这张桌子中所有的电子都带负电，这个事实是初始条件造成的。但这一点并不清楚，即前述的对称性的缺少能被简化为我们世界的对称性的缺少。下面的设想是可能的，即弱相互作用的全部存在是由于这个世界的某些初始条件，但是我不相信它，因此我像以前一样为这些对称性的有效性的缺少而感到迷惑。如果我们相信自然界中的所有定律都是简单的、美好的，那么这些不变性应该有效。你们愿意反驳我吗？

杨振宁：我认为每一个人最初的倾向是喜欢有更多的对称性。关于这些桌子充满了电子而不是正电子，现在有了一个理论（这个理论还需要证明），在某种意义上理解这一点。我认为，对称性和自然界不是十分对称的问题，有破损的对称把两者结合，是最有趣的观念。但是这个观念的细节尚待弄清楚。我相信，将来我们能有一个很有趣的时期。

米协尔：你谈到 *CPT* 对称，这个对称目前还没有被破坏，每一个人都相信存在 *CPT* 对称性。然而，有一个问题：为什么我们周围仅仅是物质？如果你不想破坏 *CPT* 对称性，你必须考虑几步。如果你从一个许多人愿意要的电荷对称的大爆炸出发。萨哈罗夫（Sakharov）首先证明 *CPT* 不变性是怎样保持的，他从一个 *C* 对称的大爆炸出发，得到现在的物质比反物质多的世界。他是在 1967 年做的这个工作，虽然他的文章超出这次会议的范围，但它仍然是历史，萨哈罗夫引入了一项，这项给出质子寿命为 10^{50} 年。感谢规范理论，这个值降低了，现在可以用实验去检验它。在大多数的大统一方案中，质子应该衰变。因此我们现在对重子荷守恒有疑问，但我们还不知道答案，最近，从类星体观察组来的费莱开（Fleche）和索里奥（Souriau）对于我们的宇宙提出了一个有说服力的模型。在这个模型中物质和反物质是对称的，但反物质离我们很远：比 100 亿光年远。

维格纳：我想再发表些评论。我们都知道初始条件并不表示任何对称性，从某种意义上尽可能无规则。这边有安德逊（Anderson）博士，那边没有安德逊博士，于是问题出现了：初始条件与自然定律相分离（按照我的看法，这是牛顿最伟大的成就。）会被证明是绝对有效的吗？初始条件与自然定律之间的相互作用是后来在自然定律中某些对称性缺少的原因吗？按照因斯特·马赫（Ernst Mach）的观点，我们知道所有已知的物理学定律都是近似的，如果是这样，那么牛顿的初始条件与自然定律相分离的看法也是一种近似。你们知道，狄拉克提了这样一个建议，即电磁力与引力的比值依赖于宇宙密度。由于这个密度在减少，假定这个比值是时间不变的自然定律是错误的。因此，很可能某些不变性的缺少是由于我们周围这个世界的对称性的缺少。

我想最好注意这样的可能性，即弱作用中缺少反射不变性是源于我们宇宙状态的不对称性。我想，我应该让大家注意这种可能性，尽管我不真正相信它。

山梻（Yamaguchi）：我想知道杨教授提的问题的答案，谁是"宇称"这个词的教父？

维格纳：我不知道，这个词不是一个很重大的发明。

苏达山（E. C. G. Sudarshan）：我想对杨教授的叙述加一个评论：有这样一种情况，在这种情况里最大的宇称破坏增加了物理学中的和谐。只要把自由粒子作为基本单元，有质量的、自旋为 1/2 的粒子和无质量的、自旋为 1/2 的粒子是彭加勒群十分不同的实现。有质量的粒子属于有两个自旋态的不可约表示，但无质量的那个只有一个。1956 年的那个工作把最大的宇称破坏与二分量中微子理论相联系。但是马尔夏克（Marshak）和我通过分析弱作用的实验资料发现，有质量的场也只用了手征分量。在 1957 年的派都威尼斯（Padua Venice）会议上我们提出了这一点。对于自旋为 1/2 的场，因为反对易条件而使手征分量分离开。因此合适的观点是在动力学中包括粒子的质量（相互作用……）（原文如此。——译者）。关于手征分量我们做的事在超子非轻子衰变中证明是正确的；并且在有 $SU(3) \times SU(2) \times SU(1)$ 的标准模型中和在大统一理论中，它是绝对重要。因此一般地，我希望在发展弱作用和粒子物理中强调看见手征分量和手征性的重要性。

泰勒格第（V. Telegdi）：（1）关于柯克斯的实验，我不认为这个实验结果是可靠的，注意到年份为 1928 是有趣的。自旋是一个新的观念，莫特（Mott）的文章还没有出现。柯克斯的想法是去做一个与光学中麦拉斯（Malus）著名实验类似的实验。麦拉斯的实验对确定光的"自旋"贡献很大。麦拉斯在光学中引入了一个词"极化"。

（2）当宣布了宇称不守恒之后，我们提出去研究极化中子的衰变。在阿尔贡（Argonne）这是可以做到的，这方面的大专家是雷恩格（R. Ringo）博士。当我们和他讨论事情时，他说，在罗伯逊（Robson）的中子（无极化）实验之后，他提出过我们想做的实验，但是阿尔贡的高级理论家与他们谈话，使他们相信因为宇称守恒所以没有新的可观察效应会出现！

尼曼（Y. Ne'eman）：（1）对于初始条件（维格纳教授的意见）——人们感到惊奇的是，为什么宇宙那么对称。

（2）关于对称性及杨振宁教授的透明片中提到的对群论的不喜欢，透明片取材于韦耳的书（群论病）。对称，因为它对应于普遍化和对"特殊情况"的排除，所以对称是在科学的本性中。例如，"所有的方向应该是相似的"。因此群论应该从一开始就进来。然而，每一代人都总是不喜欢新的数学，因此在开始时，群论倾向于被拒绝。

米协尔：我想对维格纳教授所说的做些评论。我同意把初始条件从自然定律中区分出来是牛顿做的一件伟大事情。但是物理学的问题变化了，太阳系的起源是另一个物理学问题，拉普拉斯（Laplace）为它担忧过。因此你所称呼的初始条件后来成为一个物理问题，现在，我想说，你可以把大爆炸考虑为初始条件，但对我们大多数人来说，它的历史是一个物理问题。

维格纳：但是没有一个大爆炸的理论解释坐在这里第一排的人数。大爆炸太复杂了，并且肯定它没有任何对称性。作为一个结果，如果我们不相信初始条件与自然定律的分离，则将没有真正的对称性存在。这完全是可能的。

米协尔：我想问一下杨教授：我清楚地记得我在西雅图听杨教授报告时的情景，杨教授报告的是关于宇称破坏，维格纳教授后来问他问题。我记得你谈的就是宇称，那时我已读过你的预印本，并且清楚地记得预印本的细节。但是维格纳教授问你一个问题："你怎样选择去破坏宇称？"你没有理解这个问题，维格纳又以他的稍稍特别的方式再一次问这个问题，你说："你看，我有一个问题要解决，我要找一个出口。你在一个有多种不同门的房间内，你尝试不同的门，最后……"维格纳教授告诉你："现在我知道破坏宇称的七种方法，你选择哪一种？"你没有回答。这表明在那时你的想法还没有真正透彻形成。

杨振宁：我清楚地记得西雅图会议。我讨论了宇称不守恒，我也讨论了宇称二重态（parity doublet）的可能性。我也记得维格纳教授问我的一般性的问题，我不记得维格纳那时说过有许多破坏宇称的方法，但我确实记得下面的事。我的确说过情形是很令人困惑的，我愿把我们的情形比作一个处于黑房间中的人。我们知道有一个走出这个黑房间的方法，但是我们不知道沿哪一个方向去寻找，因此，我们必须探查所有的可能性。我愿坦率地对在座的听众说：在那时我并没有把宝押在宇称不守恒上，李也没有将宝押在宇称不守恒上。我不认为有任何人真正把宝押在宇称不守恒上。我不知道泰勒格第那时怎么想，但吴小姐（指吴健雄。——译者）那时想，即便结果没有给出宇称不守恒，它仍然是一个好的实验。应该做这个实验，因为先前的 β 衰变没有产生任何关于右左对称的信息。

一位卓越的俄罗斯物理学家告诉我，朗道（Landau）不相信宇称不守恒，事实上1956年10月在苏联召开的一次会议上他很强硬地说，这是绝对无意义的。但在实验完成之前，朗道显然改变了主意，他感到可能有宇称不守恒。为什么大多数人不要它？我想过这个问题，我认为只有一个结论：这就是我们大家喜欢有更多的对称性。

蒂欧姆诺（J. Tiomno）：我想问杨教授一个问题，关于费米对空间反射的意见，因为他写过一个人们认为是错的表达式，它在一项中有：γ_μ（核子流），阶次是 $\gamma^5\gamma_\mu$（e-v 流）。我们现在知道，长期以来，在反射中，对 v 相位选择方便的标量，但是在那时人们认为应当是一个赝标量。有一次我听到费米对这个批评的回答，他说他不相信空间反射不变性定律应该适用于所有的物理。我想知道这是否正确。

杨振宁：这是不正确的，至少我没有这个印象。作为一名研究生和年轻的讲师我与费米在芝加哥有很多接触。通过与他讨论我知道他对宇称守恒特别感兴趣，对此我不知道有什么特别的原因。

在 1950 年在你和我写了关于自旋 1/2 的粒子在空间反射下的可能的相因子的文章后，在芝加哥举行了一次会议。我想是 1951 年，费米对我们的文章有很强的兴趣。因此他安排了一个专题会议来讨论这篇文章，他明确地要求讨论这个问题：我们的提议的实验表现是什么？你和我在 1950 年写的这篇文章对后来 1956 年宇称的工作很有用，因为耦合 C 和 C' 是直接从 1950 年文章中拿来的，很自然而直接。

蒂欧姆诺：在这种情形下，我想对下面的事实做一些评论，李、杨给出这个结果确实是大胆的一步，因为那时每一个人都十分相信宇称守恒。我记得在普林斯顿，我在维格纳教授指导下做关于中微子和双 β 衰变理论的博士论文，这个工作是去检验可能的狄拉克场的投影算符。文中有一个注解说，我没有用有 $v(1 \pm \gamma^5)v$ 的投影算符，因为它们显然是错的。我肯定，事实上对这件事维格纳没有作出像其他人那样的反应，他甚至不感兴趣，在那样一个 β 衰变理论中有那些不令人满意的可观察的效应。

阿马尔第：30 年代初在罗马，有一个人对群论确实很感兴趣，他就是麦杰拉纳。他研究了韦耳的书，认为它是最好的较深入的关于量子力学的书。有一次他提到已经开始写一本关于群论的书，但在他失踪后，没有人发现任何可以被认为是那样一本书的草稿或部分手稿。

米协尔：我想问维格纳教授最后一个问题。我们正在讨论一些概念，但是超选择规则是一个我们还没有接触到的概念。按照字母顺序，威克（Wick）、魏特曼（Wightman）和维格纳写了一篇关于超选择的文章［*Phys. Rev.* **88**，101(1952)］在这篇文章的注解 9 中他们写到，他们准备相信分立对称不会是严格的，这与你所说的不同。在这个注解中你给了一个例子：P 和 C 可能被破坏；但 PC 是守恒的。（在会后加上准确的引文："C 是一个严格的对称，这是还没有证明的。可能 C 和 P 仅仅是近似的定律，而 CP 是仅有的严格的对称定律……"）

维格纳：我应回答什么？

米协尔：你是否与威克和魏特曼在你们的文章的注解中做了这样的评论？

维格纳：你知道，我不记得这个注解。

杨振宁：你说过，C 和 P 可能被破坏。

米协尔：你选用了这个例子。

维格纳：是的，它们被破坏了。

米协尔：因此，维格纳教授和威克、魏特曼，你们在 1952 年在一条注解中说过它。

后记（杨振宁）

（1）这是 1982 年 7 月中在巴黎开的科学史会议上我的报告。报告后的讨论中发言的维格纳是极重要的物理学家。他和韦耳（Weyl）分别于 1930 年前后将群论引入物理学。（请参阅本书 85j《魏尔对物理学的贡献》一文。）

关于群论早年不被物理学者重视的故事很多。在 60 年代维格纳在普林斯顿常说"In the 1920s everything I did was considered unimportant. Now nothing I did is considered unimportant."（在 20 世纪 20 年代，我的所有工作都被认为不重要。今天，我的任何工作都被认为重要。）我对于这个转变有一点贡献：

在 20 世纪 20 年代受了 Heisenberg 与 Bohr 的影响，又因为一班物理学家不喜欢太多的数学，所以韦耳和维格纳的工作都太不被重视。我在昆明的时候，为了写学士论文了解到了群论的重要，也了解到了维格纳与韦耳是两位引进群论到物理学中的大学者，所以对维格纳一直十分佩服。1957 年我在诺贝尔演讲中特别提到维格纳是最早发现左右对称与"宇称"的关系的人。我说："This fundamental idea was rapidly absorbed into the language of physics."（这个基本观念很快就被吸收到物理学的语言之中。）

维格纳对我的这个说法感到非常高兴，所以第二年他即提议普林斯顿大学给吴健雄、李政道和我荣誉学位。据江才健的《吴健雄传》说，这是普林斯顿大学第一次颁授荣誉学位给一位女科学家。

　　维格纳为人诚谨,不苟言笑。从他身上我们可以看到第二次世界大战前欧洲学人的风度,与今天许多美国科学家的盛气凌人的态度成鲜明对照。

　　(2)本文及附件对 C, P, T 等观念的历史有很多讨论。对 C, P, T 之唯象认识五十年来有了许多工作,但对为什么 C, P, T 都不完全守恒仍然没有任何好建议。

吴健雄致杨振宁的一封信

振宁：

十天以前，接到您寄赠的论文汇集，当晚我即开始从头阅读，越读越有兴趣，一方面，您对近代物理发展的历史，作了明晰有条理的简介。同时，您把最近的过去，心头不如意事也坦白地布开，使人读了非常感动。第二天早上我给您打电话致谢，知道您在外旅行尚未回来，所以现在特此书面致谢，专此敬祝

俪安。

健雄上

七月九日

后记（杨振宁）

1983 年我的 *Selected Papers* 出版后我寄了一本给吴健雄。这是她的回信。

1996 年 8 月江才健在台北出版了一本《吴健雄传》，是她的传记，写得非常好。出版后不到一年吴健雄就去世了。后来那本传记也在上海出版过简体字版。

我曾经说过做科学研究要成功，有三个必要的条件：

Perception（眼光）

Persistence（坚持）

Power（动力）

吴健雄确是三者具备。她的关于宇称不守恒的实验进行起来困难非常之多，《吴健雄传》的第九章生动地描述了她如何坚持，与如何以动力克服了种种困难。

而最重要的是她的眼光：当时许多别的一流物理学家都认为这么困难的实验，做出来只不过是再证明宇称确实是守恒，不值得去做。可是她"独具慧眼"，认为在弱相互作用中宇称守恒不守恒过去既未被人研究过，那么不论结果如何，这就是值得做的实验。这是她眼光过人的地方。

图 A83a. 1　吴健雄致杨振宁的一封信

自旋

原文 "The Spin"，发表于 *AIP Conference Proceedings* **95**, 1 (1983)，ed. Gerry M. Bunce。中译文载《杨振宁谈科学发展》，八方文化企业公司，1992 年。译者：张美曼。

　　我想谈一些关于自旋这个概念的历史，当我们在物理里面做了一段工作后，有这样一种倾向，即忘掉了我们正在研究的事物的全面含义。对远景的洞察被湮没在眼前问题之中，我们可能对先前的重要的问题变得盲无远见。由于这个缘故，让我们简单地回顾一下，自旋是怎样成为物理的一部分的。

　　自旋这个概念既迷人又十分困难，就其根基而言，它与物理学的三个方面有关。第一是经典的旋转的概念；第二是角动量量子化；第三是相对论。所有这些概念是我们对自旋这个概念早期理解的基础，但在那时并没有清晰地意识到这一点。

　　第一个提出可能存在自旋的人是康普顿（A. H. Compton）[1]。在 1921 年，当他认为电子是一个围绕着一条轴线快速旋转的有几何大小的客体时，就提出了存在自旋的可能性。

然而,这个思想并没有引起重要的发展。在 1919—1925 年间,对称为反常塞曼(Zeeman)效应和多重谱结构理论的混乱的研究则是一个完全不同的开端。这项研究使许多科学家彼此反对、争吵,在 1925 年初,泡利(Pauli)提出了他著名的有四个量子数的不相容原理,其中之一是时髦的新的变量自旋 m_s。然而泡利不相信这第四个量子数具有古典力学的解释,它被认为是"非力学应力"(Zwang)的反映。

1925 年 10 月 17 日乌伦拜克(Uhlenbeck)和戈特斯密特(Goudsmit)向名为 *The Naturwissenschaften* 的杂志提交了一篇文章[2],在这篇文章中他们提议用电子的内部自由度来解释"非力学应力",这个内部自由度就是自旋。泡利一点也不喜欢这个建议,因为他已经相信这第四个量子数表现了一个"非经典的双值性",在他二十年后的诺贝尔讲演中,泡利回忆道[3]:

> 起初,由于它的古典力学的特点,我强烈地怀疑这个思想的正确性。

后来,托马斯(Thomas)的文章出来了,对于自旋与轨道之耦合,给了因子 2 一个漂亮的解释。1926 年 3 月,泡利"完全投降了"[4]。

自旋和不相容原理,对另一个重大的概念性的发展也很重要:置换对称和统计。在这个方向上费米(Fermi)的工作是最早的。他所关心的不是能谱学的"动物学"(zoology)这个领域,而是统计力学。拉赛第(Rasetti)这样描写道:[5]

> 他一听到泡利不相容原理的文章,立刻意识到他现在具有了建立理想气体理论所需要的所有的基本元素,这种理想气体,在绝对零度时将服从内恩斯特(Nernst)

定理，并且在低密度和高温的极限下，给出关于绝对熵的正确的萨克－泰屈罗（Sackur-Tetrode）公式，而且与各种任意的假设无关。在这之前，为了要得到这样正确的熵值必须把这些任意的假设引进统计力学。

费米的文章是 1926 年 2 月 7 日提交的。相隔仅几个月后，从完全不同的问题入手，狄拉克（Dirac）发现了薛定谔波函数可以是对称的或反对称的，这是一个有影响的新概念[6]。从这些考虑出发，发展出了玻色（Bose）－爱因斯坦（Einstein）统计和费米－狄拉克统计的概念。

有关波函数对称性概念的第三条线索贯穿在正氦和反氦的问题中，这个问题是海森堡（W. Heisenberg）在 1926 年春解决的[7]。他通过对系统轨道波函数的对称性质的研究，发现两个电子的总自旋对于氦原子的能量有很大的影响。

大约在 1927 年初，作为描写电子和解释周期表的基本概念，自旋及与它相联系的磁矩被人们完全接受，一个完整的原子和分子结构理论的新纪元开始了。物理学家有理由因所有这些基本的发展而感到满足。但是狄拉克不是这样，他把注意力集中在相对论性的电子理论上，并且写下了漂亮的狄拉克方程[8]。这个方程显示了自旋是荷电粒子相对性理论的固有特征，多么高的想象力、多么深的洞察力。

然而，狄拉克方程被负能量态的困难所困扰，基于对美的形式的特有的信仰，狄拉克大胆地进一步提出了无穷大电子海的思想[9]，这个概念改变了物理学家对于真空的真实结构的理解，如果你以为狄拉克曾很容易地使其他科学家信服他的大胆思想，那就错了。他没能这样，他遭到了许多杰出的科学家的反对[10]，其中包括玻尔、泡利、朗道（Landau）

和佩尔斯（Peierls）。

慢慢地，这些反对消散了。实验中正电子的发现，电子对的产生和湮灭的发现及在理论的研究中发现与其他理论相比空穴理论使发散不那么强烈，所有这些发现导致狄拉克理论被普遍接受。随着电荷共轭不变的公式化、兰姆移动和电子反常磁矩及重整化理论的发现，狄拉克理论成为物理学永恒的一部分。

但是，我们是否听到了关于自旋的最终描述了呢？我相信不是这样，让我举三个理由来说明这个看法。首先我认为我们目前对场论的了解似乎还没有到最终阶段，我们关于重整化的见解很难使人感到满意；再则，更新的对称概念是必需的吗？是拓扑结构吗？我们不知道。然而，任何附加的概念必定与时空纠缠在一起，因而也与自旋纠缠在一起。第二，我们不了解为什么存在 μ 介子和 τ 介子，它们的存在也许与自旋的概念毫无关系，也许与自旋的概念有很深的关系，我们并不知道。第三，也是最重要的，我们至今还没有一个有关旋转着的电子的广义相对论理论。至少，我疑心[11]自旋和广义相对论是非常深地、以一种微妙的方式牵连在一起的，而这个方式我们现在还不了解。

在 1925 年 11 月 24 日，在收到乌伦拜克和戈特斯密特的文章后，海森堡在给泡利的信中写道[12]：

> 当然，如果电子只具有电荷和质量而不具有角动量，事情就简单得多；虽然从原则上来说，人们不能争辩着来反对角动量，但这种思想，即电子具有结构（特别是认为存在几种类型的电子），我很嫌恶。

这都是半个世纪以前的事了。在这些年月间我们是否懂得足够了，可以去判断是否自旋是一种结构，是否应该存在几种类型的电子？

注释：

［1］关于自旋概念的早期历史的详细情况，请参见 J. Mehra 和 H. Rechenberg, *The Historical Development of Quantum Theory*, Vol. Ⅰ, Vol. Ⅲ。

［2］G. E. Uhlenbeck and S. Goudsmit, *Naturwiss.* **13**, 953 (1925); *Nature* **117**, 264 (1926).

［3］W. Pauli 的文章，载于 *Nobel Lectures Physics 1942-1962* (Elsevier, 1964)。

［4］See ［1］, Vol. Ⅲ, p. 272 (Pauli's letter to Bohr).

［5］F. Rasetti, in *The Collected Papers of Enrico Fermi*, Vol. Ⅰ, p. 178 (University of Chicago Press, 1962).

［6］P. A. M. Dirac, in *History of Twentieth Century Physics*, Varenna Summer School (Academic Press, 1977).

［7］See ［1］, Vol. Ⅲ, § V. 6.

［8］P. A. M. Dirac, *Proc. Roy. Soc.* **117**, 610 (1928).

［9］See my paper "The Discrete Symmetries *P*, *T* and *C* ",published in *Proceedings of the 1982 Paris Conference on the History of Physics*.

［10］See D. F. Moyer, *Am. J. Phys*. **49**, 944, 1055, 1120 (1981)and A. Pais, "Heisenberg and the Dirac Theory of the Electron" in *Collected Works of Werner Heisenberg*.

［11］Chen Ning Yang, *Phys. Rev. Letters* **33**, 445 (1974).

［12］See ［1］, Vol. Ⅲ, p. 200.

后记（杨振宁）

这是 1982 年在 Brookhaven 实验室一个关于自旋的研讨会上的演讲。二十多年过去了，自旋的基本来源我们仍然不了解，而同时，三种中微子的互变更增加了我们对这些自旋是 1/2 的轻子的困惑。

魏尔对物理学的贡献

原文载于 *Hermann Weyl 1885–1955*, ed. K. Chandrasekharan, 1986，译文原载于《自然杂志》第 9 卷第 11 期。译者：李炳安、张美曼。

一

正如厄斯普朗（Ursprung）主席已经说过的那样，1954年 5 月魏尔（H. Weyl）在洛桑作了一次演讲[1]，当时他六十九岁。这次演讲主要是自传体的，其重点在于他的思想发展的各个阶段，特别是关于他的哲学思想。这次演讲谈到了魏尔的物理学方面的最初的重要工作：

> 下一个就我而言是划时代的事件，是我在数学上作出了一个重要的发现。这是关于一个连续介质（例如一片薄膜、一个弹性物体或者电磁以太）的本征频率分布的规律性的问题。这是许多这类想法中的一个。因为专致于科学的年轻人都很可能有一些想法和见解。然而，尽管大多数想法都像肥皂泡一样很快地破灭了，而我所研究的这一个想法，却正如简短的检验所表明的那样，它达到了目标。开始，我相当吃惊，因为我并不相

信我能解决像这样的一些问题。另外还有下列情况：这个问题的结论虽然在前些时候已被物理学家猜想到，然而对大多数数学家来说，这一结果似乎是在很遥远的将来才能作出证明的。当我狂热般地作出其证明时，我的煤油灯已开始冒黑烟。我刚完成其证明，厚厚的煤烟灰就像雨一般地从天花板上开始落到我的纸上、手上和脸上了。

魏尔在这里所谈到的是一件很有趣的工作。这个工作起源于洛伦兹（H. A. Lorentz）于 1910 年在格廷根所作的 Wolfskehl 演讲。洛伦兹提出的问题如下[2]：

最后，还有一个可能会引起在座的数学家们感兴趣的数学问题，这个问题起源于金斯（Jeans）的辐射理论。

在一个有完全反射表面的包壳中，类似于风琴管的音调，可以形成电磁驻波：我们把注意力集中在很高的谐波上。金斯问道："在频率间隔 $d\upsilon$ 中的能量是什么……"

就是在这里产生了要证明的下列数学问题：频率在 υ 和 $d\upsilon$ 之间的充分高的谐波的数目是与包壳的形态无关的，而仅与它的体积成正比。

魏尔是听众中的一位年轻数学家，他接受了洛伦兹的挑战。运用他深邃的洞察力，魏尔总是能应用正确的数学工具去解决一个特殊的问题。他使用了他的导师希尔伯特所发展起来的积分方程的方法解决了这一问题。在二维情形中，这一问题讨论的是一片薄膜，它像一张边缘用某种固体材料箍紧了的鼓面（图 85j. 1）。

图 85j. 1　鼓面

人们要研究小于 K^2 的本征值的数目 $N(K^2)$，而且兴趣在于求出 K^2 很大时的 $N(K^2)$。此时必须求解下面的微分方程：

$$-\nabla^2 u = K^2 u,$$

这里

$$K = 2\pi v/\overline{V}.$$

对于物理学家来说，其中的 v 是本征频率，而 $\overline{V}$ 是波在该薄膜中的传播速度。魏尔证明了

$$N(K^2) \to \frac{A}{4\pi}K^2 \text{（当 } K^2 \to \infty \text{ 时），} \qquad (1)$$

这里 A 是薄膜的面积。这样就证实了洛伦兹的猜想：其结果与鼓面的形状无关。顺便提一下，这个问题在物理中是非常重要的，这是因为洛伦兹所提到的金斯辐射理论导致了普朗克的辐射定律，而后者后来又导致了量子力学的诞生。

魏尔这一工作开创了一个新的数学小领域，在其中有过许多活跃的工作。代替对 $N(K^2)$ 的研究，研究

$$B = \sum_{n=1}^{\infty} e^{-K_n^2 \beta} \qquad (2)$$

却更为方便。这里 K_n^2 是第 n 个本征值。当 β 比较小时，（2）式所示的求和在 $K_n^2 \gg 1/\beta$ 时，差不多为零，而在 $K_n^2 \ll 1/\beta$ 时，差不多为 1，因而 B 差不多是 $N(1/\beta)$。因此魏尔的结果成为

$$B \to \frac{\text{面积}}{4\pi\beta} \text{（当 } \beta \to 0\text{）.}$$

现在我们已经知道[2] B 的更精确的估计值：

$$B = \sum_{n=1}^{\infty} e^{-\kappa_n^2 \beta} = \frac{\text{面积}}{4\pi\beta} - \frac{L}{4} \frac{1}{\sqrt{4\pi\beta}} +$$

$$\frac{1}{6}(1-r) + (\text{当 } \beta \to 0 \text{ 时，趋于零的项}),$$

公式中第二项正比于鼓的周长 L。因此这一项就不是仅由面积而定了。下一项更有趣味。这是因为它包含鼓面上孔的数目 r。因此第三项就与鼓面的拓扑性质有关。

1925—1927 年，魏尔深入地从事对李群及其表示的结构的研究。后来他把这些研究看成是他的数学成就的顶峰。虽然作为一个物理学家，在学习他的名著《经典群》以后，我仅熟悉了他的一小部分研究工作，但是我所学到的这些知识已足以使我瞥见了他的这一成就的宏伟、优美和力量。这也使我能体会到在该书第一版（1938）前言中的下面一小段的含义：

> 数学思想可达到的严格的精确性使得许多作者按照这样的一种模式写作，使得读者感觉到像是被关闭在一个很亮的小室之中，每一个细微之处都同样炫目地展示出来，但是景色却单调平淡。我却喜欢在晴空下的开阔景色，因为它有景象深度，近处由鲜明轮廓确定的大量细节逐渐消失在远处地平线上。

确实，这一小段叙述非常清楚地表达了魏尔在智力上的偏爱，它对魏尔在数学和物理学方面的研究风格有着决定性的影响。

当魏尔对李群开展深入研究时，在物理学中发生了一场伟大的革命，这就是量子力学的发展。虽然我们也许永远不会知道魏尔对这一发展的最初反应，但是他不久就投身其中，并对新力学的数学结构进行研究，这就产生了他在 1927 年发表的文章[3]和后来的著作《群论和量子力学》[4]。[最近斯派泽（D. Speiser）撰文论述了魏尔的这两个贡献[5]。]魏尔的这本书，与维格纳（Wigner）的一些文章和《群论及其在原子的量子力学中的应用》一书一样，都有助于把群论引入到量子力学的语言中去。

魏尔是数学家和哲学家。他喜欢与概念及概念之间的联系打交道。他的书《群论和量子力学》是非常有名的，而且被认为是极为深奥的。虽然差不多每一位在 1935 年之前出生的理论物理学家在他的书架上都有这一本书，但是几乎没有人读它：大多数人对于魏尔将注意力集中在物理的结构方面这一点不习惯，并且对他对概念的强调也感到不自在。对于大多数物理学家来说，这本书是太抽象了。

1930 年这本书的德文新版本出版了，他在前言中写道：

> 质子和电子的基本问题已经用其与量子定律的对称性的关系来讨论了，而这些性质是与左和右、过去和将来以及正电和负电的交换有关。现在似乎还看不到这个问题的解决：我担心悬在这一课题上的乌云会滚动到一处而形成量子物理中的一个新危机。

回顾起来，这是一段非常令人惊奇的文章。魏尔在这里提到的物理定律关于左右互换的对称性，在此以前已由魏尔和维格纳各自独立地引入到量子物理中。这种对称性被称为宇称守恒，用符号 P 表示。人们在 1930 年对过去和将来之间的对称性还没有很好理解。后来维格纳懂得了这种对称性（称为时间反演不变性），且用符号 T 表示这种互换。关于正负电的对称性后来称为电荷共轭不变性，且用 C 表示。这是一种当你改变电的正负号时，物理定律的一种对称性。就我所知，在 1930 年没有人，绝对没有人以任何方式猜疑到这些对称性是以某种方式相关的。要到本世纪 50 年代人们才发现了它们之间的深刻联系。下面我将再回到这一点上来。是什么激起了魏尔，使他在 1930 年就写了上面这一段话？至今对我来说还是一个很大的谜。

魏尔称之为危机的"质子和电子的基本问题"是由狄拉克于 1928—1930 年引进的。当时狄拉克论证了电子应由某一方程（现在称为狄拉克方程）来描述。狄拉克立即受到了抨击。这是因为在他的方程中有一些显然没有意义的解：它们具有非物理的负能量。于是狄拉克十分大胆地假设：在通常情况下所有的负能态都被填满了，因而是观测不到的，仅仅当电子的"负能量海"中出现空位时人们才可以观测到与电子有相反电荷的某种东西。他认为这样的一个空穴应是一个质子。在当时所知道的粒子中，也只有质子的电荷与电子相反。

魏尔在他的《群论和量子力学》一书的第二版中详细地研究了这一假说，并得出了下列结论：

［狄拉克的假说］导致了在所有的情形中正电和负电在本质上的等价性。

他进一步推断出空穴与电子应有相同的质量。魏尔的这些结论和其他人的工作一起导出下列两种见解：空穴是正电子（1932 年实验发现了正电子）；质子是另外一种粒子，它有它自己的负能态，在它的负能态中的空穴是反质子（1955 年实验发现了反质子）[6]。

魏尔关于正负电"本质等价"的推论是电荷共轭不变性

C 这一重要概念的先驱，而后者一直到 1937 年[6]才完全确定下来。

我在前面曾讨论过 P，C 和 T 这些分立对称性。在这三者之中，魏尔最为关注的显然是左右之间的对称性。在他的《数学和自然科学中的哲学》（1926 年发行了德文初版，1949年出版了英文译本）一书中，关于左和右魏尔说了这样一段话：

> 左和右。如果我要说出最基本的数学事实，也许我应该从事实（F_1）开始，这个事实说的是不管以什么样的次序去数一组元素，我们都能得到同样的数目。要讲的第二个事实（F_2）是：在 n（$n \geqslant 2$）个东西的所有置换中，我们可以区分出偶置换和奇置换。所有的偶置换构成的群是所有的置换构成的群的一个指数为 2 的子群。上述的第一个事实是维数的几何概念的起因，而第二个事实是"指向"（sense）这个概念的根源。

确实左右对称性或宇称守恒对物理学家来说是一个如此"自然"和有用的概念。在过去它一直是作为一条神圣的自然定律而被认为是当然的。1957 年，在魏尔逝世不到两年时，令人们感到惊奇的是吴健雄、安布勒（Ambler）、海沃德（Hayward）、霍佩斯（Hoppes）和赫德森（Hudson）发现左右对称性毕竟不是被严格遵守的物理定律[6]。其破坏效应虽然是极小的，但是只要你知道在哪里可找到它，那么它是可以观察到的。有趣的是，魏尔在 1952 年写了一本题为《对称性》的精美小书。按斯派泽[5]所说，魏尔把这本书看成是他临去世之前的最后著作。在这本书中，我们可以读到如下的片段：

　　因为与东方艺术形成对照的西方艺术，如同生活本身一样，倾向于减低、放宽、修改，甚至于去破坏严格的对称性。但是，不对称在罕见的情况下才等于没有对称。即使在不对称的图像中，人们仍感觉到对称是一个准则，依此人们在一种要实现不匀称性质的推动力的影响下将偏离这一准则。我想那一张取自科奈托（Corneto）的泰克利尼姆（Triclinium）的著名的埃图斯肯人（Etruscan）的墓碑上的骑士图就提供了一个很好的例证（图 85j. 2）。

图 85j. 2　骑士图（取自魏尔的《对称性》）

　　我真想知道，如果魏尔能再多活两年的话，那么关于自然定律的左右对称有轻微的但却是很重要的破坏，他会说些什么呢？

　　现在让我来谈一下魏尔的另一件始于 1929 年的工作，即魏尔的两分量中微子理论。1929 年魏尔在他的一篇十分重要的文章[7]中创立了这个理论。这篇文章我在后面还将谈到。这一理论是作为一种能满足大部分物理要求的一种数学可能性而提出来的，但是因为这一理论不满足左右对称性，魏尔本人和后来的物理学家，就摒弃了它。1957年当人们认识到左右对称并不是严格正确的时候，魏尔的这一理论立即被加以重新考察。而且后来理论和实验证实了这个理论确实正确地描述了中微子。粗略地说，情况大致如此，在原先的中微子理论中，中微子有 4 个分量，即左手中微子 v_L、右手中微子 v_R、左手反中微子 $\bar{v}_L$ 和右手反中微子 $\bar{v}_R$。在魏尔的中微子理论中仅有两个分量，即左手中微子 v_L 和右手反中微子 $\bar{v}_R$。这个理论是左右不对称的。这是因为如果你作一个反射，那么左手中微子会变成右手中微子，而右手中微子 v_R 在两分量中微子理论中并不存在。因此，正是魏尔中微子的存在破坏了左右对称性。由于中微子与宇宙中所有其他粒子都有很弱的耦合，我们就把这个破坏称为弱破坏。

CPT 定理是这个领域中另一个非常重要的进展，它是场论中的一个基本定理，其证明是在 1953—1955 年[8]完成的。由于 P 不变性破坏的发现，CPT 定理在讨论破坏的模式时开始起极重要的作用了。这又使我不禁想知道，如果魏尔再多活两年，能活到1957年的话，他对 CPT 定理会说些什么呢？这不仅是由于正如我在前面所引的那样，他在 1930 年就不可思议地仅在一句话中全部写下了 C，P 和 T 这三种对称性，也是由于乔斯特（Jost）[9]曾给出了这个定理的一个更为深刻的基础，而这个基础涉及洛伦兹群和解析延拓的概念，这正是魏尔会感到分外亲切的课题。

二

魏尔对物理学的第二个贡献是我将要讨论的规范理论。魏尔对规范理论的工作分为三个时期，现在我将分别加以讨论。

在第一个时期中，我们找到了三篇文章[10-12]，它们都是在 1918—1919 年完成的。其中的第二篇文章最为重要，而事实上这篇文章的精神贯穿于他的科学生活。当他提到规范理论时，他总是引用这篇文章。在他的著作《空间、时间、物质》的各种版本的前言中和他在 1917—1919 年发表的文章里，我们可以查索出他在那个时期的思想背景。这显然是受到了爱因斯坦关于引力的工作（1916）及受到了希尔伯特、洛伦兹和克莱因（F. Klein）的工作的鼓舞，看来魏尔当时正在寻找一个既能包括引力，又能包括电磁力的几何理论。他也受到梅（Mie）的影响。1912—1913 年，梅试图去构造一个在电子内部不含有发散场量的电子理论。

在文章［11］的开始几段中，魏尔说，尽管爱因斯坦的引力理论依赖于二次微分形式，然而电磁理论却依赖于线性微分形式 $\sum \phi_\mu \, \mathrm{d}x_\mu$（用现行的记号来表示，则为 $\sum A_\mu \, \mathrm{d}x^\mu$），紧接在后面的重要的话是[13]：

> 列维－齐维他（Levi-Civita）、赫森伯格（Heisenberg）和作者稍后的工作，十分清楚地表明了：如果黎曼几何要与自然相一致，那么它的发展所必须基于的基本概念应是矢量的无穷小平行移动……但是一个真正的无穷小几何必须只承认一个长度从一点到与它无限地靠近的另一点转移的这一原则。这就禁止我们去假定在一段有限

的距离内长度从一点转移到另一点的问题是可积的，尤其是当方向的转移问题业已证明是不可积时更不能这样假定。那样的假定被看成是错误的，一种几何产生了，它……也……解释了……电磁场。（加点是原文中有的。）这样，不可积标量因子的想法[14]就诞生了。这一因子出现在魏尔的一篇文章[10]中，明晰地写出来便是

$$e^{\int_P^Q \mathrm{d}\phi} . \qquad\qquad (3)$$

接下来魏尔提出将一个梯度 $\mathrm{d}(\log\lambda)$ 加到 $\mathrm{d}\phi = \sum \phi_\mu \mathrm{d}x_\mu$ 上去将不应改变理论的物理内容，由此得出了

$$F_{\mu v} = \frac{\partial \phi_\mu}{\partial x_v} - \frac{\partial \phi_v}{\partial x_\mu} \qquad\qquad (4)$$

具有"不变的意义"。于是他自然地把 $F_{\mu v}$ 等同于电磁场，同时令

$$\phi_\mu = 常数 \cdot A_\mu, \qquad\qquad (5)$$

这里 A_μ 是电磁势。这样，在这个理论中，电磁学就在概念上被纳入到一个不可积标量因子的几何想法（3）之中。

该理论在变换 $\mathrm{d}\phi \rightarrow \mathrm{d}\phi + \mathrm{d}(\log\lambda)$ 下的不变性导致魏尔引入了"Masstab-Invarianz"[11] 这一德语名称，译成英语[13, 15]后为"measure invariance"（测定不变性）和"calibration invariance"（刻度不变性）。后来，这个名称的德语词为"Eich Invarianz"，而其英语词变为"gauge invariance"（规范不变性）[15]。

1918 年当魏尔的文章 [11] 发表在 *Sitzber Preuss. Akad. Wiss.* 上时，在这篇文章的末尾附有爱因斯坦写的一个按语和魏尔的一个回答[16]。这一不寻常情况的出现，按照亨德里（Hendry）[17] 所述，是因为虽然起初爱因斯坦对魏尔的预印

本有很深刻的印象，但是后来他却强烈地反对这篇文章。能斯特和普朗克显然与爱因斯坦持有相同的异议，他们代表柏林科学院要求把爱因斯坦的意见作为一个按语加在魏尔的文章后面。

爱因斯坦所持的异议的精髓是什么？爱因斯坦做了下面的论证（图 85j.3）：如果魏尔的不可积标度因子的想法是正确的，则可取两个钟，且从同一点 O 出发，让它们分别沿不同的路径回到同一点 O，那么它们的标度将会连续地变化。因此在它们回到 O 点时，由于它们经历了不同的历史，一般来说，它们将会有不同的大小。所以这两个钟的快慢将会是不同的。因此钟对时间的测量要依赖于它的历史。爱因斯坦争辩到，如果情形果真如此，那么由于每个人都将有他自己的定律，因而就没有物理可言，而且将有种种混乱。同时附在这篇文章上的魏尔的回答并没有真正解决这一困难。1918—1921 年间魏尔又好几次回到这一课题上[18, 19]。虽然他没能解决这个问题，但是他的尝试清楚地表明他仍然专注于他原来的想法。在 1949 年讨论爱因斯坦发现广义相对论之后的一些事件时，魏尔写了下面的这一段话[20]，也许从中可看出他当时的心情：

> 在苏黎世的一只孤独的狼——魏尔，也在这一领域内忙碌着；很不幸，他太易于把他的数学与物理的和哲学的推测混合在一起了。

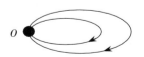

图 85j.3　爱因斯坦的假想实验

　　1918 年泡利也拒绝接受魏尔的理论，但他较多的是出于哲学上的考虑。按照梅拉（Mehra）、雷森伯格（Rechenberg）[21] 和亨德里[17]的说法，泡利所持的异议对以后要着重于"可观察量"是极为重要的。而这种"可观察量"在 1925 年海森堡发现量子力学时起关键性的作用。

　　现在我们来讨论魏尔的规范理论的第二个时期。1925—1927 年在物理中发生了一场与魏尔的规范理论毫无关系的革命，这就是量子力学的诞生。量子力学的一个重要观点是动量 p_μ 变成微分算符 $-i\hbar\partial_\mu$。在 1927 年，福克（Fock）和伦敦（London）各自独立地指出：如果用 $-i\hbar\partial_\mu$ 代替 p_μ，那么类似地也应用

$$-i\hbar\,\partial_\mu - \frac{e}{c}A_\mu = -i\hbar\left(\partial_\mu - \frac{ie}{\hbar c}A_\mu\right) \qquad （6）$$

来代替量 $p_\mu - \dfrac{e}{c}A_\mu$。（早已知道量 $p_\mu - \dfrac{e}{c}A_\mu$ 在带电粒子的动力学中是很重要的。）在伦敦的题为《魏尔理论的量子力学意义》一文中，他指出（6）式中所示的表达式 $\partial_\mu - \dfrac{ie}{\hbar c}A_\mu$ 类似于魏尔理论中的表达式 $\partial_\mu + \phi_\mu$，所以代替（5）式我们应有下面的等式：

$$\phi_\mu = -\frac{ie}{\hbar c}A_\mu. \qquad （7）$$

$\dfrac{e}{\hbar c}$ 是一个数字常数。因此除了嵌入一个因子 $-i$（$i=\sqrt{-1}$）外，（7）式实际上与魏尔原来的（5）是一样的。

　　这个因子的嵌入虽然在形式上是平庸的，但它却有着深刻的物理结果。这是因为它把不可积标度因子（3）的意义改变为

$$\exp\left(-\frac{\mathrm{i}e}{\hbar c}\int_P^Q A_\mu\,\mathrm{d}x_\mu\right),\qquad\qquad（8）$$

而（8）式所表示的是一个不可积的相因子。因此假如通过嵌入一个 $-\mathrm{i}$ [22] 而把标度因子的想法变为相因子的话，那么魏尔的理论就是量子力学中的电磁理论。

福克和伦敦在 1927 年尚无清晰的规范变换（也就是相变换）的概念，这个概念是魏尔于 1929 年在他的那篇决定性的文章 [7, 24] 中确立的。现在我从他 1929 年发表的另一篇有关的文章 [25] 中摘录一段：

> 由于这一新的情况，即将原子半径引入了场方程本身之中（实际上在这一步之前），我曾希望用以将引力和电磁力联系起来的规范不变原理就丧失了支持。但是现在令人喜悦地看到，这一原理在量子理论的场方程中有一个在形式上恰恰与它一样的等价物，在用 $e^{i\lambda}\Psi$ 代替 Ψ，同时用 $\phi_\alpha-\dfrac{\partial\lambda}{\partial x_\alpha}$ 代替 ϕ_α 的变换下，定律是不变的，这里 λ 是位置和时间的一个任意实函数。还有这一不变性与电荷守恒定律之间的关系仍与先前完全一样……电荷守恒定律
>
> $$\frac{\partial\rho_\alpha}{\partial x_\alpha}=0$$
>
> 由电磁方程组以及物质方程组得出。规范不变原理具有广义相对论的特征，这是因为其中包含了一个任意函数 λ，而且也只有借助于它，这一原理才能被理解。

魏尔在这一段话中强调了流密度 ρ_α 及其散度为零是电荷守恒定律的基础。这是他早在 1918 年所说的那段话 [13] 的回响：

　　因为我们将证明：如同根据希尔伯特、洛伦兹、爱因斯坦、克莱因和作者的研究所得出的，物质（即能量 − 动量、张量）的四个守恒定律是与作用量（包含四个任意函数）在坐标变换下的不变性联系在一起的那样，电荷守恒定律同样也是与"测度不变性"相联系在一起的。然而在 1929 年他进一步发展了这个想法并把它表述为流密度的零散度性。用今天的物理语言来说，这就是定域流守恒。以后由泡利对此加以精心研究（[23]，p. 111 和 [26]），而且它对我的思想有很大的影响，这在后面我们将说到。

　　从魏尔 1929 年文章中摘录的那一段话也包含了一些很有启发性的内容，即他将规范不变性和广义相对论很紧密地联系在一起。这当然是很自然的，因为这个思想本来就起源于魏尔在 1918 年想把电磁力和引力统一起来的努力。二十年后，当我和米尔斯（Mills）[27, 28]对非阿贝尔规范场进行研究时，我们的动机完全是与广义相对论无关的，仅在本世纪 60 年代晚期我才清楚地认识到非阿贝尔规范场与广义相对论在数学结构上的类似性，而且搞清了它们在数学上都是联络[29]。

　　在继续讨论以前，让我们问一下，由量子力学建立的考虑，在因子（3）中嵌入了一个 −i，而使它变为一个相因子（8）以后，爱因斯坦原先所持的异议现在应如何解释呢？在 1929 年之后，直到 1983 年我研究了这一问题[30]前的这一段时间中，明显没有人再去看一下爱因斯坦的异议。其结果是很有趣的，而且也许值得把它当作科学史上的一个附注：让我们讨论图 85j. 3 所示的爱因斯坦的假想实验。当两个钟回到出发点，由于嵌入的因子 −i，它们不会有不同的标度，但有不同的位相。这不会影响到钟的快慢。因此，爱因斯坦的异议就不复存在了。但是你可以提一个深一层的问题：能否测量它们的位相差？好，为了测量位相差我们就必须做一个干涉实验。没有人知道如何用像钟那样大的物体去做干涉实验。不过，可以用电子来做干涉实验。因此让我们把爱因斯坦的假想实验变为另一个实验：让电子沿两条不同的路径回到同一原点，并问：此时是否能测量出位相差？回答是肯定的。事实上这是 1959—1960 年的一个极为重要的进展。当时阿哈拉诺夫（Aharonov）和玻姆（Bohm）[31]，完全与魏尔独立地认识到在电磁学中还有一些过去没有理解的东西。他们提出的恰恰就是这个实验，稍加变化的只是插入一个内含磁通量的螺线管（图 85j. 4）。改变磁通量即可操纵两条路径之间的位相差。1960 年钱伯斯（Chambers）[32]完成了这个实验。在参考文献［33］中可以找到对这个实验的意义的分析，以及它与把不可积相因子(8)等同于电磁学本质的关系的分析。在文献［30］中可以找到对其他与阿哈拉诺夫－玻姆效应有关的一些实验的讨论。

图 85j. 4 阿哈拉诺夫－玻姆实验

S 是一螺线管，其中磁通量垂直于纸平面。

魏尔研究规范理论的第三个时期是从 1930 年到他逝世的 1955 年。在整个这个时期中可以发现，魏尔在他的许多文章中都提到规范理论。例如，在 1931 年一篇题为《几何

和物理》的文章中他就提到了规范场。在 1944 年一篇题为
《在平直时空中引力的线性场论可以走得多远？》的文章中他
又提到了它。如果需要另外的证据来说明魏尔对规范思想有
深情的话，那么我们可以看一下他在 1955 年去世前六个月，
把他的 1918 年规范理论文章［11］收入他的《选集》时写
的跋。在这一跋中人们可以看出他再一次清晰地表明，他对
这个想法如此热诚的理由[34]：

> 我的理论最强的证据似乎是这样的：就像坐标不变
> 性保持能动量守恒那样，规范不变性保持了电荷守恒。

三

魏尔的理由也已成为规范理论中的一组美妙的旋律，当
我在做研究生，正在通过研读泡利的文章[23, 26]来学习场论时，
魏尔的想法对我有极大的吸引力。当时我做了一系列不成功
的努力，试图把规范理论从电磁学推广出去[36]，这种努力
最终导致我和米尔斯在 1954 年合作发展了非阿贝尔规范理
论[27, 28]。在文章［27］中我们如下地陈述了我们的动机：

> 与电荷守恒相类似，同位旋守恒表明了存在着一个
> 基本的不变性定律。在前一种情形里，电荷是电磁场的
> 源；在这种情形中的一个重要的概念是规范不变性。它
> 与下列三点紧密关联：（1）电磁场的运动方程，（2）流
> 密度的存在，（3）在带电场和电磁场之间可能有的相互
> 作用。我们尝试了将这个规范不变的概念推广到同位旋
> 守恒上。结果发现一个十分自然的推广。

其中第（2）条就是上面已提到过的那一优美的旋律。另外

两个旋律（1）和（3）在 20 世纪 50 年代早期都已变得相当紧迫了。在当时发现了那么多新粒子，而物理学家们必须知道它们彼此之间是怎样相互作用的。

1949 年，当我作为一个年轻的"成员"来到普林斯顿高等研究院时，我遇见了魏尔。在 1949—1955 年的那些年月里我常常看到他。他是非常平易近人的，但是我现在已不记得是否与他讨论过物理或数学了。在物理学家中没有人知道他对规范场思想的兴趣是锲而不舍的。无论奥本海默还是泡利都从未提到过这一点。我猜想他们也没有把我和米尔斯在1954 年发表的一些文章告诉他。如果他们告诉了他，或者他由于某种原因偶然发现了我们的文章，那么我会想象得出，他一定会很高兴，而且会很激动。因为我们把他所珍爱的两件东西——规范场和非阿贝尔李群放在一起了。

李群是一些数学对象，它既与日常用语中的对称性概念相关，又与物理学语言中的对称性概念深深地相关着。可以说它们是表示对称性概念本质的（至少是其主要部分的）数学结构。我敢于猜想魏尔对对称性的喜爱（这我在前面提到过）缘于他对非阿贝尔李群的结构的深刻洞察力。

由于理论和实验的进展，人们现已清楚地认识到，对称性、李群和规范不变性在确定物理世界中的基本力时起着决定性的作用。我已把这个原则称为对称支配相互作用[37]。此外，虽然在这些进展中我们已取得巨大的成功，然而，我们离开大统一还很远，这是十分令人激动的。我相信这是由于我们对对称性这个词的含义还未完全理解，而且另外的一些关键性的概念还未找到。在这一点上，读一下一个世纪前麦克斯韦当他讨论了法拉第的力线和物理中数学思想的认识论起源[38]时，写下的下面一段话是很有兴味的：

> 从欧几里得的直线到法拉第的力线，这是使科学得
> 以向前推进的一些思想的特征。而且通过自由地应用几
> 何概念和动力学，我们可以期待进一步的发展。……我
> 们很可能连我们正在收集的材料中将要发展起来的那门
> 科学的名字都是不知道的……

在一个世纪之后，在对自然界的不断深入了解方面，我们今
天能像麦克斯韦那样，对今后的巨大发展还能充满希望，这
着实是令人振奋的。

四

　　上面我罗列了魏尔对物理学的一系列贡献以及这些贡献
对后来的发展的影响。但是这一些仅是他关于物理的思想中
的一小部分，了解这一点是很重要的。作为一个物理学家和
哲学家，魏尔在空间、时间、物质、能量、力、几何、拓扑
等方面写了大量文章，它们都是一些关键性的概念，为现代
物理的创立奠定了基础。当阅读魏尔的文章时，看到他如此
努力地通过数学构造去解开物质和空间结构之谜，我总是感
到震惊。我们在他的 1924 年的一篇题为《什么是物质？》的
文章中可以找到一个很有趣的例子。在这篇文章中他提出了
关于物质中拓扑结构的问题[39]，这是目前极为风行的一个
课题。

　　魏尔的文章写得很美，我不知道他是否也写过诗，但是
他确实很喜欢读诗。1947 年，在他的《数学和自然科学中的
哲学》一书的前言中他引用了艾略特（T. S. Eliot）的诗：

少年时离开家乡,

随着我们年龄的增长,世界变得陌生,

死和生的模式更是错综复杂。

我敢说,如果魏尔回到今日的世界,他会在物理和数学的那些激动人心、错综复杂以及详尽的发展之中,发现有许多基本的东西他是十分熟悉的,他帮助创立了它们。

注释:

下文中的 *GA* 表示 H. Weyl 的论文全集,Vol. I – IV, Springer-Verlag, Berlin-Heidelberg, 1968, K. Chandrasekharan 编。

[1] Weyl, 1954; *GA* IV, p. 636. 英译本为 *The Spirit and the Uses of the Mathematical Sciences*, T. L. Saaty, F. J. Weyl (McGraw-Hill, New York, 1969), p. 286。

[2] See M. Kac, *Am. Math. Monthly* **73**, 1 (1966).

[3] Weyl, 1927; *GA* III, p. 90.

[4] H. Weyl, *Gruppen Theorie und Quantenmechanik*, preface to first German edition dated August 1928.

[5] David Speiser, *Gruppen Theorie und Quantenmechanik, the book and its position in Weyl's work*, preprint from the Institute of Theoretical Physics, Catholic University of Louvain, Belgium.

[6] 关于这一段历史请参看 Yang [16], p. 236; 也可以参看 C. N. Yang, "The Discrete Symmetries *P*, *T* and *C*", *J. de Physique*, Colloque C8, C8-439 (1982)。

[7] H. Weyl, *Z. Phys.* **56**, 330 (1929). Reprinted in *GA*. See [24].

[8] 关于这段历史请参看上面的 [6]。通常引用的 *CPT* 定理的出处是施温格(Schwinger)、吕德斯(Lüders)和泡利的文章。特勒格底(V.

Telegdi）好心地告诉我，贝尔（J. S. Bell）对此也有重要贡献。J. S. Bell, *Proc. Roy. Soc.* (London) **A231**, 479 (1955).

［9］R. Jost, *Helv. Phys. Acta.* **30**, 409 (1957).

［10］Weyl, 1918; *GA* Ⅱ，p. 1.

［11］Weyl, 1918; *GA* Ⅱ，p. 29.

［12］Weyl, 1919; *GA* Ⅱ，p. 55.

［13］这里我引用了收在由 H. A. Lorentz, A. Einstein, H. Minkowski 和 H. Weyl 合编的 *The Principle of Relativity* 中的文献［11］的译文，它由 W. Perrett 和 G. B. Jeffery 翻译（1923 年由 Methuen and Co. 首先出版，1952 年 Dover Publications 重印）。

［14］在 1950 年，当魏尔回顾相对论的 50 年时（*GA* Ⅳ, p. 421），他谈到他 1918 年的想法时说：如果一个矢量沿着一条封闭的回路回到原来的位置时会改变它的方向，"为什么它的长度不同样改变呢？"

［15］See［16］，p. 528.

［16］Chen Ning Yang, *Selected Papers 1945–1980 with Commentary* (Freeman and Co., 1983).

［17］J. Hendry, *The Creation of Quantum Mechanics and the Bohr-Pauli Dialogue* (Reidel Publishing Co., 1984).

［18］参看魏尔、泡利和爱因斯坦在 Bad Nanheim 的讨论记录，*Phys. Z.* **21**, 649-651 (1920)。

［19］Weyl, 1921; *GA* Ⅱ，p. 260.

［20］Weyl, 1949; *GA* Ⅳ，p. 394.

［21］J. Mehra and H. Rechenberg, *The Historical Development of Quantum Theory*, Vol. 2, Chapter 5 (Springer-Verlag, 1982).

［22］关于这段历史请参看［16］，p. 525。对于不可积相因子的物理意义的分析见［33］。我仅在 1967—1968 年才想到"不可积"相因子的概

念（见［16］，p. 73）。［直到 1983 年，我才知道，魏尔早在 1918 年就从不可积相因子的概念（3）出发，而且开始用了微分形式 $\partial_\mu + \phi_\mu$。］从认识论来看，这个故事很有趣，而且它表现了魏尔的物理思想的风格。与物理学家不同，魏尔从积分方法入手，进而到微分方法。我和米尔斯是物理学家，我们从泡利[23]那里学到了微分方法，并在很长时间以后才体会到也可以从积分形式出发。

［23］W. Pauli, in *Handbuch der Phyisk*, 2 Aufl. **24** part 1 (1933).

［24］Weyl, 1929; *GA* Ⅲ，p. 245.

［25］Weyl, 1929; *GA* Ⅲ，p. 229.

［26］W. Pauli, *Rev. Mod. Phys.* **13**, 203 (1941).

［27］C. N. Yang and R. L. Mills, *Phys. Rev.* **95**, 631 (1954). Reprinted in ［16］, p. 171.

［28］C. N. Yang and R. L. Mills, *Phys. Rev.* **96**, 191 (1954).

［29］［16］的 p. 73。回顾起来，规范场概念从广义相对论中分离出来是有益的，因为这使得我们可以在一个时间集中在一个问题上。

［30］Chen Ning Yang, in *Proc. Int. Sym. Foundations of Quantum Mechanics* (Tokyo, 1983), S. Kamefuchi, H. Ezawa, Y. Murayama, M. Namiki, S. Nomura, Y. Ohnuki and T. Yajima eds., p. 5 (Phy. Soc. of Japan, 1984).

［31］Y. Aharonov and D. Bohm, *Phys. Rev.* **115**, 485 (1959). 也参看 W. Ehrenberg and R. E. Siday, *Proc. Phys. Soc.*(London) **B62**, 8 (1949)。

［32］R. G. Chambers, *Phys. Rev. Lett.* **5**, 3 (1960). 在这一方面，请参看［30］中对与阿哈拉诺夫－玻姆效应有关的其他实验的讨论。

［33］Tai Tsu Wu and Chen Ning Yang, *Phys. Rev.* **D12**, 3845 (1975).

［34］Weyl, 1955; *GA* Ⅱ，p. 42. 与魏尔截然相反，泡利在晚年时，他对规范场的概念持否定态度[35]，1956 年泡利为他的 1921 年的文章《相对论理论》的英译本写了一系列的补充注释。在"魏尔理论"这一条目中，

与他 1921 年的原始德语文章相比，他对魏尔理论的评价没有更多的肯定。

[35] 参看派斯（A. Pais）将要出版的关于基本粒子物理历史的书和恩兹（C. P. Enz）论泡利的文章（1985 年 6 月在芬兰约恩苏物理学基础讨论会上的报告）。也可以参看 [36]。

[36] See [16], p. 19.

[37] See [16], p. 563.

[38] J. C. Maxwell, *Scientific Papers*, Vol. II, No. 61 (Cambridge University Press, 1890).

[39] Weyl, 1924; *GA* II, p. 510.

后记（杨振宁）

（1）请参阅本书转载的 03b 关于矢量势的文章。

魏尔（Weyl, 1885—1955）是 20 世纪一位伟大的数学家。他学术贡献极多，眼光远大，可是对日常生活中要做的决定却经常犹豫不决。最近出版的 Pursuit of Genius（Steve Batterson 著，A. K. Peters Ltd.）详细描述了普林斯顿高等研究院早年的历史，其中讲到 Weyl 怎样到了该院做教授。1932 年 10 月高等研究院宣布聘任了头两位教授：爱因斯坦与 Veblen。爱因斯坦又极力推荐 Weyl，所以院长 A. Flexner 开始与 Weyl 商讨。Weyl 那时是德国 Göttingen 大学的有名教授。1933 年 1 月 3 日他打电报给 Flexner 表示接受高等研究院的聘书。第二天他再打电报说对不起，他改变了计划。第三天他再打电报说他又改变了，这回是 "unwiderruflich"（不可逆转地）接受聘请。可是 Flexner 还没有来得及通知董事会说 Weyl 接受了聘任，又于 1 月 11 日收到 Weyl 的电报说他无法搬家到美国。

与 Weyl 的商讨不成功，Flexner 转而聘请了年轻的匈牙利人 von Neumann（1903—1957）。von Neumann 后来对美国的原子弹与氢弹，以及"二战"后的计算机发展都有极重要的贡献。假如没有 Weyl 的反复不决，也许 von Neumann 不会去普林斯顿。

1933 年 1 月 30 日希特勒就任为德国总理。4 月 7 日他宣布新法令禁止犹太人任大学教授。Weyl 的太太是犹太人，所以他在德国的前途变得十分暗淡。他痛苦地寄信给 Veblen 希望可以到高等研究院来"访问"。可是高等研究院已经聘请了年轻的 von Neumann，董事会中有人不赞成再请 Weyl 为教授。后来几经周折，辛亏 Veblen、Flexner 和一位董事 Aydelotte（后来成为第二任高等研究院的院长）的努力，才于 9 月 7 日再度向 Weyl 发出聘书。这一次 Weyl 高兴地接受了。

Weyl 于那年 10 月就任为高等研究院教授。后来在 Mercer 街 284 号盖了一所住宅，是 Art Deco 式的建筑——平顶、直线与弧线交错。1955 年他逝世后，房子卖回给高等研究院。1957 年我买了此住宅，在里面住了九年，直到 1966 年搬去石溪为止。恰巧那年 Oppenheimer 自高等研究院院长任上退休，要搬离院长住宅，所以就搬进了此房子。翌年他病逝于此房子中。

（2）此文中所提到的 Chambers 的实验后来证明是错误的。真正证实 Aharonov-Bohm 效应的是 Tonomura 与他的合作者的两篇文章：*PRL* **48**, 1443(1982) 与 *PRL* **56**, 792(1986)。

一封 Rosenbluth 致杨振宁的信

Rosenbluth 与杨振宁在芝加哥大学同时是研究生。1985 年他获得 Fermi Prize 的消息传出后，杨给他写了一封贺信。这是他的回信。译者：杨振宁。

亲爱的 Frank：

　　我十分高兴收到你关于 Fermi Prize 的贺信。我不知道我是否应得此奖，但是我很高兴能源部最后重视了关于聚变的研究。

　　这样晚才回你的信，一部分是因为我去中国做了相当长期的访问。比起我上次的访问，一切都大大改善了，至少表面如此。在等离子物理方面，合肥的一个实验所似乎做了一些好的初步研究。奇怪的是，实验工作者似乎在一小范围内打进了国际前沿，比理论工作者占先。我们即将送回中国几位好的新博士，希望他们能发挥作用。

　　我在中国变成了红人，因为我说你，也说政道是我真正的"老师"。这是事实。回想起来，很难相信在那一两年间我学到了那么多东西。在教学生的时候，我经常告诉他们应该向彼此学习。有时候这个劝告有用，可是常常因为学生们的性格与处人态度各人不同而无效。

再度谢谢你的贺信。老朋友、老同学的关怀是十分珍贵的。希望我们不久能再见面。

Marshall

1986 年 6 月 10 日

后记（杨振宁）

Rosenbluth（1927—2003）是 Teller 的博士生，比我低一班。1949 年以后我们很少见面。1982 年在芝加哥纪念反应堆建成 40 周年的会上我们重逢。有了下面的对话：

Rosenbluth：Frank，你还记得 1947 年我教你开车的经过吗？

杨振宁：当然记得。那是我第一次学开车。我抓到了你，记得你很乐意地教了我一个多小时。

Rosenbluth：不错。其实我当时自己还没有驾驶执照。

Rosenbluth 于 1949 年获得博士学位以后改变研究方向，致力于等离子理论物理，成为该领域世界级巨匠。除了 1985 年的 Fermi Prize 以外，他还曾获得 1997 年的美国国家科学奖（National Medal of Science）。

Rosenbluth 为人诚正，没有许多美国科学家的盛气凌人的态度。这封 1986 年的信以后，可惜我们再没有见面。2002 年清华大学庆祝我的八十岁生日，曾邀请他参加。他因病未能成行。于 2003 年逝世。

负一的平方根、复相位与薛定谔

本文是杨振宁于 1987 年在英国帝国大学纪念薛定谔诞辰 100 周年大会上的演讲，原文 "Square root of minus one, complex phase and Erwin Schrödinger"，载于 *Schrödinger Centenary Celebration of a Polymath*, ed. by C. W. Kilmister, Cambridge University Press, 1987。中译文载《杨振宁演讲集》，南开大学出版社，1989 年。译者：唐贤民。

一、引　言

狄拉克在 1970 年 4 月的一次演讲中谈到早期的量子力学（Dirac，1972），在所涉及的几个论题中他讨论了不对易代数，并对此补充道：

问题在于，不对易性是否真是量子力学新观念的主体？我过去一直认为答案是肯定的，但最近我开始怀疑这一点。我想，从物理观点来说，可能不对易性并非唯一重要的观念，或许还有某些更深一层的观念。对于量子力学带给我们的那些通常的概念，或许还需作某些更深入的改变。

狄拉克进一步讨论了这个问题，并得出结论：

> 所以，如果有人问，量子力学的主要特征是什么？现在我倾向于说，量子力学的主要特征并不是不对易代数，而是几率振幅的存在，后者是全部原子过程的基础。几率振幅是和实验相联系的，但这只是部分的联系。几率振幅的模的平方是我们能够观测的某种量，即实验者所测量到的几率。但除此以外还有相位，它是模为 1 的数，它的变化不影响模的平方。这个相位是极其重要的，因为它是所有干涉现象的根源，而它的物理意义是隐含难解的。所以可以说，海森堡和薛定谔的真正天才在于，他们发现了包含相位这个物理量的几率振幅的存在。相位这个物理量巧妙地隐藏在大自然之中，正由于它隐藏得如此巧妙，人们才没能更早建立量子力学。

人们可以同意也可以不同意狄拉克的见解，是引入包含相位的振幅更重要，还是引入不对易代数更重要，但毫无疑问，在物理学家对大自然的描述中，这二者都是具有深远意义的革命性进展。

经典物理学，即 1925 年以前的物理学，仅仅用到实数，在力学、热力学、电动力学等全部经典物理学中都是如此。在许多地方的确也用到复数，例如，在求解线性交变电流问题时就用到复数。但是在求出解以后，总是取其实部或虚部，以得到真实的物理答案。所以在这种情况下使用复数仅仅是作为一种辅助的计算工具，也就是说，物理学在概念上只使用实数。

但是，随着矩阵力学和波动力学的发展，情况有了引人瞩目的变化，复数成了物理学非常基本的概念：矩阵力学和波动力学的基本方程是：

$$pq - qp = -i\hbar \qquad (1.1)$$

$$i\hbar \frac{\partial \Psi}{\partial t} = H\Psi \qquad (1.2)$$

两者都明显含有虚单位 $i = \sqrt{-1}$。要强调指出的是，如果试图去掉 i 而只用方程（1.1）和（1.2）的实部或虚部，那么这些方程的真实意义也就完全丧失了。

二、矩阵力学和波动力学中的复数

下面简单谈谈在矩阵力学和波动力学中引入复数的历史过程。

首先谈谈矩阵力学。在海森堡所写的开创性论文（Heisenberg，1925）中，他把一个动力学量的傅里叶（J. B. J. Fourier）变换（它取决于一种态和一种傅里叶多重性）和它在"量子理论"中对应的量（它取决于两个态）进行了比较，在这个过程中，海森堡很自然地从概念上讨论了复数傅里叶振幅。在紧接着发表的一篇二人合写的论文（Born and Jordan，1925）中，历史上第一次明显地出现了方程（1.1），这也是虚数 i 第一次以基本的方式被引入物理学。稍后，在狄拉克发表的第一篇关于量子力学的论文（Dirac，1925）中，也出现了方程（1.1），同时还有：

$$q = [q, H] = (qH - Hq)/(i\hbar) \qquad (2.1)$$

这个方程也含 i。这些进展表明，复数在矩阵力学中起着基本的作用。尽管这是物理学中的一个重要新进展，但当时却似乎没有得到应有的评价。这也许是由于矩阵力学是如此新颖，而傅里叶分析又是如此合理，以至于引入复数的全部含义反而被当时发生的重大变革掩盖起来了。

现在转而讨论波动力学。波动力学是由薛定谔的六篇有历史意义的系列论文（Schrödinger，1926a-f）所确立的[1]，这六篇论文都写于 1926 年的头六个月。在前五篇论文中，薛定谔把他的波函数分解成位置坐标 x 的实稳态函数和时间的正弦函数的乘积（Schrödinger，1926c）[2]。

薛定谔当时这样做是不足为奇的，因为他把电子的驻波描述想象成类似于磁波或水波的驻波，这些波确有相位，但它们是由实的时空函数所描述。例如，在薛定谔的论文（1926e）中，对波函数：

$$\Psi_n = e^{-x^2/2} H_n(x) e^{2\pi i v_n t} \qquad （2.2）$$

有一个脚注，他写道："i 是 $\sqrt{-1}$，等式右端按惯例取实部。"（着重标记是我加的）这表明了他对此事的一般态度，即它们是和通常的线性电路理论一样的：Ψ 可以是复数，但最后总是取实部。

当然，在薛定谔探寻矩阵力学和波动力学之间的关系时，他不可避免要碰到 $i = \sqrt{-1}$，例如他的论文（1926c）中的方程（20）就是如此。这是否曾使他困扰，我们可能永远无法知道。但是，当他进而讨论二次项时，例如讨论 $\Psi(\partial \overline{\Psi}/\partial t)$（在其论文 1926c 中，简短地讨论过）或 $\Psi \overline{\Psi}$ 时（他在 1926 年 6 月 6 日以前的某个时候作的，参见下文），他必定遇到了这些麻烦。

1926 年 5 月 27 日，七十三岁高龄的洛伦兹给薛定谔写了一封长信，感谢薛定谔送给他三篇文章的清样。洛伦兹在信中还提出了许多有关波动力学的原则问题和具体问题。其中有两点和我们现在所讨论的问题有关：（a）如何说明两个粒子或更多粒子的 Ψ 函数；（b）洛伦兹认为："真实的'运动方程'……完全（不应该）含能量 E，而应代之以含有时间的导数。"同年 6 月 6 日，薛定谔回了一封同样长的信，其中包括八条意见，头两条就是回答洛伦兹提出的上述两个问题。

关于（a），薛定谔说他已放弃了他先前手稿（Schrödinger，1926f）中 $\Psi(\partial\Psi/\partial t)$ 的表示式，现正专注于研究实空间中的电荷密度 $\Psi\overline{\Psi}$。他接着写道："令人不满意和很快遭到非议的事情是使用了复数。从根本上说，Ψ 无疑是一个实函数。"随后他指出从 Ψ 的实部 Ψ，构成复函数 Ψ 的方法。薛定谔本人显然对这个方法也不很满意。

关于（b），薛定谔写道：

$$-\hbar^2\,\ddot{\Psi} = E^2\,\Psi \tag{2.3}$$

然后利用 $H\Psi=E\Psi$ 消去 E，得到：

$$-\hbar^2\,\ddot{\Psi} = H^2\,\Psi \tag{2.4}$$

他补充说："这可能正是一个普遍的波动方程，它不再包含积分常数 E，而是包含时间导数。"薛定谔继续思考这个问题，五天以后，在 6 月 11 日写给普朗克（M. K. E. L. Planck）的信中他说："顺便说一句，近几天，另一件事使我如释重负，它虽曾使我十分不安……但它终以其自身的从未有过的简单和完美而得到解答。"这个解答是什么呢？它就是上述方程（2.4）。

为什么薛定谔不简单地写出正确的时间相关方程（1.2），而宁可用较复杂的方程（2.4）呢？他当然知道这个较简单的方程，但却选择了较复杂的二阶方程[3]，这是为什么？我认为答案如下：

　　薛定谔不想使他的波动方程包含 i，就利用 $i^2=-1$ 来消去它，从而导至四阶方程（2.4），他力图避免 i 是很自然的，因为在他的论文（1926a）中，他建立波动力学是借助于写出实的哈密顿－雅可比（Hamilton-Jacobi）方程：

$$H(q, \partial S/\partial q)=E$$

以及
$$S=K\log\Psi$$

　　他的符合这个要求的 Ψ 是实的和与时间无关的。稍后，在论文（1926a，§3）中，他写道："当然，它有力地表明，我们应该试图把函数 Ψ 和原子中的某种振动过程联系起来……"但这可不是一个简单的过程，因为薛定谔必须设法解决一个棘手的问题，即这种振动的频率是什么。薛定谔后来对这个问题的想法的演变是一个饶有趣味的课题，但不是我们在这里所要讨论的内容。我们现在关心的是这个事实，薛定谔构思出用实的时空函数来描述振动，从而建立了他的波动力学的概念。后来当他对 Ψ 作叠加时，仍然是指把实的 Ψ 加起来，其中每一个 Ψ 都随时间作正弦变化。

　　现在回到薛定谔 6 月 11 日给普朗克的信，他在信中进一步指出，在方程（2.4）中，"可以令势能是时间的显函数"。这是错误的，薛定谔在那以后的十天里，领悟到了这一点。他于是就写了论文（1926f），于 6 月 23 日寄到出版社。正是在这篇文章中，他第一次提出这样的概念：Ψ 是时空的复函数并满足复时变方程（1.2）。薛定谔把（1.2）式称为真正的[4]波动方程，以区别于 $H\Psi=E\Psi$，他把后者称为振动方程式或振幅方程。

我应该强调一下，上面追溯了薛定谔早期的一些论文，我并未由此推断说，薛定谔在其论文（1926f）中关于 Ψ 应是复数的发现，是缘于 1926 年 5 月 27 日洛伦兹给他的信。情况可能如此，但事情也可能是这样的：在薛定谔写了那篇和时间无关的微扰论的论文（1926d）之后，他着手研究与时间有关的微扰论，于是，他必须研究波函数 Ψ 随时间的变化。而可能是正在进行这项研究的时候，他收到了洛伦兹的信。可以断定的是，薛定谔是在 6 月 11 日到 23 日之间，最后确定 Ψ 是复函数的。

薛定谔的论文（1926f）寄出几天以后，玻恩（M. Born）寄出了关于波函数统计诠释的两篇历史性文章（Born，1926a，b）中的第一篇。值得注意的是，在这两篇中的第一篇，玻恩对入射波用了一个实波函数：

$$\sin \frac{2\pi}{\lambda} z$$

来表示，而对散射波用了另一个实波函数：

$$\sin k_{nm\tau} (\alpha x + \beta y + \gamma z + \delta)$$

来表示。因为每一个波函数都是实函数，所以玻恩在其著名的脚注（加于第一篇论文的校样）中，不用"绝对值平方"而仅用"平方"。派斯（A. Pais）对此曾说（Pais, 1986）："跃迁几率的正确概念，这个重大的新事物，是以脚注的方式进入物理学的。"玻恩只是在第二篇论文中才对入射波和出射波使用了复数。

三、韦耳规范理论中的复数

上面我们考察了 1925—1926 年间，在基础物理学中引入复数的历史，事实上，在这以前几年，薛定谔（1922）已经发表了一篇很有意义的论文，题目是《关于单电子量子轨道的一个不寻常的性质》。在这篇文章中他已指出，在韦耳1918年的规范理论中引入一个虚因子：

$$\gamma = -i\hbar \tag{3.1}$$

的可能性。他从韦耳的"世界几何"（即1918年韦耳的电磁规范理论）入手，把韦耳的思想概括到一个指数因子：

$$\exp\left[-\frac{e}{\gamma}\int\left(V\mathrm{d}t - \vec{A}\cdot\mathrm{d}\vec{x}\right)\right] \tag{3.2}$$

里，并且注意到，对于一个氢原子，$A=0$，指数中的表示式等于：

$$-\gamma^{-1}e\overline{V}\tau$$

其中 τ 是周期。对于一个量子数为 n 的玻尔轨道，它等于 $-\gamma^{-1}nh$，即 $\gamma^{-1}h$ 的整数倍。薛定谔把这个结果称为"不寻常"的，并且说他难以相信，这中间会不含有更深刻的物理意义。

在这篇论文的末尾，薛定谔指出了两种可能的 γ 取值，一种是实数，$\gamma = e^2/c$，另一种是 $\gamma = -i\hbar$，即上面的（3.1）。他指出，对于后一种取值，因子（3.2）成为1。

在薛定谔创立波动力学的几篇重要论文中，他没有引证1922年的这篇论文，但拉曼（V. V. Raman）和福尔曼（P. Forman）在研究这段历史时（1969）认为，关于"为什么是薛定谔发展了德布罗意（L. V. de Broglie）的思想？"这篇1922年的论文实际上起了重要的作用。他们的论点后来由哈恩利（P. Hanle，1977，1979）以及韦塞尔斯（L. Wessels，1977）所证实。他们发现薛定谔1925年11月3日给爱因斯坦的信中有下面一段话：

在我看来，德布罗意对量子规则的解释似乎和我在论文［*Zs. f. Phys.* **12**, 13（1922）］中的想法有某种联系，我在那篇文章中已表明，在每一个准周期中，韦耳规范因子 $\exp\left[-\int\varphi\mathrm{d}x\right]$ 有奇异的性质。就我所见，在数学处理上二者是相同的，只不过［他的］比我的更正规，但却不够完美，实际上也没有做一般的证明。自然，德布罗意在他的普遍理论框架中所做的研究，比我对一个具体课题所做的阐述要有意义得多，何况当初我对自己所做的工作的意义还是不大清楚的。

十三天以后，即 1925 年 11 月 16 日，薛定谔写信给朗德（Lande）说（Raman and Forman，1969）："近来我深深地被德布罗意的天才的论文所吸引，它格外令人振奋，然而某些部分却难以接受。我自己尝试画出电子在椭圆轨道上的相位波的图像，结果却是徒劳的。'射线'几乎总是与等能量的开普勒（J. Kepler）椭圆相邻接，得到的是并非期望的'散焦线'或类似于波前的线。同时，波长应该等于在一个塞曼（Pieter Zeeman）或斯塔克（Johannes Stark）周期中（电子轨道对应的波长）。"薛定谔显然在这以前已着手作关于波动力学的第一篇重要论文，并于 1926 年 1 月 27 日寄出（Schrödinger，1926a）。

薛定谔 1922 年的论文对于建立波动力学起了根本的作用，拉曼、福尔曼、哈恩利的这个论点显然是正确的，我们用图 86c. 1 中的箭头来说明这一事实。

那么为什么薛定谔在 1926 年没有引证他自己 1922 年的论文呢？原因可能是这样的：1922 年的论文讨论了前述因子

（3.2），由式（3.1）可改写为：

$$\exp[\,ei\!\int A_\mu \, dx^\mu/\hbar\,]\qquad（3.3）$$

而1926年的几篇论文是和德布罗意的思想有关的，为了比较，可以把德布罗意的思想表示成一个因子：

$$\exp[\,i\!\int p\cdot dx/\hbar\,]\qquad（3.4）$$

的形式，二者相似而不相同。薛定谔认识到，适合于建立波动力学的因子是式（3.4）而不是式（3.3）。

　　当时薛定谔正忙于发展波动力学。他的1922年论文受到了伦敦（F. London）的重视，一年以后伦敦给薛定谔写了一封很有趣的信，此信已由拉曼和福尔曼翻印（1969），我们把该信的译文附录于后。按拉曼和福尔曼的意见，该信写于1926年10月10日左右。

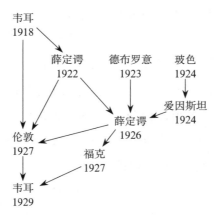

图 86c.1　与复相位和规范场有关的概念流图，薛定谔 1922 年论文的重要性是由拉曼和福尔曼（1969）以及哈恩利（1977、1979）发现的

　　伦敦在题为《韦耳理论的量子力学意义》的论文

（London，1927a；参见 London，1927b）中，进一步发展了这种思想。在稍早些时候，福克（V. Fock）发表了一篇讨论波动方程不变性的论文（1927），这两人的文章都多少有些含混不清之处[5]，这在波动力学发展的初期是很自然的，但二者又都包含有正确的思想。用现今的术语表示，就是用一个作用到波函数 Ψ 上的算符（$\partial_\mu - ieA_\mu$）来把电磁理论引入波动力学。这是规范原理的核心（图 86c. 1）。后来在一篇重要的论文（Weyl，1929；也可参见 Yang，1986）中，才把电磁理论作为一种规范理论进行了完整的讨论。

四、现代的成果

物理学家把具有相位的复振幅引入到对大自然的表述中去，其重要性到本世纪 70 年代才充分显示出来。在 70 年代，在以下两方面有了进展：（1）发现所有的相互作用都是某种形式的规范场；（2）发现规范场与纤维丛的数学概念有关（Wu and Yang，1975），每一根纤维是一个复相位或更广义的相位。这些发展，形成了当代物理学的一个基本原则：全部基本力都是相位场（Yang，1983）。所以，薛定谔在 1922 年几乎是偶然地把虚单位 i 引入到式（3.1）中去这件事，现在已经开出了深邃的观念之花，这些观念奠定了我们理解物理世界的基础。

在 1975 年吴大峻和我做了一个术语对照表（表 86c. 1），它把物理学家对规范场的术语和数学家对纤维丛的术语对应起来（Wu and Yang，1975）。

表 86c. 1　对比规范场论和纤维丛理论中的术语"词典"

规范场术语	丛的术语
规范（或球面规范）	主坐标丛
规范型	主纤维丛
规范势 b_μ^K	一个主纤维丛上的联络
S_{ba}	转移函数
相因子 Φ_{QP}	平移
场强 $f_{\mu\nu}^K$	曲率
源 $^*J_\mu^k$	?
电磁学	$U_1(1)$ 丛上的联络
同位旋规范场	SU_2 丛上的联络
狄拉克磁单极量子化	$U_1(1)$ 丛按第一陈类分类
无磁单极电磁学	平凡的 $U_1(1)$ 丛上的联络
带磁单极电磁学	非平凡的 $U_1(1)$ 丛上的联络

* 即电源，是广义化的电荷和电流概念。

　　这个对照表中有一行带有问号的空位，这是因为当时数学家还没有研究与物理学家的"源"相对应的概念，所谓"源"，就是密度－电流四维矢量，在麦克斯韦电磁理论中，这是一个既自然又基本的概念。在数学家的语言中，这个概念现在已经被写为：

$$* \partial *f = J \tag{4.1}$$

无源情况将满足：

$$* \partial *f = 0 \tag{4.2}$$

　　数学家现在已研究了式（4.2），其结果已有助于求解拓扑学和微分几何学中的一些长期悬而未决的难题，这个当代的例子说明物理学对于数学的进展，提供了多么强大的动力（D. Freed and K. Uhlenbeck, 1984; B. Lawson, 1988），这种例子在前几个世纪很多，而现在则少了。

附：伦敦给薛定谔的一封信[6]

亲爱的教授：

今天我要和你认真谈一谈。有一位薛定谔先生你认识吗？他在 1922 年描述了"电子轨道的奇异性质"（*Zeits. für Phys.* **12**）。你和此人熟悉吗？什么！你说你很了解他！而且当他进行该项研究时你甚至在场，你还是他的合作者？这真是前所未闻的事。看来四年前你就已经知道，在连续的四维时空里，不能用量尺和时钟来定义爱因斯坦－黎曼（Einstein-Riemann）度规关系，而原子过程又必须在连续四维时空中来研究，于是人们不得不搞清楚由韦耳的距离转移理论所阐明的普遍的度规原理是否可用。而四年来你清楚地知道这些原理是极为有用的，正当应用韦耳的距离转移理论而常常出现困难时［爱因斯坦的异议（Yang，1986），韦耳的修正和他的很不高明的辩解（Weyl, 1968）］，你却已经证明，就分立的物理轨道而言，标度单位（用 $\gamma = 2\pi i/h$）对于各具体的闭合路径是可以重复的；其实，你在那时就注意到，对于第 n 个轨道，标度单位精确地放大和缩小 n 倍，就像描述电荷所在处的驻波一样。于是你已阐明，韦耳的理论是十分合理的。这就是说，当把它和量子理论结合起来时，将导致唯一的测定。实际上，如果整个原子世界是一种连续时空，找不出任何固定的点，人们还有什么事情可做呢。你知道这一点，但你却绝口不谈，只字未提。这种事情是前所未有的。你在论文中（p. 14）说得很谦恭，在讨论这个事实所可能具有的意义时，你未多加议论。（赶快忏悔吧！）在这篇论文中，你不仅已经消除了韦耳理论中绝望的混乱，而且远在德布罗意之前，你这篇论文就已具有类似于量子假设的特征。不仅如此，你甚至想到是否应该取 $\gamma=h/2\pi i$ 或 e^2/c (p. 23)！现在你该立即像牧师那样忏悔了吧，你曾把你手中的真理秘而不宣。把你所知道的一切向同行都讲出来吧！1922年你所作的探讨是旧量子力学的一个定理，最重要的事情尚有待完成，可以有把握地预期，一旦把你的理论和波动力学完美地结合起来（我还没有做到这一点），就将显示出它的全部意义。我想你既已如此使学术界困惑，现在来彻底澄清一切，是你的责任。

该停笔了，非常感谢你为我那封无聊的信[7]花费了那么多时间，我已暂时中断了对此事的研究，我认为由于有了完美的韦耳空间理论，从整体来看应该说卡鲁札－克莱茵（Kaluza-Klein）空间理论将遇到挫折。我愿意密切注视这一点。我有一些不同的线索，它们表明，把韦耳的和卡鲁札的空间理论统一起来是不困难的。（把标度单位作为第五维对每一世界点作图，就立即可看到许多美妙的东西！）我急切地期待着阅读你的原稿[8]（这里至今还没有），特别是经弗斯（Fues）提示之后更是如此，即使只有一天的时间给我看，我也将非常、非常高兴能够读到它。

顺便说一句，洛克菲勒基金会已经同意，电报昨天收到。我现在肯定可以同你合作，为此，我感到非常高兴。

祝你旅途愉快，我期待着你的回答。

衷心的致意

你忠实的

伦敦

注释：

［1］派斯（1986）引用韦耳的话说："薛定谔正当其迟来的爱情迸发时做了他的伟大的工作。"

［2］见该文方程（35）后括号内的评注。

［3］在薛定谔于 1926 年 6 月 11 日以前所写的五篇论文（Schrödinger，1926a-e）中，方程式（1.2）从未出现过。但发现了诸如式（2.2）的方程。这意味着薛定谔知道 $i\hbar\dot{\Psi}=H\Psi$。在他于 6 月 6 日给洛伦兹的信中，对 Ψ 的实部 Ψ_y 做了混乱的讨论，这清楚地表明，薛定谔那时正在为消去（或定义）虚部而努力。

［4］薛定谔在德文稿中用的词是 eigentlich，我把它译为 true，也有人把它译为 real，在这里的上下文中，real 很容易造成混乱。

［5］我曾说过［*Ann. N. Y. Sci.* **294**, 86 (1977)］，伦敦的论文指出在福克的著作和韦耳的论文之间有相似性，这是错误的。我曾误解了脚注［On p. 111 of W. Pauli, *Handbuch der Physik*, Vol. 24，Part I (1933)］的意思。

［6］拉曼和福尔曼在他们的文章中重印了这封德文信。他们的文章发表在《物理科学的历史研究》上（*Hist. Studies Phys. Sci.*, Vol. 1, pp. 291-314）。他们认为，这封信是写于 1926 年 10 月 10 日左右。此德文信由孟大中（T. C. Meng）教授翻译成英文，再由唐贤民自英文译为中文。

［7］拉曼和福尔曼认为，这是指 1926 年 12 月 1 日的信，薛定谔于 12 月 7 日作复。

［8］拉曼和福尔曼认为，这指的是有关相对论波动方程的手稿，在薛定谔 1926 年 12 月 7 日的信中曾提到它。

参考文献：

Born, M. (1926a)*Z. f. Phys.* **37**, 863 (received June 25).

Born, M. (1926b)*Z. f. Phys.* **38**, 803 (received July 21).

Born, M. and Jordan, P. (1925)*Z. f. Phys.* **34**, 858 (received September 27).

Dirac, P. A. M. (1925)*Proc. Roy. Soc.* **109**, 642 (received November 7).

Dirac, P. A. M. (1972)*Fields & Quanta.* **3**, 139.

Freed, D. and Uhlenbeck, K. (1984)*Instantons and Four-manifolds.* Springer.

Fock, V. (1927)*Z. f. Phys.* **39**, 226.

Hanle, P. (1977)*Isis* **68**, 606.

Hanle, P. (1979)*Am. J. Phys.* **47**, 644.

Heisenberg, W. (1925)*Z. f. Phys.* **33**, 879 (received July 29).

Lawson, Jr., H. B. (1985)*The Theory of Gauge Fields in Four Dimensions.* American Mathematics Society 58, Providence, RI.

London, F. (1927a)*Z. f. Phys.* **42**, 375.

London, F. (1927b)*Natrwiss.* **15**, 187.

Pais, A. (1986)*Inward Bound*, p. 257. Oxford University Press.

Raman, V. V. and Forman, P. (1969)*Hist. Studies Phys. Sci.* **1**, 291.

Schrödinger, E. (1922)*Z. f. Phys.* **12**, 13.

Schrödinger, E. (1926a)*Ann. d. Phys.* **79**, 361 (received January 27).

Schrödinger, E. (1926b)*Ann. d. Phys.* **79**, 489 (received February 23).

Schrödinger, E. (1926c)*Ann. d. Phys.* **79**, 734 (received March 18).

Schrödinger, E. (1926d)*Ann. d. Phys.* **80**, 437 (received May 10).

Schrödinger, E. (1926e)*Die Naturw.* **28**, 664.

Schrödinger, E. (1926f)*Ann. d. Phys.* **81**, 109 (received June 23).

Wessels, L. (1977)*Studies Hist. & Phil. Sci.* **10**, 311.

Weyl, H. (1929)*Z. f. Phys.* **56**, 330.

Weyl, H. (1968)in (Chandrasekharan, K., ed.)*Gesammelte Abhandlungen*, Vol. II, p. 261. Springer.

Wu, T. T. and Yang, C. N. (1975)*Phys. Rev.* **D12**, 3845.

Yang, C. N. (1983)*Selected Papers 1945–1980 with Commentary*, p. 564. Freeman.

Yang, C. N. (1987) (Chandrasekharan, K., ed.). Springer (in Press).

后记（杨振宁）

  这篇文章末尾附录的伦敦致薛定谔的信是科学史上极重要的文献。它表示薛定谔虽然在 1922 年即已想到引入 $\sqrt{-1}$ 到物理学中，但没有去深入研究。三年多以后，受爱因斯坦的影响，看了 de Broglie 的文章才写出了伟大的薛定谔方程式。

  伦敦的信上提到了 Kaluza-Klein 的工作。那是当时很多人都极注意的新想法。第二次世界大战以后，许多研究方向，包括 String 理论，都与 Kaluza-Klein 有密切关系。可是至今没有与实验结果发生任何联系。

谈谈物理学研究和教学
——在中国科技大学研究生院的五次谈话

五次谈话的时间为 1986 年 5 月 27 日至 6 月 12 日。本文原载《中国科学技术大学研究生院学报》，1986 年 10 月发表。

问：请谈谈您通过这次讲课想达到什么目的。

杨：我这次讲课的取材和同学们当初想象的很不一样，他们原以为我要大讲规范场和高能物理，因此感到很意外。我是故意这样做的。（按：杨先生的课程内容包含七章，即 1. 中子干涉，2. 阿哈罗诺夫－博姆效应，3. 磁通量量子化，4. 全息照相、自由电子激光和准晶，5. 高能弹性散射，6. 狄拉克磁单极与纤维丛，7. 非阿贝尔规范场。）

通过这次讲课我想达到两个目的。第一，我对所讲的那些东西很感兴趣，其中许多问题吸收了 20 世纪物理学的真精神。有些问题还在发展中，例如准晶、自由电子激光，它们在今后几年到二十几年内还会有大发展。我认为值得把它们介绍给大家。第二，这一点更重要。我希望通过我的选题，使同学们了解到，大家在物理学中所追求的，宜是新的东西。应当多对新的东西、活的东西、与现象直接有关的东西产生兴趣。这种趋向和中国过去几十年来物理教学的精神不一样。我认为这种情况是急需改变的。不客气点说，中国过去几十年念物理的养成了念死书的习惯。整个社会环境、家长的态度、报纸的宣传都一贯向这个方向引导。其结果是培养了许多非常努力、训练得很好、知识非常扎实的学生，可是他们的知识是片面的，而且倾向于向死的方向走。这是很有害的。我讲课取材的一个目的，就是想把我的这个看法介绍给大家。不见得每个学生对我讲的所有问题都有兴趣，但是如果他想一想我讲的八九个题目都是什么性质的话，他会了解，我认为哪些物理问题是值得注意的。

很多学生在学习中形成了一种印象，以为物理学就是一些演算。演算是物理学的一部分，但不是最重要的部分。物理学最重要的部分是与现象有关的。绝大部分物理学是从现象中来的。现象是物理学的根源。一个人不与现象接触不一定不能做重要的工作，但是他容易误入形式主义的歧途，他对物理学的了解不会是切中要害的。我所认识的重要的物理学家都很重视实际的物理现象。这是我到美国念书后得到的一个强烈印象。我在芝加哥大学做研究生时看到费米（Enrico Fermi）和泰勒（Edward Teller）对物理现象非常注意。他们有时也搞搞复杂的计算，可是注意力并不那么集中。1948—1949 年费米也注意重整化的发展，但其程度并不比对别的物理现象更高些。重整化只是他注意许多问题中的一个问题。现在有一种普遍现象，很多人只是在物理的数学结构上做些小花样。

关于中国的物理教学我在过去几年中讲过许多次。我有一个演讲《读书教学四十年》，后来收在一本同名的小集子里。

1983 年在香港讲过，后来在北京和上海都讲过。其中有一段说：从 1971 年到那时，我多次回到中国大陆，发现大学物理系中有所谓"四大力学"，它们把学生压得透不过气来。没有人否认四大力学是重要的，它们是物理学的骨干，可是只有骨干的物理学是骷髅。物理学要有骨干，还要有血有肉。有血有肉的物理学才是活的物理学。

我觉得这是一个非常重要的问题。西方，尤其是美国的小孩，常常训练不够，可是他们有一种天不怕、地不怕的精神，专门爱想新东西，而且所想的新东西往往是和实验及实际现象比较接近的东西。我希望大家多注意新的东西、活的东西、与现象关系密切的东西。

怎样做到这一点呢？我有一个具体建议，美国有一个杂志叫作 *Physics Today*（《今日物理学》），这个杂志办得相当好，它的头几页，也许头十页吧，常常介绍物理学的新发展。它的介绍都是经过深入考虑的，文章也写得相当好。它介绍的新发展多半和实验有密切关系，当然也有纯理论的。这些介绍的可读性很高，它们不讨论深入的物理，只是介绍性质的。我自己常常从 *Physics Today* 上了解到一些听说的事情的新发展，或者从它上面了解到从什么文献上可以看到那些新发展。*Physics Today* 的这一类文章中妙的东西很多。我有一个建议。你们回去后可以组织一些研究生和教师，逐期看看上面有什么新东西，开始不一定很深入，只是看看上面讲了些什么。如果有人对某个问题有兴趣，愿意多看点文献，就可以进一步深入。这次我讲的很多问题，在过去五到十年内的 *Physics Today* 上都有报道。如果一个物理系对于近两三年 *Physics Today* 上的报道逐期有一个讨论会的话，可以说这个物理系是消息相当灵通的。

问：请您谈谈对物理学发展的展望。

杨：不同的物理学家对这个问题有不同的看法。我谈谈我个人的看法。20世纪物理学有长足的发展。这起源于上世纪末实验能力达到一个新水平，使人们能够做许多关于分子、原子和原子核方面的实验。光谱学提供了大量关于原子、分子的数据。20世纪头二十五年大量受人注意的问题都是由光谱学中来的。这导致量子力学的建立。30年代加速器促进了一个新领域——原子核物理的发展。由于原子弹爆炸，战后许多国家的政府注意到物理学的发展与国家的前途有密切关系。因此将大量金钱投入物理学研究。加以30—40年代精密工业的发展，创造了物理学各个方面大发展的条件。其中两个重要的方面，高能物理与凝聚态物理的发展都是惊人的。但是现在高能物理的发展面临着困难。现在做高能物理实验太困难了。它需要的钱太多了。这不表示高能物理不会有重要成就，例如W粒子和Z粒子的发现无疑是划时代的。但是做高能物理的人会越来越少；同时在这个领域中平均每个人每年的成果也在减少。现在开高能物理会议，一般没有什么重要成果报告。我猜想今后三十年高能物理将处于困难时期。这不表示没有重要工作，也不表示没有人去做了，不过不再是一种蓬勃的局面了。高能物理理论方面虽然聪明人很多，可是不能再随时用实验去验证理论。80年代的理论工作和过去有显著不同的特点。闭门造车的现象已成为不可避免的了。

另一方面，凝聚态物理以及和技术有关的物理分支会有大发展。在这些领域中是比较容易取得成果的。

问：当前理论物理的状况如何？它和过去什么阶段可以相比较？

杨：物理学是很广的，每个方向与过去都不一样，不过大多数领域内精神与过去还是一样的。例如，固体物理在实验技术上有很大发展，研究方法有质的变化，你不能像一百年前一个人在家里就能研究它。不过它的精神和五十年前的还是很接近的。然而基本理论和过去任何时期都很不一样。基本理论物理是建立在粒子物理上的。粒子物理实验所需经费愈来愈多，今后三十年它不可避免地要走下坡路。在实验愈来愈少的情况下，做理论的人却很多，其中有很多聪明人，这样，愈来愈数学化的倾向是不可避免的。现在基本理论物理非常数学化。另一方面，场论与统计力学渐渐连在一起了。统计力学与凝聚态物理又有关系。所以场论与统计力学和凝聚态模型的关系愈来愈密切。现在刚起步的人要注意这两个特点。至于你的结论是什么，要考虑你喜欢什么，你过去学过什么，你有什么样的机会。

问：您认为国内科研存在什么问题，青年一代应当怎样参加进去？

杨：我只讲一些原则性的看法，不一定对每个人都适用。中国有很多有能力的人、有创造力的人、有百折不挠精神的人。现在已经没有人怀疑将来中国能走到世界前列。可是目前中国有很多问题。生产有问题，城市建设有问题，学生念书有问题，生活有问题，家庭有问题……问题多得不得了。为什么中国有这么多人才，这么多聪明人，还有这么多问题呢？道理很简单，只有一条：中国太穷了。如果不解决穷的问题，下一代甚至更下一代还会有更多问题。所以，赚钱是第一要义。这不是要每个人都去赚钱，而是说要把整个社会的经济搞上去。这是绝对的、必须的一件事。许多年来，我一直认为这是中国最重要的事情。做任何重大决策都应把这一点记在心中。所以我很赞成中国的一个口号：到2000年把工农业总产值翻两番。这个口号很明智，没有头脑发昏，把目标提得太高。如果到2000年达到了这个目标，那将是很了不起的事情。这不但对中国很重要，而且它将告诉像中国这样的发展中国家，只要目标明确都可能像中国一样有很大发展。到那时，中国的一切都会改观。从每个人自己的立场讲，我的想法是，每个人应当尽可能配合这一目标。如果在实现这个目标中发挥了作用，以后他回想起来，一定会觉得这是值得自豪的事情。很多年来，我对一些念物理的人说，除非你觉得绝对非念高能物理不可，还是不要念高能物理。高能物理与中国的"翻两番"毫无关系，甚至会起反作用，因为高能物理太费钱了。这并不表示高能物理没有重要性，高能物理当然有重要性，但是中国的问题是"翻两番"的问题而不是高能物理的问题。

另外，我感到中国学生——小学生、中学生、大学生、研究生——读书型的人太多了。这是中国的传统，有它的好处，正因为如此，对其价值的判断就不那么容易了。在西方，特别是在美国，就远不及中国人那样重视念书。在中国，特别是城市里，家长们往往都希望自己的孩子能进重点中学、重点大学，能读硕士学位、博士学位，如果有更高学位那一定还希望读更高学位。这对中国的经济发展和孩子本身都是不利的，因为这不是每个孩子的能力都达得到的。在座的都是研究生，这表示你们书念得相当好。如果你念得很愉快，你不妨想一想前面我说过的问题。如果你念得相当苦——中国过去常说苦学，我是不赞成的——就不妨想一想是不是做别的事对你本人和社会都更好些。比如你到一个小工厂去。由于你有初步的物理知识，有一定的外语基础，加上你对世界的了解较多，你也许在那里可以发挥更好的作用。如果一个人有这样条件的话，一味苦念物理不一定是最好的出路。

问：在《读书教学四十年》中，您说青年人进入一个新领域和它一起成长起来，取得成功的可能性比较大。您认为当前哪些领域大有发展前途？

杨：比如刚才讨论的准晶就是一个例子。它是一个新领域，其中基本的观念问题还没有弄懂。凡是一个新的方向，并且涉及的面比较广，就可能有发展前途。如果准晶只有一种而且是在很奇怪的条件下才有的，那么发展的可能性就比较小，现在知道准晶并不是这样的。

此外，一个新的实验方向，例如把两个大的原子核在高速度下打到一起，一定会有许多新的、有意思的现象。这些现象不一定都是最基本的，但也是值得去做的。

还有一种情形，就是技术发展到一个新领域，使人们可以研究以前不能研究的现象。例如，现在可以做出高功率激光，它的脉冲中的电场强度比原子中的还要大。把这种激光打到原子上可以把一个电子壳层完全打掉。这一类实验目前还比较原始。进入这类领域就比较容易成功。

如果你去搞量子电动力学的重整化，我认为不容易成功，因为它已经有几十年历史，有很多聪明人搞过了，你怎能有把握，在你进去以后比别人做得更好呢？这不是说这种领域不应当做了。我要回答的问题是，在哪个领域中比较容易取得成就。总之，一个新领域，或者观念上是新的，或者技术上是新的，或者实验上是一个新方向，比较容易有发展。

问：一个念物理的人应当怎样看待哲学？

杨：哲学这个词有很多含义。在西方物理学家的文章中，它有两种截然不同的含义。一种是哲学家的哲学，还有一种是对物理问题长、中距离（甚至短距离）的看法。

问：第二种哲学是否指思想方法？

杨：不是。思想方法，例如坂田昌一（Sakata）所说的，是真正的哲学，即第一种哲学。我举个例子说明什么是第二种哲学。某人说："大统一理论是不可能成功的。"你说："我同意。"他说："我们两人的哲学一样。"不管用什么字眼，第二种哲学无非表示你的看法怎样，你注意什么问题。它对物理学有关键性、长期性的影响。因为它决定了你喜欢提什么问题，不喜欢提什么问题；喜欢了解什么问题，不喜欢了解什么问题；一个问题来了，你喜欢用什么办法去解决它。它和一个人的风格、喜好有极为密切的关系，对一个人研究工作的长期性成就有决定性影响。每个人根据他过去的经验都会形成他自己的哲学（第二种）。每一个人都应当注意到它对自己的工作有关键性作用，因此应当适当地去控制它。

至于第一种哲学，我认为它和物理学的关系是单向的。物理学影响哲学，但哲学从来没有影响过物理学。

问：爱因斯坦认为他自己受休谟（David Hume）和马赫（Ernst Mach）哲学的影响很深。

杨：我不同意他的说法。我认为他之所以成功，不是这个原因，而是由于他的第二种哲学。

研究物理学好像看一幅很大的画。整个自然界的结构好比这幅画。看这一幅画可以有几种看法。适当的时候应当把几种看法结合起来。一是必须在近距离仔细研究，因为这幅画画得很仔细，每个部分不一样，因此你必须用放大镜仔细研究它的细部。一是你应当在远距离去看它。你可以看到你在近距离看不到的 pattern——一种大范围的规律。当然还有中距离的看法。物理学需要近、中、远三种看法。当然，如果你能一下子就看出远距离所能看到的 pattern，这当然是大贡献。但是这种可能性很小，甚至不可能。所以必须从近距离开始。总之，知识的流向是由近到中，再到远的，而不是反过来的。例如，量子力学建立以后，它对哲学有很大影响，但是海森堡（W. K. Heisenberg）和薛定谔（Erwin Schrödinger）不是从哲学出发，而是从研究原子光谱出发建立了量子力学的。

我完全不同意坂田的那种想法。我认为坂田对物理学有相当贡献，不过这不是起源于他的哲学，而是起源于他对物理实际的认识。我不同意他自称的起源于哲学。他从哲学出发的那些做法都是得不出结果的。我认为他越少用哲学，他的成就越大。

问：您对超弦的看法怎样？

杨：超弦是目前高能物理理论中的一个热门。我估计全世界有一百多位有博士学位的人在做这方面的工作。我很难相信这个理论最后会是对的。高能物理理论最基本的观念是场，是场论。场的观念是从法拉第（Michael Faraday）开始，经过麦克斯韦（J. C. Maxwell）到现在，经历无数周折，通过无数实验验证后提炼出来的一个总的想法。超弦则另起炉灶，把场的观念推广，没有经过与实验的答辩阶段。现在超弦方面的文章很多，但没有一篇真正与实验有什么关系。它很可能是一个空中楼阁。在石溪有研究生问我，他是不是应当做超弦理论。我的回答是，高能物理中有很多重要的问题没有解决，超弦理论中也有一些很妙的数学结构，如果你对它很感兴趣，又很有能力做这方面的事，对微分几何与拓扑有很好的直观了解，并且有条件和别人讨论，你不妨去做。但是如果你认为这个方向一定是对的，将来你可能失望。因为超弦的想法和实际物理接触太少。与实际物理接触少的不一定不能成功，但成功的概率比较小。它的数学结构很妙，你吸收这些妙的方面，也许对你将来发展某种真正解决问题的想法有帮助。从这个立场出发，你可以去做做超弦。我对研究生的这个讲法包括了我对整个这一类纯结构问题的态度。一种从抽象数学中想出来的见解，后来在物理中大大成功的例子非常少。你要了解这一点，否则后来你可能很失望。

可以这样看数学、理论物理和实验的关系：

（2）和（3）合起来是理论物理。一个理论纯结构是通过（2）和（1）联系起来的。纯结构如果最后不能与（1）联系起来，长时间以后在物理学中就会失去地位，消失掉。物理学中的价值观念最后还要从（1）中来。超弦还没有通过（2）与（1）联系起来。

如果你问我，我要不要去做超弦。我的回答是我在任何时候也不会去搞这种东西。如果我能花两个星期时间弄懂它，也许我会花两个星期。但现在它已复杂到这种程度，我不相信我花半年时间就能做出别人还不知道的东西，因为在这个领域中聪明人很多。花半年时间是一笔很大的投资，而且它与我喜欢的物理不接近，所以我不会去搞它。我自知我也很会做超弦中的那一类数学演算。可是假如我今天是一个研究生，而且对物理学发展的了解已达到我今天的程度，我一定会去做纯粹数学。在纯粹数学中妙的东西很多。我为什么不用自己的时间和能力去做对数学有真正发展的工作，而去做既非物理又没有长久数学价值的东西呢？

问：现在也有人做超弦的唯象工作。

杨：那些都是牵强、牵强而又牵强的工作。既然有了一个纯结构，就有人硬想把它和实验联系起来。现在不但超弦，而且超对称也没有和实验联系起来。

问：请比较详细地谈谈您对超对称的看法。

杨：超对称是很妙的。像超对称一类理论以后还会发展，因为对称的观念在物理学中愈来愈重要，而费米子和玻色子在现有理论中还是不对称的，这显然是不圆满的情形。

爱因斯坦的引力方程左边包含 $R_{\mu\nu}$，右边包含 $T_{\mu\nu}$。他认为方程的左边很美妙，右边不好。他说左边像是金子做的，右边像是泥巴做的。他想把右边物质的贡献也变成几何的东西搬到方程左边去。把物质的贡献几何化就需要把费米子和玻色子变得比较统一起来。

超对称的基本精神很好，而且它有很妙的东西。最初我看到超对称的文章时是不相信它的。当时我认为费米子和玻色子的费曼图不一样。如果一个理论中最低次近似下费米子和玻色子的质量一样，在高次近似下会变成不一样。不过我的想法是错误的。他们的确造出了一些场模型，在任何级微扰计算中费米子和玻色子的质量都一样。因此在关键的地方它确实有美妙的东西，不过十几年了，它和实验还没有什么关系。

如果你问另一个问题，即你是否应当进入这个领域。我认为你应当慎重。如果你不进入这个领域而进入另一个更新的领域，你对它既有兴趣，又有能力，你更容易取得好成绩。在老领域中有无数聪明人做了大量工作，有什么理由你会比他们做得更好呢？这好比淘金矿，当然以淘新金矿为好。这不是说在老金矿中一定淘不出东西，不过淘出东西的可能性比较小。所以我赞成淘新金矿不赞成淘老金矿。

问：您认为超引力理论怎样？

杨：爱因斯坦的引力理论和实验有密切关系，不过他对它并不完全满意。我已经说过，他想把引力方程右边物质的贡献也几何化，搬到左边去。可以认为超引力是解决这个问题的美妙倡议。不过目前它和实验还没有发生关系。

在石溪有一位国内去的研究生想做超引力。我问他，你是不是对超引力非常感兴趣，非常想做它，他说是的。我又问他，你在这方面是不是很有能力，他说是的。他几何方面的东西学得不错。我说那么你可以去做。你应当在最短时间内取得博士学位，同时注意学习些别的东西，例如固体物理。他现在是纽文惠曾泽（Peter van Nieuwenhuizen，超引力理论创始人之一）最杰出的学生。我相信他将来在这个领域中会很出色。我举这个例子是想说，有些人天生喜欢做纯结构一类的工作，并且有很强的能力，就让他们去做好了。但是如果你还没有拿定主意做什么，并且不像某些人擅长微分几何一类的东西，我想你去学与现象关系密切的物理要好些，这是比较稳妥的理论物理训练途径。超引力是一种纯结构，如果今后三十年还不能与实验联系起来，就会枯萎掉。

问： 您的杨－米尔斯（Yang-Mills）场理论属于上面图中哪一部分？

杨： 在美国也有学生和我辩论。他们说 1954 年你做规范场时，它不也是一种和实验没有关系的纯结构吗？的确那时它和实验没有多大关系，不过你看看我们的文章就会发现，当时它和两个已经有稳固实验基础的理论结构有密切关系。它们是同位旋守恒和麦克斯韦方程。现在很多工作是在没有实验基础的纯结构上锦上添花，脱离实验愈来愈远，这是比较危险的。

从规范场提出来以后，我对它始终很注意，但写的文章不多。我始终认为不应当马马虎虎地把它变成唯象的东西。在 60 年代，有些人从纯结构的立场上认为它很妙，于是做唯象工作，其中最显著的是樱井纯（Sakurai）。他认为 ρ 介子就是规范场粒子。我不同意他的想法，因为他的做法，破坏了规范理论中最美妙的观念——规范不变性。他的做法很牵强。后来他寄信给我，问我为什么对他的工作不感兴趣，是抱怨的口气。我大概没有回答他。我对规范场当然感兴趣，但是觉得他的做法不妥，所以没有法子回答他。后来人们把自发破缺的观念引入规范理论，既解决了规范粒子的质量问题，又没有破坏对称精神。这是一个重要的贡献。这个经验告诉我们，今天许多美妙的纯结构也许稍加变动就能和实验联系起来。这也是做纯结构的人的希望。不过我要警告你们，成功的希望十分小。

问： 您对希格斯（Higgs）机制满意吗？

杨： 不满意，所有的人都这样看。它有妙的地方，并且和目前的实验吻合，不过没有人相信它是最后的理论。它的想法太 adhoc 结构，没有深刻的物理和数学根据，因此将来会被其他理论代替，不过目前还很有用处。

问：您对引力场与规范场的统一有何看法？

杨：把它们的公式比较一下，就会发现二者很相似。它们之间有密切关系是不成问题的，但到底是怎样一种关系还是一个有争议的问题。

规范场的 $F_{\mu\nu}$ 和引力场 $R_{\mu\nu}$ 都是几何学中的曲率。$R_{\mu\nu}$ 是 $g_{\mu\nu}$ 的二次导数，因此爱因斯坦的引力场方程是 $g_{\mu\nu}$ 的二阶微分方程。而规范场的运动方程"$\partial^\mu F_{\mu\nu}=\cdots$"是曲率的一阶微分方程，在电磁学中就是如此。$F_{\mu\nu}$ 和 $R_{\mu\nu}$ 都是曲率这个观念太原始了，我想这是绝对不能改的。既然"$\partial^\mu F_{\mu\nu}=\cdots$"是曲率的一阶微分方程，那么引力场方程就应当是 $g_{\mu\nu}$ 的三阶微分方程。这也是爱因斯坦引力理论需要修改的一种迹象。1974 年，当规范场的几何结构弄清楚以后，我提出一个新的引力场方程。但是方程的左边我会写，右边不会写。这个问题现在还没有解决。

问：请您评价一下大统一理论以及规范场在其中的地位。

杨：大统一理论是要把已经获得成功的弱电统一理论扩充一下，把强作用也包括进去。不过简单的大统一理论与实验不符合。自然界是奥妙的。大统一理论只是简单地把已获得成功的理论扩大下去，没有引进新的、妙的见解，它的不成功是不足为奇的。

我觉得把更多的东西统一起来的方向是对的，我相信大多数理论物理学家也同意这个看法。将来怎样统一我不知道，规范场在统一中无疑会起重要作用，不过只有这一点恐怕还不够，恐怕还应当有新的没有想到的见解。

问：您对亚夸克大统一理论有何看法？

杨：这些都是猜测性很强的东西。文章很多，也搞了好多年。刚做研究生的年轻人不宜向这类方向发展，而宜于更注意与现象有关的问题。

问：您对第五种相互作用的看法如何？

杨：今年初某记者在报纸上报道了 *Phys. Rev. Lett.*（《物理评论通讯》）上一篇文章，所以全世界都知道有所谓第五种相互作用的说法。我不相信有这种力程不长不短的相互作用。如果我是审稿人，我会同意发表这篇文章，但认为不值得吹嘘。

你们在国内消息不灵通，很容易被突然传来的消息所左右。做物理研究的人应当有自己的看法。有些看法也许不对，应当随时修正，但有了自己的看法才不至于像一棵脆弱的树在风中乱摇。有些人喜欢把一些奇怪的纯结构与很稀奇的实验联系起来，这是常有的事，但成功的可能性很小很小。

问：请谈谈您对多重产生唯象理论的看法。

杨：可以不客气地讲，国外多数人搞的这方面工作毫无价值，因为他们不懂物理是什么。在国内看到 *Phys. Rev.*（《物理评论》）上一篇文章就花力气去念，往往是很吃亏的。很多文章是这样的。A 写篇文章，B 说不对，去修改一下，C 说 B 不对，又去修改一下。你去看了 C 的文章，就会被困扰在别人没有根据的胡思乱想中。对待这种事情的办法，应当是去研究一下原来的实验。比较容易研究的问题是新东西。因为它是新的，还没有被很多文章搞得眼花缭乱，这时进去，和实验比较接近，就容易做出新的有意思的结果。我有两点建议：多注意新发展的东西，多注意最初的现象。如果贯彻这两点就比较容易和真正的物理发生关系。

问：请谈谈对混沌理论的看法。

杨：这是一个比较新的、很有意思的领域。几年以前，我曾建议国内一些人去做这方面的工作。今天它已经有七八年的历史了，但仍值得去搞。

问：请评论一下温度场论。

杨：温度场论是很有意思的。这是一个比较深的题目。文章很多，不过我没有去研究它。对于这一类问题，我的一般态度是这样的，如果我决定去研究它，我就一定从头做起，而且不先去看别人的文章。做了一段时间，如果有困难，再去看别人的文章。这样才能很好吸收别人的东西。1959 年左右，我和李政道要讨论 W 介子，讨论矢量介子的电磁相互作用。我们从头去做，做了一段时间，就发现别人的文章虽然很多，可是有很多是不对的。做了一年我们成了这方面最大的专家。温度场论是一个很好的方向，如果有人去做，我建议他从头做起，不一定看别人的文章。做了一段时间后再看。如果一开始就跟着别人跑，可能有些更大的问题你就不去问了。这好比新到一个城市。如果一开始就跟着别人跑，几次以后，可能还不认识整个城市。如果你自己摸索着走，情形可能就不同了。

问：您对早期宇宙的看法怎样？

杨：十五年来这方面的文章很多，我想其中有很多有意思的文章。不过我没有涉及这个领域。这类问题猜测性很强，这不是我喜欢做的方向。有人爱好这类工作，并且很成功。如果有人很适合做这类工作，我想这对他是一个好方向。

问：我的老师要我搞超弦，可是我没有超对称和超引力的知识，搞进去要花很长时间，万一后来整个想法出了问题，又不搞了，就把时间都浪费了。另一方面，我有一个想法，我觉得生命现象很多方面决定于"生物场"。想去搞搞，但又怕是空中楼阁。

杨：除了"生物场"，其余你说的我都理解。如果你有一个很原始的想法可以深入地想想，可是不要死钻，还要注意别的事情。我讲一下自己在这方面的经验。

我在芝加哥大学做研究生的时候，考虑过这样一个问题。在相对论中用尺子测量刚体的问题，吵了许多年也没有弄清楚。既然可以观测的东西才可以搬到物理学中来（我现在认为这个看法并不总是对的，把它看得太神圣了不好），从基本上说无所谓尺，也没有普通的测量，整个物理学不应当从 $ds^2 = g_{\mu\nu}dx^\mu dx^\sigma$ 出发，因为它不是最基本的。应当画出每个原子的世界线，这些世界线在四维空间中组成一个网。物理学应当是这个网的 pattern。当时我认为这个想法很通，很基本，于是说给费米听了。他说你的这个说法有意思，你去发展它吧。我想了一两天就再也发展不下去了。从这件事情我吸取的教训是，每个人的思路不一样，如果你有一个原始的想法，值得去想想，可是并不是每个原始的想法都是可以发展的。像这一类想法，值得去想想，但不要苦想，想了一两天不成功，就应当换一个问题去想想。老想一件事甚至会发神经病的。

再讲一个故事。我在做研究生时有一个想法。既然麦克斯韦方程和电荷守恒有密切关系，而同位旋守恒已为实验所证实，它是不是也应当引导出另一种规范场？我把这个想法

129

发展了一两天就发展不下去了。过了半年、一年，觉得这个想法很好，又去试试，接连弄了好几次，一直到1954年。这时这个问题的重要性更突出了。当时已发现了许多粒子，可是没有一个原则去写它们的相互作用。用规范场去写相互作用是一个原则，至少对一类相互作用是一个原则。于是我又去试试发展我的那个想法。当时我在布鲁克海文实验室和米尔斯合用一个办公室。这一次我们在"$F_{\mu\nu}=\partial_\mu A_\nu-\partial_\nu A_\mu$"右边加上一项$[A_\mu, A_\nu]$（$A_\mu$是$2\times2$矩阵），于是原来的困难克服了。终于产生了非阿贝尔规范场理论。这件事的教训是，如果你有一个原始的想法，不要轻易放弃，可是不要死钻，还要注意别的事情，把视野放大些。这好比下围棋，如果在一块地方你处于不利地位，就不要老钻在那里。换一个地方去发展一个天地。后来情形改变了，也许原来那块地方可以变活。

所以有两点，既不放弃你原来的见解，又要暂时去弄别的东西。

至于你所说的"生物场"，我不懂，你可以和别人讨论。

问：您对研究生自费留学的看法怎样？

杨：我的看法是，中国人多得不得了，自费留学没有什么不好。既然说到这里，我发挥一下。我有两点看法。第一，中国大陆有很多人出去做研究生，听说有好些人取得博士学位后没有回来。这是意料中的事。许多年前我就在中国讲过这一点。现在很多人关心这一点，认为是很大损失，很不好。我不同意这种看法。很多人留在国外，可是还有更多人没有出去，所以这不是一个大问题。在50—70年代，台湾地区出去留学的人，回去的不到1%—2%。但是这并没有阻碍台湾的经济发展。台湾的经济有它的缺陷，但在这段时间确有很大发展。第二，我用一个故事说明。三个星期以前，我在香港坐计程车。司机是位女的。我说："你的普通话讲得很好。"她说 50 年代她在北京念过中学。她问我做什么工作。我告诉她我是物理学教授，住在美国。她说这很好，她有一个问题问我。她有一个儿子原在广州念中学，去年考入复旦大学物理系。他的同班同学都想出国，他也想出国。但是通过 CUSPEA 出国的，每年只有七八位。虽然他在中学时名列前茅，可是进复旦后，竞争激烈，他觉得自己没有希望通过 CUSPEA 出去。因此很苦恼。他通过美国的一个机构联系了一个大学（这个大学的名字是我从来没有听说过的），但需要花七八万元港币。她问我，应当怎样办？到目的地后，我给她的儿子写了一个条子。我写道："我叫杨振宁，我有两点看法。一、复旦大学是第一流的大学。你在复旦念的物理较美国任何大学本科念的物理，可以说只会好些，不会差些。二、你在复旦毕业后，很多美国大学会接受你做研究生，并提供助教位置，不管你是公费去还是自费去的，因为复旦在美国是有名气的。我认为这是你学物理最好的道路。现在急急忙忙随便进一个大学，对你一点好处也没有。"

几位物理学家的故事

—在中国科技大学研究生院的演讲

本文由丁亦兵据录音整理,原载中国《物理》杂志第 15 卷(1986)第 11 期。

费米的故事

费米(Fermi)是 20 世纪的一位大物理学家,他有很多特点。他是最后一位既做理论,又做实验,而且在两个方面都有第一流贡献的大物理学家。认识费米的人普遍认为,他之所以能取得这么大的成就,是因为他的物理学是建立在稳固的基础上的。用英文讲是"he has both of his feet on the ground",就是说,他总是双脚落地的。

我给大家举一个非常简单的例子。1925 年至 1926 年矩阵力学和波动力学建立,1927 年海森堡(Heisenberg)的测不准原理又问世,这时质点的量子力学基础已经奠定了。但是,要计算一个电子从一个态跳到另一个态的跃迁概率,还要用对应原理,这是一个半路出家的办法。对此,有好几个人,其中最主要的是狄拉克(Dirac),进行了初步的讨论,认为需要把电子的运动与电磁场结合在一起，把它们看成一个运动系统，然后对这整个的系统进行量子化。这样，就形成了量子电动力学，所以大家公认狄拉克是量子电动力学的创始人。狄拉克的文章发表以后，泡利（Pauli）和海森堡对这个工作非常感兴趣，他们把这种场论大大地向前发展。我记得，我在芝加哥大学做研究生时，曾经花了很多时间来研究他们在那两年里所写的文章。这些文章都非常难懂，因为它们太形式化了。

在那个时候以前，费米没有参与过量子力学本身的奠基性的工作。他的关于统计力学的研究工作是在量子力学建立之前发表的。那时，他在意大利。那里的近代物理学当时不是最发达的，费米完全是独自做研究的。他看到了狄拉克的工作，也看到了泡利和海森堡的工作。他对这些工作不太满意。其中最重要的一点是，在这一理论中有一个叫作标量势的量 A_0，找不到它所对应的动量，这在当时引起了一些紊乱。费米讨论了这个问题，在 1930 年写了一篇文章，是用意大利文写的。1932 年，在《现代物理评论》上用英文发表了。他的这篇文章直截了当、非常具体地奠定了量子电动力学的基础。不管当时狄拉克、泡利、海森堡写了多少篇文章，他们所做的东西都偏于形式化，所得的结果不具体，不清楚。然而，经过费米的工作，就变得非常具体，非常清楚了。当时一些从事这方面工作的人，比如乌伦拜克（Uhlenbeck），就曾说在费米的文章出来以前，没有人懂量子电动力学，算来算去都是一些形式化的东西，对于具体的内容并没有理解。费米的文章出来以后，才真正地懂了。费米的这种扎扎实实、双脚着地的特点，正是他的基本成功之处。这一点不只是表现在刚才所讲的很复杂的量子电动力学上。从简单的到复杂的所有的问题，经过费米一处理，都变得非常清楚了，使得你觉得中学生都可以懂。

正像在我的那篇《读书教学四十年》的文章中所讲的，我在做学生时，受到费米的影响非常之大。其中最重要的是我了解到物理不是形式化的东西。

1948年我在芝加哥大学得了博士学位之后，当了一年教员。1949年春天，奥本海默（Oppenheimer）来演讲。当时在美国，奥本海默是众所周知的物理学家，因为他成功地主持了战时原子弹的研制工作。那时正是量子电动力学中重整化问题的研究处在高峰时期。在芝加哥大学，费米和温采尔（Wentzel）、泰勒（Teller）等几位教授对这一问题非常感兴趣，但是他们还没有细致地做这方面的工作。奥本海默那时主持普林斯顿高等研究院，那里有很多年轻人（包括戴森等）在做这一工作。听完奥本海默的演讲之后，我觉得我应该到那里去。于是我去找费米，也找了泰勒，请他们介绍我去高等研究院。他们两位很赞同，因为那里有很多年轻人，经常有很多新问题讨论。奥本海默回了信，接受我去高等研究院。这时，费米对我说，他很高兴我去那里，可是又说，那个地方不是久留之地，因为那个地方像是一所修道院，是为培养传教士的。这种观点清楚地表示出了费米的物理学的精神，它也确实是我们做学生时平常与他接触所得到的最深刻的印象。

费米对于"什么是物理，什么不是物理"有一个很清楚的价值观念。他认为太多形式化的东西不是不可能出物理，只是出物理的可能性常常很小，因为它有闭门造车的危险。

而跟实际接触的物理才是能够长期站得住脚的物理。我后来对于物理的价值观念深深受到了费米的影响。这里，我们不妨做一个比喻。物理学的发展，可以比作研究一张非常大的画。对这张画首先要有近距离的了解，因为它画得非常精细，你在每一个不同的地方都可以发现非常奥妙的结构。这个近距离的了解非常必要，如果没有这种了解，就不可能理解物理学的真正的精神。但是，如果一个人只做近距离的了解，他便不能得到最大的成就。把这许许多多近距离的了解加起来还不够，还需要有宏观的了解，为此就需要有能力走远了去看。这时，你会发现一个大的结构。对于一个物理学家，最希望他能做的是，既要对大的结构有了解，又要对细致的结构有了解。只有把这两者结合起来，才能够真正吸取自然界物理现象基本规律的精髓，也才能真正有贡献。费米就是这样一个两方面都做到的人。

费米还认为，物理学发展的方向必须要从近距离的了解开始，才能得到大的规律。当然，也许有人要问，爱因斯坦发现广义相对论时，是不是用非常大的原则来做的呢？我想，回答是这样的：不错，他发现广义相对论是用大的原则来做的，表面上看起来，不是从具体开始的。不过，你如果再仔细地想一想，他取了哪些原则，他为什么抓住了那些原则，以及他怎样运用这些原则来写出广义相对论的，你就会了解，他的那些原则还是由他从近距离所看到的那些规律归纳出来的。换句话说，爱因斯坦吸取的过程，仍然是从近距离变成远距离，然后从远距离得到规则再回到近距离来。

总而言之，我认为，一个完全只想从远距离的规律来向物理学进军的人是极难成功的，或者说，几乎是史无前例的。

费米对这一点的认识最为清楚。你去听他的课也会有同样的感觉。他所讲的总是从实际现象开始，用最简单的方法描述出来。你仔细地琢磨就会发现，有时候有非常重要的大的规律在里面，而这个规律却永远不是他开始的地方。

因为费米对具体的事情懂得很多，对于大的规律又有很直觉的了解，所以有时候会发生一些很有意思的事情。这类事情在物理学里常常发生。我下面就要给大家讲一个故事。这个故事是在费米去世以后，钱德拉塞卡（Chandrasekhar）讲的。钱德拉塞卡是一位大天文物理学家，在三四年前获得了诺贝尔奖金。50 年代初他与费米曾经在芝加哥大学合作过。他非常佩服费米。这个故事就是费米讲给他听的。

费米是在 30 年代从一个纯粹的理论物理学家变成一个实验物理学家的。在那以前，我们大家所知道的他的几个最重要的工作都是纯理论的。最早，他曾研究黎曼几何，里面有一个定理，现在还称作费米定理，那是一个纯粹几何学的定理。以后，他的最重要的贡献是费米－狄拉克统计，那是在 1924 年完成的。1930 年左右，他用一个很简单的方法完全解决了当时困惑人们的原子超精细结构中的一个问题。与此同时，他还讨论了量子电动力学中库仑场如何处理的问题，从而使大家第一次真正懂得了量子电动力学是怎么一回事。他在 1933 年发表了非常重要的 β 衰变理论。他自己认为这是他一生中关于理论物理的所有工作中最重要的一项。这一点，我不大同意，等一会儿我们再讨论。

就在这个时候，他改变了方向，转向从事实验工作。他是第一个发现慢中子作用的人。大家知道，查德威克（Chadwick）在 1932 年发现了中子。从那时起，很多人都来做中子的实验。费米和他的研究组的同事和学生在罗马也做这方面的实验。他们看到了一个非常稀奇的现象：他们希望用一个屏把中子流挡住，可是他们发现，当有的屏放上去以后，中子流反倒越强了。我们现在当然完全懂了，这是因为有的屏蔽物把中子变慢了，而慢中子作用更大。他们在当时却觉得非常稀奇，屏蔽物放得越多，后面的中子好像越多。在 50 年代，费米跟钱德拉塞卡说，他记得非常清楚，在他们没有弄懂这件事时，他们想再找一些新的屏来试一试。因为要吃午饭了，大家都走了。饭后，费米说，不知道是什么缘故，他做了一个完全是下意识的决定。他对大家说："我们不要用重的物质做屏蔽，而用一个非常轻的物质试一试。"结果发现，后面的中子的效应大大增加了。这是因为一个轻的东西放上去以后，中子的速度更慢了，反应截面变得非常之大。对这一现象，费米想了一个晚上之后，就完全弄懂了。

费米讲这个故事给钱德拉塞卡听，就是想指出，当时是一个他不知道的道理，促使他放一个轻的屏，在物理里这种事是常常发生的。我想，这与我们思考的过程有非常密切的关系。凭着费米自己的非常广、非常深的经验，他有些自己不能用逻辑讲清楚的推理。经过这种推理，他下意识地感觉到，一个重的屏蔽与一个轻的屏蔽相比会有很大的区别。达到这种直觉的下意识的推理，是所有理论物理和实验物理的一个基本的环节。没有这个环节，不太容易做出真正最重要的贡献。产生这一环节的必要基础是要有广泛的经验。这种经验可能是理论的经验，对数学结构的经验，也可能是实验的经验。大家都知道，许许多多最最重要的工作，是先经过很多思考，后来在没有经过逻辑推演而得出来的新的想法之下产生出来的。

我特别要讲这个故事的道理，是因为中国的物理学教学中有一个倾向，使人觉得物理就是逻辑。逻辑，没有问题是物理的一个部分，可是只有逻辑的物理是不会前进的。必须还要能够跳跃。这种跳跃当然不是随随便便的跳跃，而是要依据许许多多的不断延续下来的与实际的事物发生的联系。由这些联系出发才可以使一个人有胆量做出一些逻辑上还不能推演出来的这种跳跃。

我再举一个例。大家知道，在 20 世纪初，最重要的物理学发现之一是放射性元素。它的最早的发现者就是贝克勒尔（Becquerel）。贝克勒尔之所以能做出这一发现，是因为在此之前伦琴（Röntgen）发现了 X 光。伦琴的 X 光可以随便给任何人看，可以照透一个人的手。在伦琴的第一篇文章里有一只手的像，那是他太太的手。当时人们还不懂 X 光到底是什么。有人认为，如果把磷光物质放在强光下照射，就会发出 X 光，贝克勒尔和彭加勒（Poincaré）就是这么认为的。彭加勒是 19 世纪末 20 世纪初的一位大数学家，他对于 20 世纪的数学的影响是非常巨大的。他对物理学，特别是具体的物理现象非常感兴趣。这一种想法促使贝克勒尔要对这种现象进行实际的研究。他把一块铀放在太阳光下，照了几个小时，让它吸收了很多强光，然后用黑纸把它包起来，放在一张照相底片上。果然，照相底片感光了。他发表了一篇文章，说现在证明了铀在强光照射下发出 X 光。后来他还要继续做这个实验。不巧，巴黎那几天天天下雨，没有了强光，他只好把铀放在柜子里。可是，不知是什么缘故，他又想到要来重新试一试。他把那些铀包了纸，同样做了一个实验，忽然发现照样有感光现象。于是他马上又发表了一篇文章，说这个理论是不对的。这就是最初发现放射性元素的经过。对此，很多人曾议论过，认为他当初在一个下雨的天气里，还要去试一试，一定是有些灵感。他的一家，从曾祖、祖父一直到他，都对铀做了很多研究。所以，若说是灵感，那么这种灵感必定来源于他的丰富的实践和经验。他当时似乎是忽然灵机一动，而这个灵机一动是非常重要的。

中国古时候喜欢给一些学者、一些文人、一些诗人或一些画家做一些评论。有人觉得这种评论非常不恰当，因为这是些印象式的评论。不过，印象式的评论我认为无可厚非，因为，虽然印象式的批评确实不是完全能讲得清楚的，但是这种不是完全讲得清楚的东西，往往抓住了真正的精神。所以，我也来做一个印象式的评论。费米给人的最重要的感觉是什么？他的物理是怎样的物理？我认为费米的物理可以说是"厚实"。

泰勒的故事

我在芝加哥大学念书时，对我有很多影响的另一位老师是泰勒（Teller）。他比费米年轻六七岁，是与费米同时在战后到芝加哥大学去做教授的。泰勒的物理与费米的物理有很相近的地方，也有不相近的地方。相近的地方是他的物理也是从现象出发的。他的基本兴趣反映在对物理现象的好奇心。他的见解非常之多，一天之内就有好多不同的见解。他有很多研究生。他常常是当第二个礼拜看到某个研究生时，就已经不记得上一个礼拜给这个研究生的题目是什么了。

泰勒与费米不同的地方是，费米讲出来的见解通常对的很多，而泰勒所讲出来的见解多半是不对的，这一点给了我一个非常深的印象。因为按照中国的传统，你要是对某个问题没有完全懂，就不要乱讲话。人们认为乱讲话是非常不好的。而且乱讲话的人一定是不可靠的。泰勒的见解非常之多，而且总是要讲出来的。不过如果你指出他是错的，他就立刻接受，立刻向正确的方向走。在他的周围，这一类事情多极了，这是一种非常良好的气氛。所以，他可以有许多研究生。

我到芝加哥大学本来是想做实验物理方面的论文，因为我在中国的时候，没有做过什么实验。假如你们今天觉得跟实验的接触很少的话，那么我那时在昆明念大学和研究院时跟实验的接触，可以说等于是零。我自己认为我必须弥补这个缺陷，因为我深深地了解，物理的基础是实验。我一到芝加哥大学就去找费米，说我很想跟他做实验。他那时既做理论，又做实验。不过他说我不能跟他做实验，因为他是在阿尔贡国立实验室，而那时的阿尔贡实验室是保密的，我不是美国人，不能在那里做实验。他说："你先跟泰勒做一些理论工作好了。"

过了一个多月，泰勒来了，我去找他。我记得很清楚，因为泰勒年轻时有一只脚不幸被电车轧了，所以他走起路来一歪一歪的。他的办公室门口有卫兵，我不能进去。在门口我给他打了一个电话。他在电话中说，费米跟他讲过了，有一个学生要来找他。然后，我就听到了砰砰砰的声音，他从楼上走下来了。他说："我们先散散步吧。"于是，我们就一起散步。散步时，他问我氢原子基态的波函数是什么。这个问题对于我来说是易如反掌的，因为我在国内时已经念过量子力学了。我马上答出来了。他说："你通过了。我接受你做我的研究生。"他这样做是有道理的。因为有很多学得很好的人，不会回答这个问题。照他看来，能够回答这个问题的人，才是可以造就的。

我跟他做的第一个题目是 Be^7 的 K 电子俘获。根据费米在 1933 年提出的理论，这个 K 俘获的可能性（概率）与 Be^7 上电子的密度成正比。可是做实验的人有另外一个观念。这个观念是 20 世纪初研究放射性元素的寿命时形成的。大家做过很多实验，发现这些寿命是原子核的特性，与外面的电子分布是没有关系的。1909 年还有人写过文章，指出元素放射性的半衰期是不能用化学的方法去影响的。可是 K 电子俘获就不同了。只要你了解了关于它的理论，你就会看到它的概率是与电子的分布有关系的。有些做实验的人认为这是不对的，因为这也是一种放射性的半衰期，它也不应该与任何化学的作用有关。当时在洛斯阿拉莫斯，塞格雷（Segrè）做了一些实验，研究纯金属铍与氧化铍晶体的 K 俘获半衰期是否一样。泰勒让我通过计算解决这个问题。一方面氧化铍的晶格常数比较大，离子离开得比较远，而金属铍中离子比较挤。可是另一方面氧化铍中电子比较多，因为氧有很多电子。前者使电子数密度减小，后者使电子数密度增加。这两者相减，就可以得出所需要的结果。他给了我关于如何计算的建议。这是与晶体结构的电子分布有关的计算，是我当时还不晓得的。他告诉了我两个方法，一个是维格纳－赛茨（Wigner-Seitz）关于晶体结构的方法，另一个是托马斯－费米－狄拉克方法。托马斯－费米的方法我学过，托马斯－费米－狄拉克方法我没有学过。不过，对这两个方法我都发生了兴趣。用了这两个方法，最后就算出了结果。这使他很高兴。他要我做一个报告，这是我在美国所做的第一个学术报告。

报告大概是 1946 年 2 月，刚打完仗，到芝加哥大学来的人还不太多。在座听讲的有泰勒、费米、迈耶、玛丽·迈耶和尤里（Urey）等，都是非常有名的人，所以我有点紧张。不过，他们对我做的报告都很满意。报告后泰勒让我写出文章。可是，我一动手写，就觉得不大妥当了。因为计算中我用到了一些近似方法，我没有把握它们有多准确。刚才讲了，我的结果是由两项相减得到的，我仔细地想了想，觉得这样做是非常危险的。因为每一项都是近似的，只要有一项稍微差了一点，相减之后所得到的符号就会与我已经得到的结论相反。因此，这篇文章我写了一个多月，老是写不出来，泰勒老来催我，我说对这个结论我没有这么大的自信心。到现在为止，这篇文章我还是没有写出来。是不是后来有人又进行了理论计算，是否得到比较准确而又和实验符合的结果呢？我没有再去追究。

泰勒是一个匈牙利人，20 世纪 30 年代跟海森堡做过博士后，他对化学物理学有过重大贡献。很多化学物理上的观念是他引进来的。过几天，我要和大家讨论准晶体，其中有一个想法就是与泰勒在 40 年代或 50 年代提出的一个模型有密切的关系。

泰勒研究的东西都是非常具体的。在我的印象中，他没有写过一篇关于场论的文章。他对场论有很深的了解，但是兴趣不够。

战时，泰勒去做国防工作，在洛斯阿拉莫斯，在奥本海默主持的实验室里参与了原子弹的研制工作。关于他在那里的工作有种种传说，主要是说泰勒的独立想法太多，大家认为，要是泰勒参加某一个组，这个组的工作就做不下去了。由于他每天都要有好几个新的主意，会使那一组人忽东忽西，不能把精力集中到一个方向去。这个说法是不是对呢？我没有问过泰勒，也没有问过奥本海默。所以我不知道，不过，这样的传说非常之多。据说，后来奥本海默想出了一个妙法。他对泰勒说："泰勒，我现在请你主持一组，专门研究氢弹。"那时原子弹还没有造出来，让他去研究氢弹，泰勒非常得意。奥本海默也觉得很好，因为他不会再搅扰别人的工作了。泰勒走后，剩下来的那些理论工作是由贝特（Bethe）领导的，他们做得非常成功，泰勒在氢弹方面做了一些研究工作，这些工作虽然做得并不十分中肯，但与以后的关于氢弹的想法有非常密切的关系。

1950 年苏联爆炸了一颗原子弹。苏联爆炸之快是美国政府没有预料到的，所以当时的美国总统杜鲁门决定成立一个委员会，讨论美国要不要全力以赴发展氢弹。奥本海默是委员会的主任，费米是其中的一个成员。讨论的结果是，有的人赞成，有的人反对。两个最主要的反对者是费米和拉比（Rabi），这是一个很有名的事件。代表多数人的报告是由奥本海默写的，赞成制造氢弹。代表少数人的报告是费米和拉比写的，他们主张先与苏联谈判，假如谈判不出结果来，再向这方面进军。杜鲁门总统看了这些报告之后，直截了当地决定美国要全力以赴制造氢弹。从那以后，泰勒就主要地转到国防上去了。大家知道，他和乌拉姆（Ulam）是最早发现制造氢弹原理的两个人。在此顺便提一下，中国制造原子弹和氢弹的历史在世界上很引人注意，西方的物理学家对中国的物理学发展的进度本来没有什么认识，当中国造出了原子弹以后，西方的政府和物理学家们才知道中国有很杰出的物理学家。尤其使西方至今还没有能完全弄懂的是中国发展氢弹的速度，中国远比法国发展得快。这一点给了西方政府和科学家一个非常深的印象。他们认识到，中国有非常优秀的人才。

氢弹制成以后，1954 年发生了一件震惊全美国的事，人们称之为"奥本海默事件"。1954 年以前，从决定制造氢弹到初步制成，虽然后来奥本海默不再是直接参与者，但他是美国政府的重要参谋。政府的很多重要决策都有他参加。奥本海默这个人有时讲话对人很不客气。现在很多人相信，正是由于这个缘故，他得罪了华盛顿的非常重要的人物。所以，在 1954 年美国政府宣布：奥本海默可能对美国安全有危险。决定不再让他参加新的国防工作的讨论，并且把他的办公室里所有的档案都封存起来，搬到华盛顿去，使他不能再看到以前自己写的信件。在做出这个重要的决定之前，美国政府向奥本海默宣布两条出路，一条是奥本海默接受上面的决定，不再参与国防工作；另一条是，如果奥本海默认为这个决定不对，那么政府就要组织一个研究委员会来讨论这件事。限制他在 24 小时内选择。大家知道，这样一个委员会，名义上虽然不是法庭，实际上它的讨论等于是法庭的审判，而且又只给他 24 小时期限，这是一个非常不客气的决定。大家认为，这是因为他得罪了华盛顿的要人，他们才这样不客气地处理他。我认为，这样的看法是对的。

后来，又经过了几个月的讨论，报纸上称为"奥本海默听证会"，有关情况天天都在报道。最后的结论是：美国不应该再让奥本海默做国防上的事情。这对他是一个非常大的打击。

　　这个听证会，费米和泰勒都参加了。当听证会的三个主持人问费米时，费米说他很熟悉奥本海默，他认为奥本海默对美国的贡献非常之大，对美国的安全绝对没有什么危险。费米非常明确地、直截了当地站在了奥本海默一边。泰勒本来不想参加听证，而且他的很多朋友都劝他不要去。例如，有一个跟我差不多同时（比我稍晚一点）在芝加哥大学学习的人，叫罗森布鲁斯（Rosenbluth），他现在是公认的世界最重要的等离子体物理的理论专家。他是在芝加哥大学跟泰勒念的博士，取得博士学位以后，又跟泰勒做了很多年的工作，所以他跟泰勒非常熟。他就跟泰勒说："你不要去参加听证会。"可是泰勒还是参加了。后来据泰勒自己讲，在参加听证会的前一天晚上，他在旅馆里走来走去，考虑他应该怎样讲法。第二天在听证会上他讲了一段很有名的话，大意是：他并不知道奥本海默有过任何背叛美国的事情。可是奥本海默的许多决策是他所不能理解的，所以他觉得，假如美国的国防事业不放在奥本海默手里，会更安全一些。这些话产生了非常大的影响。据我的记忆，泰勒是在听证会上对奥本海默采取近乎反对态度的唯一一位杰出的物理学家。

　　经过了两次听证，美国政府终于做出了刚才所讲的决定，即不让奥本海默再参加国防工作，虽然并没有起诉，说他以前做过背叛美国的事情。这件事情的发生，对奥本海默和泰勒都有极大的影响。当初奥本海默对于美国的好的作用，对于美国政府的影响被一笔勾销了。可是他在美国物理学界却得到了极度的拥护。大家一致认为，这是美国政府所做的一件非常错误的事情。与此同时，多半的物理学家认为泰勒非常不对。听证会后不几天，泰勒到洛斯阿拉莫斯去，在餐厅里吃早饭时看到了一个和他很熟的同事克里斯蒂。在战时他们曾共事多年。泰勒跑过去和克里斯蒂打招呼，想要握手。克里斯蒂不理他，走到别的地方去了。泰勒后来讲，这件事对他和他的夫人都是极大的打击。我想这是完全可以理解的。他对他的朋友、他的学生，一向都是极力帮忙的。我自己就曾经受过他很多的帮助，对于他，我是很感激的。我完全了解，一些他从前的好朋友都跟他断绝关系，甚至藐视他的人格时，他是受到非常大的打击的。从那以后，泰勒的朋友中物理学方面的人便少起来了，这一点是他终生非常遗憾的事。

奥本海默的故事

关于奥本海默，刚才已经讲了很多了。奥本海默是1904年出生的。他在年轻时就非常杰出。20年代，美国的物理学还没有在世界上站住脚。美国念物理的人大多数到欧洲念博士学位，奥本海默也同样。他到了哥廷根，跟玻恩（Born）念博士学位。大家知道，黄昆和玻恩在50年代曾合写过一本非常有名的书。

奥本海默到了玻恩那儿以后，立刻就引起了人们的注意。大家都知道来了一个高高瘦瘦的美国人，讲起话来非常不客气。例如玻恩后来讲过一件事。奥本海默来后没多久，有一次去看玻恩。玻恩恰巧写了一篇文章，把它拿给奥本海默看。他对奥本海默说："请你拿回去看一看，过两天再告诉我，你有什么意见。"过了两天，奥本海默把这篇文章还给了玻恩。奥本海默说："这篇文章写得非常之好，真是你写的吗？"

奥本海默跟玻恩做的论文是一篇很有名的文章，它就是现在所谓的玻恩－奥本海默近似，奠定了用数学方法处理分子的基础。

奥本海默回到美国以后，有一个很深的感觉，觉得美国的物理学必须赶快发展起来，他在加州大学伯克利分校和加州理工学院两处兼职任教授，每处一年待一个学期。他在30年代对于美国基本粒子物理理论方面是一个功臣，所有那个时候美国年轻的基本粒子物理学家可以说都是出于他的门下。他对学生非常不客气，可是他的学生都非常佩服他。他与学生的关系大概有点像朗道（Landau）与他的学生的关系。朗道对他的学生的批评非常厉害，可是他的学生都非常喜欢他。

在1930年前后，基本粒子物理学界最重要的问题是狄拉克的理论。狄拉克的方程式是在1928年发现的，但是由于有负能问题，弄得非常紊乱。很多重要的物理学家都不相信这个理论。在这个问题上，赵忠尧先生曾做了一个关键性的贡献。他和另外两组实验物理学家各自独立地做康普顿散射实验时，发现γ射线打到原子之后发生的吸收，当元素重时，要超过克莱因（Klein）和仁科芳雄（Nishina）给出的公式的结果。后来人们了解到，这正是因为产生了正、负电子对。半年以后，赵先生又独自做了另一个实验，研究有没有其他的散射方式。他发现，经原子吸收了一部分之后，再发射出来的光中的一部分不能用康普顿散射来解释。后来人们又懂了，这是正、负电子对产生以后，正电子又与另一个电子湮没。这种湮没以后出来的光是赵先生最早发现的。在赵先生做了这个实验以后一年多，两个英国人才做了同样的实验。现在回想起来，赵先生当时的工作是正确的而且是非常重要的。非常可惜的是他当时没有机会与理论物理的人讨论。那时，奥本海默已经在加州理工学院了，那正是赵先生做研究工作的地方。可是前几天，李炳安和我去访问赵先生。我问赵先生，他在 1930 年做完了实验时有没有和奥本海默讨论过。他的回答是，基本上没有讨论过。那时，由于种种原因，赵先生急于去德国。在那里待了一些时候就回到中国来了。所以，他没有机会把他所做的实验，与当时对狄拉克方程式有深切了解的像奥本海默这样的人讨论。假如他当时能与这样的人讨论，一定会对他实验的意义有更清楚的了解。

奥本海默是在 30 年代初研究狄拉克方程式的几个重要人物之一。他曾经指出狄拉克空穴理论中的空穴不可能是质子。1930 年狄拉克提出空穴理论时，认为空穴可能就是质子，原因是那时知道的唯一带正电的粒子就是质子。奥本海默指出这是不可能的。因为假如是这样，电子很快就会跳到洞里去。他计算了电子的半衰期，发现只有 10^{-10} 秒，这是一个正确的结果。奥本海默第一个提出（后来也有别人提出），电子有电子的反粒子，质子有质子的反粒子，它们是完全无关的两种粒子。

奥本海默一生最大的贡献是黑洞。他在 30 年代与他的几个学生做了一些黑洞的理论。非常不幸的是，当 1967 年他因患癌症去世时，黑洞的存在在天体物理学中还没有被大家普遍承认，假如他再多活五年，黑洞就在天文学里被大家承认了。那将无疑是他一生对纯粹科学的贡献中最重要的。

刚才谈到了泰勒和奥本海默，这里我想再讲一个故事。

许多年来，我一直有一个印象，觉得中国的研究生兴趣太窄。对物理学方面的兴趣太窄，对一般的事情的兴趣也显得太窄。我想，这是可以理解的。因为受了家长，受了学校，受了社会的压力，每个人都必须战战兢兢地抓紧时间钻研、苦读，没有余暇关心各个方向的发展。我觉得这是一个不好的普遍现象。在石溪有很多研究生，我就劝他们多发生一些兴趣。物理系的随便什么课都应该去听一听。物理学史也应该去注意一下。

1984 年夏天我到阿姆斯特丹去开一个会，是为荷兰一位资历很深的理论物理学家德·哥鲁特（de Groot）即将退休而召开的一个会。我去了，彭越也去了。那天到会的有很多荷兰现在最有名的物理学家，例如特霍夫特。会后，我和彭越一起吃饭，我问他，你们在中国了解不了解荷兰物理学发展的历史。荷兰是一个很小的国家，只有一千多万人。可是在 20 世纪物理学发展中占了非常重要的地位，有一段时期还是执牛耳的地位。如 20 年代，在低温技术方面，全世界没有一个国家能达到像荷兰所达到的那样低的温度。当时，荷兰是唯一做低温最成功的国家。我问彭越，对这件事情有没有了解，他说没有什么了解。我建议他去看几本书，然后写一个简单的报告，讲讲在荷兰了解的荷兰物理学的发展历史，把范德瓦耳斯（van der Vaals）、洛伦兹（Lorentz）、昂纳斯（Onnes）和塞曼（Zeeman）等几个人对物理学的贡献以及他们对世界的物理学的影响写出来。这不是一篇很好的文章吗？彭越是一个工作能力很强的人。他在两个月之内就写了一篇文章，然后寄给了我。我提了一些问题还给了他，他针对这些问题又查了一些书，把它改写成了一篇非常好的文章，已经在 1985 年 5 月的《自然》杂志上发表了。彭越是阿姆斯特丹一个实验组的研究生，这一组要与丁肇中的一组合作，所以彭越后来又去了美国，在丁肇中那里待了一些时候。在那里的工作结束以后，他就来石溪找我讨论，他说他对科学史很有兴趣，问我还有没有题目可以给他做。我想了一个晚上，第二天跟他说，据我所知，中国对于原子弹的发展、氢弹的发展在世界上的影响以及发展的过程，没有什么了解。此外，日本和德国是不是有过制造原子弹的企图，他们为什么没有成功，对这些也都没有什么了解。我建议他写四篇文章讨论这些问题，还给了他一些参考文献。他在不到一年的时间内，大概看了上百本书，写出了五篇文章。我觉得这些文章写得很好。他关于荷兰历史的文章所讲的事情，我多半是知道的。在看了这么多书之后，他现在所写的五篇文章，里面很多的事情，我以前并不知道。他现在正在修改这些文章。我希望不久就会在国内发表。

爱因斯坦的故事

在普林斯顿，大家都知道爱因斯坦是高等研究院最有名的教授。我去的时候，他刚刚退休。七十多岁了，他每天仍然从他住的地方步行到研究院去。在我的记忆中，爱因斯坦大概是不开汽车的，我没有看到过他开汽车。人们见到他每天从他的家走到办公室，距离大概有 2 公里的样子。我跟他的接触很少。那个时候，研究院里有二十多个博士后，我们都是二十多岁的年轻人，整天讨论。我们都非常尊敬爱因斯坦，因为无疑爱因斯坦是 20 世纪最伟大的物理学家。可是，因为他已经退休了，我们觉得不应该去打扰他，所以我们跟他的接触并不多。

1950 年前后，他把他的一本叫作《相对论》的小书，加了一个新的附录。在这个附录里，他发展了一个新的统一场论，想把电磁学和广义相对论统一起来，他做了一系列关于这个理论的演讲。

爱因斯坦在年轻时，1905 年一年之内写了三篇影响极深远的文章。后来，他又发现了广义相对论。这是一个史无前例的理论，是一个集无数非常复杂的经验，用非常美妙的数学，表现了一个由纯粹思想考虑得出来的结果。我想了想，评论爱因斯坦的工作，也许最好的两个字是"深广"。他做的东西又深又广。

我介绍大家去看派斯（A. Pais）在四年以前所写的爱因斯坦的一个科学传记。以前虽然有过很多爱因斯坦的传记，但都不是真正深入做理论物理的学者所写的。这却是第一次，所以立刻就成了一本非常重要的书。书名取了爱因斯坦的一句名言。意思是说上帝不那么简单，可也不是狠毒的。上帝创造了自然，自然的规律是很妙的，但并不是故意引你入歧途，使你不懂。只要你弄对了，你就可以懂。派斯就拿它做了书的名字。

派斯是 1918 年生的，在普林斯顿高等研究院我们同事了十六七年，后来他到洛克菲勒大学做理论物理方面的主任。最近几年，他致力于写科学史。上述的这本书使他一举成名。最近他又写了一本关于 20 世纪物理学历史的书，这是一本非常有意思的书。中国自然科学史研究所邀请他，我的印象是明年他要来访问。

泡利的故事

在普林斯顿我所认识的另外一位物理学家是泡利（Pauli）。我想泡利是大家都知道的。他是 1900 年出生的。在物理学中他占有一个非常特殊的地位。在他非常年轻的时候，大约只有十八九岁，就写了一篇很长的文章，评述相对论。这篇文章讨论的东西又多又深入，所以立刻引起当时所有物理学家的重视。1924 年他提出了不相容原理。海森堡在 1925 年发表了矩阵力学之后，大家都想用矩阵力学的方法求解氢原子。这是一个极难的问题，不信，你就去试一试。一个哈密顿量为 $p^2/2m-e^2/r$，要求 x，y，z 坐标与相应的动量 px，py，pz 不对易，对易关系为 $i\hbar$，这是一件非常难的事。但是，在几个月之内泡利却给解决了。所以，当时大家觉得他对物理有敏锐的了解、极浓的兴趣，同时又有极强的数学能力。

他后来还做过很多贡献，其中一个非常大的贡献，就是从 40 年代开始到 50 年代集其大成的自旋与统计之间关系的研究。大家知道自旋为 1/2 的粒子是费米子，而自旋为整数的粒子是玻色子。这种关系是泡利最早在 30 年代到 40 年代发现的。他写了很多篇文章，这些文章后来导致了 20 世纪 50 年代的 *CPT* 定理。

泡利对他自己的成就是不太满意的。他在 50 年代曾经讲过一段话。这段话，不同的作者在写书时说他是在不同的地方讲的，不过话的意思是一样的，如果大家有兴趣，可以看梅拉（Mehra）和雷兴贝格（Rechenberg）合写的量子力学史。这本书很多人不喜欢，它是有可以批评的地方，但是这本书是很重要的。因为梅拉在50年代做海森堡的研究生时，就下了决心要写一部量子力学史，所以，他在这几十年间经常搜集材料，而且访问了很多人，包括海森堡和泡利等人。最后在80年代初，他和雷兴贝格合作把它整理成书。他们一共写了4卷，共5本书。他们还准备再写5本。因为他们还只讲了矩阵力学，还没有讨论波动力学。在这本书的序言里，梅拉讲了上面提到的这段话：当1958年，也就是泡利病逝的那一年，有一天泡利去伯克利演讲。当时他还不知道自己在生病。梅拉去听了。听完以后，梅拉与泡利一起去一个酒吧间喝啤酒。喝了几杯啤酒以后，他们先是讲了一些与物理无关的事情，然后，泡利对他说："我在年轻时，觉得我是一个革命者。我当时觉得，物理里有重大的难题来的时候，我会解决这些难题的。后来，重大的问题来了，却都被别人解决了。回想起来，我那时是那么愚蠢。"我想，泡利之所以对他自己的建树不满意，是因为他是一个锋芒毕露的人。确实，在20年代中和30年代初，有过惊天动地的工作：矩阵力学和波动力学的创立以及对它们的解释，量子场论的建立，狄拉克方程的提出等。泡利一定想（大家也会这样想），他是会在这里面有最重要的贡献的，可是每一次他都不是创始之人。所以，他后来才会说出那样的一段话。

泡利是在1958年冬故去的。在1957年发生过一件事。海森堡和泡利是在20年代相识的。1921年（或1922年），海森堡初念理论物理时，泡利虽然只比他大了一岁，却已经是一员老将了。所以他们的老师索末菲（Sommerfeld）让海森堡去跟泡利学，于是他们就非常熟悉了。1925年前后，电话还比较少，他们俩经常写信。这是一件非常好的事情，因为很多信现在都保存下来了，你可以从信中看出他们的很多想法当初是怎么提出来的，还可以发现他们当初的很多奇奇怪怪的思想。在 1924—1926 年，海森堡一有想法就写信去问泡利，他想，如果泡利极力反对，他就觉得大概是不对的。这说明，泡利当时对整个物理学的发展有极大的影响。

1957 年 1 月，吴健雄与她的合作者做出了宇称不守恒的实验。对于这个实验，泡利当初坚决认为不会得到预期的结果的。1956 年下半年，人们都在讨论 τ-θ 之谜。就在那时，吴健雄开始做这个实验。泡利不相信这个实验会证明左右不对称，证明宇称不守恒，于是他给韦斯科夫（Weisskopf）写了一封信。虽然在 1956 年时电话已经很多了，但是他还是保持他的习惯，每天要写好几封信。写信的对象常常是韦斯科夫，因为 30 年代韦斯科夫曾经做过他的助手。在给韦斯科夫的信中他说，吴健雄现在正在做左右不对称的实验，可是这是不可能的，"我可以跟任何人打赌，做出来的结果一定是左右对称的"。后来，在 1957 年初，他忽然收到了好几封从美国来的信，说吴健雄的实验已经做出来了，而且接着在 48 小时内，莱德曼（Lederman）和伽文（Garwin）又发现了 $\pi\mu e$ 衰变也是左右不对称的。这些信收到以后，泡利说他几乎休克。然后他又给韦斯科夫写了封信，说这是不可思议的事。他说："幸运没有人跟我打赌。假如有人打赌的话，我就要破产了，因为我没有这么多财产。现在这样，我只是损失了一点名誉。可是，我有足够多的名誉，损失一点不要紧。"

1957 年以后，物理学界对于对称性原理发生了兴趣。大家纷纷讨论对称性。最重要的一点是要了解 C 和 T 是不是对称。在吴健雄的实验里，也证明了 C 是不对称的，这只要经过一些推演，立刻就会得到。而 T，当时还没有发现不对称。这一类工作当时做的人很多。

另一类工作是讨论别的种类的对称性，以及是不是对称性可以把当时的物理学的问题都解决。采取后面这种想法的是海森堡。他在 1957 年下半年想出了所谓的"世界方程式"。他认为可以用对称原理把当时物理学的一切问题都解决，例如质子质量与电子质量之比。精细结构常数 1/137 等。他把泡利拉了进去。在那以前三十多年他们俩是非常亲密的合作者。到 50 年代，两个人都是五十多岁时，又一次合作。这次合作，每天都有进展。在美国每天看见泡利来一封信，信上有时这样讲："我们现在得到了质子的质量与电子的质量差 1000 倍。这还不太对。"当你坐在美国，忽然看见这两位大物理学家说是比例已经达到 1000 了，虽然比 1800 还差得很多，却不能不认为这是惊人的贡献。第二天又来了一封信，说是已经达到 1300 了。物理学界就这样传来传去，都觉得，通过对称原理能得到这个结果是惊人的，可是没有人知道是怎么回事。

1958 年初，泡利要到美国去。去之前，因为他与吴健雄很熟，经常与吴健雄通信："请你找很少几个人，我愿和大家讨论海森堡和我的这个理论。"于是吴健雄就去安排，只通知了很少几个人。当时，恰巧美国的物理年会在纽约召开，会议的地点在纽约闹市的一个旅馆里。一天下午，在哥伦比亚大学泡利做了一个秘密演讲。他的本意是给十几个人或二十几个人讲，没料到却到了四百人。泡利后来自己讲，在这次演讲时，他越讲就越觉得这个理论是不对的。演讲之后，又有些人问了一些问题。这些问题表明绝大多数在座的人包括我在内，都觉得他们所做的东西完全是虚构的。戴森从那里出来时，对外特曼（Veltman）讲："假如他们这两位像今天这样乱搞的话，也许我们应该回去研究研究，他们在1925年所做的工作是不是也是不对的。"

这次演讲之后不几天，泡利就去了伯克利。梅拉就是在那里见到他的。他到了伯克利之后，就写信给海森堡，说是他现在已经不相信这个理论了。海森堡回信给他，一定要拉他继续研究这个理论。结果是，越搞两个人的关系就越坏。后来，德国的报纸忽然登载一条新闻，接着美国的报纸也登了，说是海森堡和泡利解决了物理学里重大的基本问题。泡利看到后非常不高兴。那篇报道上还讲，海森堡说他们的这个基本理论都已经完成了，只是有些细节还没有填进去。泡利是一个常常用非常尖锐的话刺人的人，所以就写了封信给海森堡。信上说："我完全不同意你昨天所讲的话。"然后，他在底下画了一张图，图上是一个方框，里面什么也没有。泡利写道："我可以和蒂希恩（一个名画家）画得一样好，只是有些细节还没有画上去。"

1958年夏，在日内瓦开国际高能物理学会。大家知道，国际高能物理学会是马尔夏克（Marshak）的一个重大的贡献。他从1950年（或1951年）开始组织，最初的规模非常之小。第一次到会的只有30人，开了一天会。第二次60人，开了两天会。第三次有100人，开了三天会。以后人数就慢慢地增加，后来就变成了国际性的。1958年的会议全高能物理学界非常重视，是在CERN（欧洲核子研究中心）召开的，那时CERN的房子还是新的。会上出现了一件非常稀奇的事情。有一天下午，泡利担任主席，海森堡做报告。报告他和泡利的理论。海森堡是 20 世纪的大物理学家，而且非常会讲话。他讲得头头是道。他讲完以后，泡利就开始攻击他。我不知道当时有没有录音。这是我从来没有见到过的、两个重要的物理学家当众这样不留情面地互相攻击。当时给我的印象非常深的就是海森堡对这个问题的处理方法。他非常安静。泡利越是不客气，讲话越是尖锐，海森堡就越安静。给人一种看法，似乎是泡利不太讲理。当时大家不知道，泡利已经病得很厉害了，三个月之后就死掉了。

海森堡的故事

刚才提到了海森堡。他在 1925 年发表了划时代的文章。大家知道，1913 年波尔（Bohr）提出的理论有非常正确的地方，可是也有不对的地方。到 1925 年以前，一直是非常紊乱的状态。海森堡抓住了其中的重要之点是，人们关于轨道讨论了很多，但是没有人看见过轨道。海森堡认为，看不见的东西，你不可以乱用，只准用那些看得见的东西。而什么是你可以看得见的呢？例如频率、衰变概率等。于是他就利用这种想法，写出了一个新的力学。这个力学是很不完整的，但是最重要之点都讲出来了。特别重要的是 A 乘以 B 不一定等于 B 乘以 A。可是，他是一个很年轻的人，对数学知道得很少，所以他不知道，他写出来的 $AB \neq BA$ 以及他很多演算，其实就是矩阵运算。这是海森堡的一个特点。

海森堡的很多文章，都是对的东西和错的东西都有。例如刚才所讲的那篇划时代的文章，我想是 20 世纪最重要的几篇文章之一。可是文章写得并不清楚。他不是把问题都看得很清楚的。有许多是他的直觉的见解。所以他死了以后，很多人对他的评论是：他的最可贵之处是他知道问题在什么地方，而且对这些问题有他的直觉的见解，但是他的这种直觉的认识不是用最清晰的数学和物理的方法表示出来的。他的文章有时甚至是前后矛盾的。不过，在他的文章里确实含有一针见血的东西。

再举一个最有名的例子。1926年初他又解决了一个重要的问题。在他1925年的文章发表以后，玻恩和约尔当合写了一篇文章，这是很有名的一篇文章，称为两个人的文章。海森堡的文章后来称为一个人的文章。然后他们三个人又合写了一篇文章，叫作三个人的文章。这一个人、二个人和三个人的文章就是矩阵力学的开始。过了半年多，又发生了一个问题。用矩阵力学虽然可以解出氢原子的能级，而且符合巴尔末公式，但用到氦上面就不行了。大家知道，1913年的波尔理论用到氢上也是非常准的，而对于氦，搞了十几年，还没有搞清楚。所以，把氦搞清楚是当时必须马上做的事情。问题出在氦的态有正氦与仲氦两种，它们的自旋结构不同，一个是平行的，另一个是反平行的。这两种态能量相差很多，几乎有一个电子伏特。

当时有这样一个故事。有一位非常有名的物理学家叫古德斯密特（Goudsmit），他是与乌伦拜克最早发现自旋的人。他在1926年到哥本哈根去访问，波尔给了他一个题目，波尔说："你去研究研究为什么氦的仲氦与正氦同态，能级却差了这么多。"几年以后，古德斯密特讲，他当时拼命去想，想出来的办法是引进一个自旋与自旋之间的相互作用。（因为他知道自旋有一个磁场。）可是，能量相差极小，使他茫然不知所措了。

海森堡也在研究这个问题。他在很短的时间里就抓住了问题的中心所在，这就是要求氦原子的两个电子的波函数是反对称的。而正氦与仲氦自旋波函数的对称性是相反的，一个是对称的，一个是反对称的，所以它们的空间波函数的对称性也应该是相反的。这直接地影响到它们之间的库仑力。这样，就解决了能量差别问题。

在海森堡的这篇文章中，第一次引进了波函数交换对称性与基态能量的关系。这无疑是一个巨大的贡献。但是，如果你去看这篇文章，你就会觉得他的文章是不清楚的。有这个重要的观念在里面，也有些乱七八糟的东西在里面。海森堡的文章向来都是这样。所以，后来人们认为，他的最重要的贡献是他直觉地了解到什么问题是重要的，而且他也能直觉地找到如何去解决这些问题的方法，但是他不是一个最能把这些问题从头到尾，清清楚楚地表述出来的人。

狄拉克的故事

下面我要讲狄拉克，我第一次看到狄拉克是在 50 年代，在普林斯顿。他那时常常从剑桥到普林斯顿访问。有时访问一两个礼拜，有时候访问一年。

狄拉克是一个话讲得不多的人。你问他三句话，他回答你一句话。例如，有一个非常有名的故事，他有一天到一个非常著名的学校去演讲，演讲完了以后，主持演讲会的人说："你们有什么问题，可以问狄拉克教授。"这时，有一个学生站起来说："刚才你在黑板上写的那个方程式我不懂。"狄拉克没有回答，好长时间都没有回答，于是主持人就问："狄拉克教授，您可不可以回答这个问题？"狄拉克说："那不是一个问题。"

又例如，他在另一次演讲时，经过一系列的讨论最后得出了一个结论。演讲完了以后，有一个学生站起来说："我没有懂这点，可不可以请您再解释一下？"于是狄拉克就又解释了一下。那个学生说："您现在的这个解释与刚才的那个解释完全一样。"狄拉克说："对了，因为这是最好的解释。"

狄拉克第一次在物理上的最重要的贡献是在 1925 年听了海森堡的报告之后做出的。海森堡在他的一个人的文章还没有印出来之前，到剑桥做了一个报告，狄拉克在场。这个报告给了狄拉克一个启发，他后来就去发展海森堡的想法。狄拉克独立地写了一些文章，是与二个人、三个人的文章差不多同时。可是，狄拉克发展的方法不但不同于海森堡的方法，而且与玻恩和约尔当的方法也不一样。狄拉克的物理学有他非常特殊的风格。他把量子力学整个的结构统统记在心中，而后用了简单、清楚的逻辑推理，经过他的讨论之后，你就觉得非这样不可。到 1928 年他写出了狄拉克方程式。对他的工作最好的描述是"神来之笔"。

狄拉克的想法跟别人的想法都不一样。当时像泡利、海森堡、玻恩、朗道和佩尔斯等一些很重要的物理学家，都在做很重要的东西。而狄拉克做的东西跟别人的不一样，推理的方法也不一样。

海森堡给泡利写过一封很著名的信。在 1928 年海森堡做出了另外一个巨大的贡献，就是他指出了，所以有铁磁性的原因是：波函数的反对称性要引进交换力，它使相同的自旋产生负库仑作用，这是铁磁性的基本结构。海森堡的信就是他在做这一工作时写给泡利的。在信上他说："我们一直被狄拉克的想法的不可理解的神奇所烦恼。"因为他不懂得狄拉克是怎样想的，所以有些烦恼。他说："为了避开这些烦恼，我现在不想这些问题了，转而去想一想磁铁的问题，于是做出来了这件工作。"

我想，这些话是他的真心话。海森堡当时还是想做基本粒子方面的工作的。可是他发现，狄拉克的文章中所写的每次都跟他们的想法不一样，狄拉克对问题的认识常常能正中要害。这是狄拉克一生中工作的最重要的特点。你去听他的演讲，也有这种感觉。他的每一步跟着的下一步，都有他的逻辑。而他的逻辑与别人的逻辑不一样，但是非常富有引诱力。跟着他一走之后，你就觉得非跟着他走不可。最后往往忽然得出了一个非常稀奇的结果。所以我想了想，说他是"神来之笔"。

大家都知道有这样一副对联，其中的一句是"秋水文章不染尘"。你看狄拉克的文章，就会有这种"秋水文章不染尘"的感觉。他的文章没有一点渣滓。你跟着他走总觉得妙不可言，而且最后得出的是没有人能预先想象得到的东西。例如，狄拉克方程式，就是一个惊人的贡献，因为在那以前，自旋一直是硬加进去的。在他写出这个方程以后，自然地从 ± 1，$\pm i$，得出一个自旋来，而且磁矩是完全对的。这正是狄拉克一生工作的特别的地方。下面我们将要讨论的磁单极也是他的神来之笔。

昂萨格的故事

昂萨格（Onsager）是于 1903 年出生的挪威人。他在欧洲获得博士学位，来美国后，长期在耶鲁大学教化学。他是不大讲话的人。你问他问题，他有时只是笑一笑，并不回答。有时，他跟你讲一些什么，但是讲的东西你却听不太懂，因为他讲的东西是不连贯的，讲话的内容跳去很多。昂萨格在讨论问题时总是讲得不多，讲完以后，就冲你笑，而你不大懂他在讲些什么。

大家知道，他最重要的贡献，在化学上是昂萨格倒易关系，而念物理的人所知道的，则是他在 1943—1944 年解决的二维伊辛模型。这个工作在 60—80 年代变得非常重要，因为 60 年代的一些实验，发现昂萨格得到的解具有某种普遍性。它不只是一个特殊的模型，而是对于相变有普遍意义的结果。

他是用什么办法求解的呢？在他之前（30 年代末），克拉默（H. A. Kramers）、沃尼（G. H. Wannier）和蒙脱（E. Montroll）三个人分别独立地做过这方面的工作。他们研究了一个二维空间的 $N \times$ 无限长的晶格的相变。他们把这个过程的热力学函数或配分函数，变成了一个 $2^N \times 2^N$ 方阵的本征值问题。如果会解这个方阵的本征值，就可以算出配分函数。

昂萨格在 1944 年发表了一篇文章，把一个 $N \times$ 无限长的问题完全解了，还包括了无限长×无限长的情况。我记得很清楚。我在中国念书时，是跟王竹溪先生念的统计力学，我的硕士论文是跟着王先生做的。王先生是念统计力学的，所以我的论文也是做的统计力学的问题。那时我就曾听说过昂萨格的这个解。后来在芝加哥大学念书时，我又研究了这个解。这个解非常之难懂，因为文章里公式非常之多。他把公式 A 套到公式 B 里，得到公式 C，如此搞来搞去。我去验算，果然每一步都是对的。我当时的感觉是被他牵着鼻子到处乱走，忽然走出一个结果来。不懂得为什么这样翻来覆去。后来在 1949 年，昂萨格的一个学生，是叫考夫曼（Kaufman）的女物理学家，与昂萨格一起发表了另一篇文章，把他原来的办法改换了一下，才变成可以懂了。在那以后我也做了一些这方面的工作。

60 年代里有一天，我与昂萨格在同一个机场候机，没有事情，闲谈起来。我说："我现在要问问你，你在打仗时怎么把 $N \times$ 无限长的伊辛问题给解决的呢？当时，我看你的文章得到的印象是你把代数的东西乱转了一下子，换来换去最后忽然得出了一个结果来。这显然不是你当初做的时候用的办法。你那样好像是无目的地在那里做来做去。"他回答说，当然不是的。他说，他没有去打仗。当时学生比较少，他有很多的时间来研究这个问题。开始他研究 $2 \times$ 无限长，是 4×4 的方阵，很容易解，他把本征值解出来了。然后，他研究 $3 \times$ 无限长，这是 8×8 方阵，要多费一两天，他也解出来了。这样解来解去,对于这个问题他就非常熟了。他越做越快。等到他解出了 $3 \times$ 无限长时，$2 \times$ 无限长的解他一分钟就可以做出来了。于是，他又解 $4 \times$ 无限长，这是 16×16 方阵，又要花费好几天。最后，他做到解 $5 \times$ 无限长，这是 32×32 方阵。如果你直接从 32×32 方阵求解，那会使你觉得是没有希望的。但是，当他经验多了以后，越做越快，这样 32×32 方阵，他也会做了。做完以后，他回过头来看一看，发现 32×32 方阵的本征值都是：$e^{\pm n_1 \pm n_2 \pm \cdots}$。当然，这句话不完全对，如果是这样简单的话，在小一点的方阵时，他早就发现这种规律了。不过，大致是这样，差不多是这样的。32×32 方阵有 32 个本征值。它们是由上面式子中正负号有三十二种排列方法得到的，实际的结果比这里所讲的要复杂一些，所以他在矩阵小的时候没有发现这个规律。由这个规律，他发现这个矩阵代数必须是乘积代数，于是他就用这种代数关系拼命去交换，将交换得到的东西再去交换，这就形成了他在那篇文章里给人的印象似乎是乱兜了一阵子。这个故事我写在了我的《选集》的后记中。我觉得这是一个很好的例子。它说明了一种得到深入结果的方法。多半的深入的结果，都是如此地从很多的例子中得来的。你一个例子、一个例子地试，最后才能掌握它的规律，然后你才能把它扩大。这就回到了我开始所讲的，你从近的距离才能发现规律，然后把这些规律加以变化或是推广，你才可以有大的进展。

结束语

最后，我想跟大家谈一个问题。常常有同学问我，做物理工作成功的要素是些什么。我想，要素可以归纳为三个"p"：perception，persistence 和 power。

"perception"——眼光，看准了什么东西要抓住不放。"persistence"——坚持，看对了要坚持。爱因斯坦在 1908年看准了，他要写出一个很大的对称性的方程式来解释引力，经过了七八年的努力，在 1916 年终于写出了广义相对论。

"power"——力量，有了力量，能够闯过关，遇到困难你要闯过去。

如果一个物理学家有眼光，能坚持，而又有很大的力量，那么我想他的成功的可能性就会很大。

规范场

Mills 著

1984 年 12 月在北京召开了"杨 – 米尔斯场学术会议"。Mills 为此会议写了一文，后来刊登于 *Am J. Physics* **57**，493（1989）。译文早两年刊登于《自然杂志》第 10 卷第 8 期，1987 年。译者不详。下面是译文中的一段。

    在 1953—1954 年的那一学年中，杨振宁在纽约市东面约 80 公里的长岛上的布鲁克海文国立实验室任访问学者。在那里，当时世界上最大的粒子加速器——2~3 GeV 的考司莫加速器正开始产生出大量的人们所不熟悉的新粒子，它们在随后的岁月中改变了物理学的面貌。我当时接受了一个博士后的工作，也在布鲁克海文，并与杨振宁在同一个办公室工作。[当时我正在纽约的哥伦比亚大学的克罗尔（N. Kroll）指导下慢慢地撰写对于四阶兰姆位移的毕业论文。]杨振宁当时已在许多场合中表现出了他对刚开始物理学家生涯的青年人的慷慨，他告诉我关于推广规范不变性的思想，而且我们较为详细地做了讨论。我当时已有了有关量子电动力学的一些基础，所以在讨论中能有所贡献（特别是关于量子化的过程），而且在计算它的表述形式方面也有小小的贡献，但是一些关键性的思想都是属于杨振宁的。像光子一样，被预言的 3 个量子的自旋都为 1，但是它们也有为 1 的同位旋，这又像 π 介子了。这意味着它们将构成一个电荷三重态，正如 π 介子一样，有正电态、负电态和中性态。这些规范场量子的质量问题，还有重整化的问题，当时都是我们力所不能及的。又过了 10—15 年，其时物理学家们对量子场论的认识已有极大的飞跃，这些问题才得到了解决。

后记（杨振宁）

Mills 是我的好友与好合作者。对他的为人我十分尊敬。请参阅本书后面文 A99j 与 A05q。

赵忠尧与正负电子对之产生和湮灭

原文 "C. Y. Chao, Pair Creation and Pair Annihilation", 载于 *Int. J. Mod. Phys.* **A4**, 17（1989），译文载于《自然杂志》第 13 卷第 5 期。作者：杨振宁与中国科学院高能物理研究所李炳安。译者：张美曼、李炳安。

摘　要

　　本文分析了赵忠尧 1930 年做的实验在促使物理学家在 1933—1934 年间接受 QED 理论的过程中所作的贡献。文章指出布莱克特（Blackett）和奥克里尼（Occhialini）在 1933 年提出的关于空穴理论的关键性的建议是建立在确认赵忠尧的"额外散射射线"是来自电子对湮灭这个基础上的。

一、引　言

　　狄拉克的无穷电子海理论[1]是 20 世纪物理学史上的一个里程碑。现在它作为粒子物理学基础中的一个重要部分已被人们完全接受，然而在历史上，有一个时期人们并不接受这个理论[2, 3]。1932 年，正电子被发现[4]，以及后来人们对电子对产生和电子对湮灭现象的理解[5]，才扭转了局面。

实际上，在实验中电子对产生和湮灭早几年就已被发现了，但是它们在理论上没有被人们理解。这些较早的发现是：

（a）1930 年 5 月间，英国剑桥的塔兰特[6]（Tarrant）、德国柏林 – 德莱姆的霍普费尔特[7]（Hupfeld）和在美国帕沙地那的赵忠尧[8]彼此独立地提出了他们的论文。这三篇论文，记述了他们各自的发现，即发现了钍 C″ 的能量 2.65 MeV 的 γ 射线被重元素的"反常吸收"。

（b）1930 年后期，赵忠尧发表了一个新的实验结果[9]，在这个实验中他发现了钍 C″ 的 γ 射线在铅中的"额外散射射线"。

回想起来，论文（a）是电子对产生过程的最早观察，论文（b）是对湮灭过程的最早的观察。在随后的两年里，1931—1932 年间，"反常吸收"和"额外散射射线"在理论物理学家中引起了极大的注意，为了了解赵忠尧文章的影响，在这儿我们引用安德逊（C. D. Anderson）1983 年文章[10]中的一段话：

> 我在 Caetech 的研究论文的工作，是用威尔逊云雾室研究 X 射线在各种气体中产生的光电子的空间分布。在我进行这一工作期间（1927—1930），赵忠尧博士在一个与我紧邻的房间工作，他用验电器测量从钍 C″ 放射出的 γ 射线的吸收和散射。他的发现使我极感兴趣。在当时普遍认为"高能量"γ 射线（钍 C″ 的 2.6 MeV 的射线）的吸收几乎全部是由康普顿散射造成的，这种散射可以用克莱茵 – 仁科公式描述。赵博士的结果十分清

楚地表明，吸收和散射的实验结果都比用克莱茵－仁科公式算出的值大得多。由于从验电器的测量很难得到更详尽的资料，因而从他的实验不可能对这些反常效应作出详细的解释。我提出一个实验，用在磁场中运行的云雾室去研究钍 C" 的 γ 射线与物质的相互作用。这样可以观测插在云雾室中的薄的铅板中产生的次级电子，测量它们的能量分布，从而我们可以研究从赵的实验可以得出什么更进一步的结论。

另外，在早川幸男[11]（S. Hayakawa）写的一篇以他和奥克里尼在 1980 年的一次谈话为内容的文章中，有如下一段话：

奥克里尼对赵的成就的评价很高，他讲述了赵对 C" 的 γ 射线的反常吸收的研究是如何激起了甚至远在英国的他们的有关研究。

今天，安德逊和奥克里尼就是这样强调赵的工作的：赵的工作在 1930 年早期激发了他们的引人注目的工作，从而帮助物理学家改变了他们对量子电动力学的理解。

在本文里，我们追寻历史的踪迹，叙述 1930 年中"反常吸收"和"额外散射射线"的发现史，在这段历史中赵忠尧起了主要的作用。

二、背　景

在 1930 年前后，物理学领域里发生了许多重要事件，这是一个极其活跃、令人兴奋而又十分混乱的时期。

原子核是否由电子和质子组成？这个问题是这场大混乱中的一部分，因为在那时，电子和质子是（除光子以外）

人们所知道的仅有的两个基本粒子，所以很自然地，人们假定原子核是由它们组成的，但是这个假定遇到了巨大的困难[12, 13]。另一个混乱起因于这一事实，即 β 衰变的能谱似乎是连续的，它导致玻尔[13]和其他人提出能量在 β 衰变中不守恒。

从一个比较理论性的角度看，狄拉克方程和空穴理论在当时引起了极大的烦恼和反省，绝大多数显赫的物理学家都反对它[14]，当然，每一个人都承认狄拉克用一个纯数学的方法对电子自旋和磁矩进行成功解释的辉煌成就，但是人们普遍认为，负能量海的存在是狄拉克理论的一个缺陷。泡利曾经说过[14]：

> 任何一个有这样一个缺陷的理论，即使与经验相符合，也纯属偶然。

针对这样的背景，人们以极大的兴趣从实验方面去研究一些包含有电子的基本散射过程，例如康普顿散射，以便检验理论计算。在当时有三种不同的康普顿散射的理论计算公式。

（1）康普顿公式[15]

康普顿从汤姆逊（J. J. Thomson）的经典理论出发，但考虑了波长的变化和反冲效应，他得到的截面公式为

$$\sigma = \frac{8\pi e^4}{3m^2c^4}\frac{1}{1+2\alpha} \qquad (1)$$

这里 m 是电子质量，$\alpha = \dfrac{h\nu}{mc^2}$。与汤姆逊经典理论不同的是，对于硬 γ 射线，出射波集中在向前的方向。然而，从量子理论的观点看，已如康普顿本人所指出的，这不是一个正确的理论。

（2）狄拉克[16]和高登[17]（Gordon）公式

　　狄拉克和高登从量子力学出发，用了不同的方法，得到了相同的公式

$$\sigma = \frac{2\pi e^4}{m^2 c^4} \frac{1+\alpha}{\alpha^2}$$
$$\left[\frac{2(1+\alpha)}{1+2\alpha} - \frac{1}{\alpha} \ln(1+2\alpha) \right],$$

（2）

但是没有考虑电子自旋。

　　（3）克莱茵 - 仁科公式[18]

$$\sigma = \frac{2\pi e^4}{m^2 c^4} \left\{ \frac{1+\alpha}{\alpha^2} \left[\frac{2(1+\alpha)}{1+2\alpha} - \frac{1}{\alpha} \ln(1+2\alpha) \right] \right.$$
$$\left. + \frac{1}{2\alpha} \ln(1+2\alpha) - \frac{1+3\alpha}{(1+2\alpha)^2} \right\}.$$

（3）

这个公式是将狄拉克的相对论波动方程嫁接到经典辐射理论上得到的。在狄拉克提出空穴理论之后，狄拉克[19]和沃勒（Waller）[20]证明，用空穴理论做二级微扰计算，得到了与克莱茵 - 仁科相同的结果[21]。

　　公式（1）（2）和（3）有相同的低能极限，但对高能光子，也就是"硬 γ 射线"，它们是不同的。为了检验这些理论计算和区别这三个理论，在 1929—1930 年间，测量硬 γ 射线吸收系数的三个实验[6-8]分别由赵忠尧在帕沙地那（加州理工学院所在地）、塔兰特和格雷（Gray）在英国的剑桥及迈特纳（Meitner）和霍普费尔特在柏林 - 德莱姆完成。

三、反常吸收

　　赵忠尧教授于 1902 年诞生于中国浙江省。1925 年他从东南大学毕业后，在清华大学当叶企逊教授的助教。1927 年

夏天，赵忠尧来到美国，进入加州理工学院成为密立根（R. A. Millikan）教授的研究生。为了检验克莱茵－仁科公式（3），密立根让赵忠尧测量硬 γ 射线在各种物质中的吸收系数。1986 年，赵在谈话中说[22]，起初密立根倾向于相信狄拉克－高登的公式是与当时的宇宙线实验资料符合的，而不相信克莱茵－仁科公式。

在接近 1929 年底时，赵忠尧完成了他的实验。他发现轻元素对硬 γ 射线的吸收系数与克莱茵－仁科公式相符合，但对重元素，例如铅，吸收系数的实验值比用这个公式算出的理论值大得多。开始，密立根不相信他的实验结果，因此有几个月赵的文章没有提交发表。幸运的是，鲍恩（L. S. Bowen）教授对赵忠尧的实验了解得很详细，他说服密立根，使他相信赵的实验是可靠的，并且建议尽快将赵的论文送出去发表[22]。论文提交的日期[8]是 1930 年 5 月 15 日，在此之前两周，1930 年 4 月 29 日，赵的实验结果已提交给国家科学学术协会[23]。

塔兰特[6]、迈特纳和霍普费尔特[7]独立地得到了实验结果，实验结果的主要方面与赵的一样，但在细致处有一些不同：（a）在塔兰特的实验中，吸收系数对物质原子数的依赖关系是不规则的[24]，而迈特纳和霍普费尔特的实验结果中有一个"跳跃"[26]（图 87b. 1），他们的结果导致了争论。与此相反，赵的实验结果是相当平滑的，没有争议的。（b）他们用的探测器十分不同，按照赵忠尧 1986 年所说[22]，他的探测器由一个有 25 个大气压的高压电离室和一个真空验电器构成，是比较可靠的。图 87b. 1 表明，这实际上是一种谨慎的陈述。

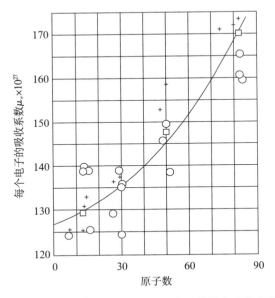

图87b. 1　在1930年做的关于反常吸收的实验的比较

○为塔兰特的实验[6]；

+ 为迈特纳和霍普费尔特的实验[7]；

□为赵忠尧的实验[8]。

本图是按塔兰特的文章［*Proc. Roy. Soc. London* **A135**，223（1932）］相应的图复制的，只是将原图中雅各布森（Jacobson）的实验结果和塔兰特后来的实验结果去掉了。塔兰特1930年的实验点是我们加上的。曲线是塔兰特在1932年画的，与赵1930年的实验资料符合得很好

　　在这三个实验中都发现硬γ射线在重元素中的额外吸收，它被称为"反常吸收"或"迈特纳－霍普费尔特效应"。这后一个专有名词最初来源于迈特纳和霍普费尔特的朋友。在那时，这三篇发表了的论文[6-8]都猜测，这种反常的吸收是由某些还不知道的原子核效应造成的。

四、"额外散射射线"

为了获得关于硬射线在物质中吸收机制的更多资料，赵忠尧在完成他的第一个实验后，很快开始进行一个新的实验，即研究散射后的射线的强度和角分布（图 87b. 2）。

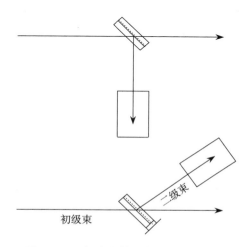

图 87b. 2　赵忠尧第二个实验的示意图

取自赵忠尧的文章 *Science Reports of Tsinghua University* **1**，159（1932）

由于散射后的射线比背景弱，这个实验做起来难度大。实验的结果发表于 1930 年[9]。一年之后，其他的实验组才参加到这个课题中来，去研究散射后的射线。而且，这些后来者的努力所得出的实验结果是不清楚的、非决定性的，并引起了争论，这些争论分散了理论工作者的注意力，并且十分不幸地减弱了由赵忠尧的发现所引起的冲击。在后面的第六节中，我们将再回到这些问题上来。

赵忠尧在他的第二个实验中[9]发现了下列现象:

(a)伴随着反常吸收,从重元素散射出来的还有"额外散射"放射;

(b)这样一个"额外散射"放射在实质上是各向同性的;

(c)测到的额外散射射线的波长为 22 X.U.,对应于能量为 0.5 MeV 的光子。

令人印象深刻的是,赵的这些结论都是正确的,他发现了正负电子对的湮灭现象!在这个过程中

$$e^+e^- \to \gamma\gamma, \tag{4}$$

每一个光子的能量近似为 0.5 MeV,这确确实实是由赵忠尧发现的。然而,在当时没有人理解赵忠尧这个发现的理论意义,直到很晚的时候人们才懂得它的意义,在下一节中我们将讨论这一点。

五、解释这些现象的一些尝试

从 1930 年中到 1933 年初这两年半时间里物理学面临着三个课题,后来知道它们都是量子电动力学的一部分:反常吸收,额外散射射线,狄拉克理论。

在那时对于狄拉克理论有深入的讨论,其中包括奥本海默、塔姆和狄拉克对于湮灭过程(4)的反应截面的计算[27],但是这些作者中没有一位将这一过程与赵忠尧发现的额外散射射线联系起来。(这很可能是由于当时原子核物理处于一个很混乱的时期,因此很自然地将赵的结果和反常吸收这两种奇异现象归入原子核现象。)

我们没有找到在这一期间写的关于额外散射射线的理

论文章。（请看后面的第六节。第六节中说明了 1933 年
人们从对产生和对湮灭角度得到的决定性的理解是建立在
额外散射射线的基础上的，而不是建立在反常散射的基础
上的。）

对于反常吸收，那时有许多理论讨论。奥本海默[28]尝
试用光电效应来解释这个现象，但得到了量子力学是错误
的结论，这篇论文在当时很得人心。海森堡[29]和伽莫[30]
（Gamow）猜想这个现象是由某些原子核过程引起的。

这些理论工作都没有取得大的进展，仅仅是在 1932 年
9 月安德逊[4]发现了正电子及在他之后几个月布莱克特和奥
克里尼[5]用他们漂亮的带触发系统的云雾室得到了许多正
电子之后，人们才开始问正电子通过物质时会有什么性质[5]。
为了解决这个问题，布莱克特和奥克里尼想到了狄拉克早先
时候有关湮灭过程（4）的计算[27]，他们提议，赵忠尧发现
的额外散射射线是由电子对湮灭产生的。

布莱克特和奥克里尼也猜想，正电子是在对产生过程中
产生的，但是他们没有得出量子电动力学的（正确的）在重
原子核的库仑场中正负电子对产生过程的思想。然而，几个
月之间，奥本海默和普莱赛特（Plesset）[31]用狄拉克理论（也
就是量子电动力学）表达和发展了这个思想，他们发现，计
算结果与早些时候实验上发现的反常吸收相符合。此外，安
德逊也在云雾室观察到了由光子产生的正负电子对[32]。

1933 年之后，由于澄清了这些问题，量子电动力学进入
了一个在各种应用中得到巨大成功的时期，唯一仍然使人困
惑的问题是理论中的发散困难。

六、决定性的值：0.5 MeV

布莱克特和奥克里尼[5]的文章产生巨大影响的原因不仅是由于他们报告了新发现的带正电电子的大量事例，也由于他们建议"反常吸收"和"额外散射射线"分别是由于电子对产生和电子对湮灭引起的，这些事使物理学家对狄拉克理论的正确性所具有的感性认识发生了变化。在他们的文章中，有关这个问题的关键性的一段是：

> 也许重原子核对 γ 射线的反常吸收* 与正电子的形成有关而再发射的射线与它们的消失有关。事实上，实验上发现，再发射的射线与所期望的湮灭谱有相同的能量等级。　　　　　　　　　　　　　　　　　　（A）
>
> *格雷和塔兰特，*Proc. Roy. Soc.* **A136**，662(1932)；迈特纳和霍普费尔特，*Naturwiss.* **19**，775(1931)；赵忠尧，*Phys. Rev.* **36**，1519(1931)。　　　　　（B）

段落（A）是伟大的物理，而注解（B）则是粗心的历史，特别是注解中有关赵忠尧的部分非常糟糕，在这个注解里有两个印刷或是由粗心造成的错误：（一）赵在《物理评论》（*Phys. Rev.*）上的文章发表在 1930 年，而不是 1931 年，比另外两篇文章早一两年；（二）所有三篇被引用的文章都与额外散射射线有关，与反常吸收无关，而文中的星号却是针对反常吸收的。

更重要的是，布莱克特和奥克里尼的论点实际上仅建立在赵忠尧文章的基础上，只是，这个事实，如我们所指出的，被这个错误的不加区别的注解弄模糊了。布莱克特和奥克里尼得出了伟大的建议（A）（即前面引用的他们的文章《假设的正电子的性质》中的一段话）。这段话一开始就提出一个问题："为什么正电子没有被观察到？"接着写道：

> 这一点是清楚的，由于在通常情况下它们不与物质一起出现，所以它们的生命是有限的，似乎是这样，很可能它们通过与负电子的相互作用而消失，形成两个或两个以上的量子。

他们接着说，这个消失的机制"直接来源于狄拉克的电子理论"，这一点他们曾对狄拉克说过。狄拉克曾给他们看过他 1930 年的文章，在那篇文章里给出了湮灭截面。布莱克特和奥克里尼断言狄拉克理论预言的正电子寿命"对于在云雾室中看到正电子足够长，并对于解释为什么在其他途径中没看到正电子足够短"。接着说，不管怎样，观察到湮灭过程是可能的，因为它产生峰顶为 0.5 MeV 的光子光谱。接着，就是前面引用的段落（A）。

这一系列论证描述的是重要的物理学。他们也表明布莱克特和奥克里尼的论证注意的焦点是湮灭过程。这个过程的认别是由于"额外散射射线的强度增强处与湮灭的射线的谱在 0.5 MeV 处有一个峰值在实验上发现是一致的"[引文（A ）] 这个事实，额外散射射线的能量在实验上约 0.5 MeV，是他们的最关键性的理由。

由于某种原因，布莱克特和奥克里尼没有提到[33]这一点，即他们引用的三篇文章中（这三篇文章都与额外散射射线有关）只有赵忠尧的文章给出了正确的精确值 0.5 MeV，迈特纳和霍普费尔特的文章比赵的文章晚一年，并且根本没有发现额外射线。格雷和塔兰特的文章（1932）比赵的文章晚两年，他们在约 0.47 MeV 处发现了这样一个额外散射射线，但是他们在约 0.92 MeV 处还发现了一个分量，这把事情弄得非常混乱，并且即使在后来 1934 年的文章中这个分量仍然没有去掉[34]。

很自然地，人们会奇怪为什么在布莱克特和奥克里尼的整篇文章中，在引用 1930 年的三篇文章时一点也没提及反常散射。（这已引起了比额外散射射线更多的注意，因为它发现得较早，并且实验上困难较少，请参阅前面第五节。）回答是：它们不是布莱克特和奥克里尼论证的焦点，他们论证的焦点是湮灭过程。此外，布莱克特和奥克里尼没有指出在库仑场中电子对产生的机制，这后来在理论上是由奥本海默和普莱赛特研究的[31]。

调查一下对产生和对湮灭的发现史[35]，我们对于赵忠尧的实验印象很深。他的实验探究了重要的问题，而且这些实验难度很大，从他的对手在反常吸收实验和额外散射实验中所陷入的困境可以看出实验的难度。这些实验具有古典美——简单、可靠且经得起时间的考验[36]。很不幸的是由于布莱克特和奥克里尼文章中对参考文献粗心的引用和由其他实验引起的混乱和争论，赵的文章的声望没有达到应有的高度。

作者感谢布朗（L. M. Brown）和爱克斯朋（G. Ekspong）的意见，这些意见对这项工作是有帮助的，作者也感谢国家基金委员会（NSF）的部分支持，基金号码为 PHY5807627。

注释：

[1] Dirac, P. A. M., *Proc. Roy. Soc. London* **117**, 610 (1928); **118**, 351

(1928); **126**, 360 (1930).

［2］See［14］［13］［25］.

［3］参见 G. Gamow 的文章 *Thirty Years that Shook Physics*（Double Day, 1966）中谈到的在 1930—1932 年间在哥本哈根流传的关于狄拉克"傻电子"（donkey electron）的笑话。

［4］Anderson, C. D., *Science* **76**, 238 (1932).

［5］Blackett, P. M. S., Occhialini, G. P. S., *Proc. Roy. Soc.* **A139**, 699 (1933).

［6］Tarrant, G. T. P., *Proc. Roy. Soc.* **A128**, 345 (1930).

［7］Meitner, L., Hupfeld, H. H., *Naturwiss.* **18**, 534 (1930), 这个实验的详细报告刊载在 *Z. Phys.* **67**, 147 (1931)。

［8］Chao, C. Y., *Proc. Nat. Acad. Sci.* **16**, 431 (1930). 这个实验更全面的报告刊载在 *Science Reports of Tsinghua University* **1**, 159 (1932)。

［9］Chao, C. Y., *Phys. Rev.* **36**, 1519 (1930), 这个实验更全面的报告刊载在 *Science Reports of Tsinghua University* **1**, 159 (1932)。

［10］Anderson, C. D., Anderson, H. L., *The Birth of Particle Physics*（编辑是 L. Brown 和 L. Hadsson）, Cambridge (1983)131.

［11］Hayakawa, S., *Shizen* (*Nature*), Sept., 75 (1980), 后来由早川幸男、杨振宁翻译, 注的日期是 1985 年 7 月 4 日。

［12］Bethe, H. A., *Proc. of a Symposium on the 1930's Nuclear Physics in Retrospeci*（编辑是 R. H. Stuewer), University of Minnesota (1977)11 and E.

［13］Brown, L. M., *Phys. Today* **31**, 23 (1978).

［14］Moyer, D. F., *Am. J. Phys.* **49**, 1055 (1981).

［15］Compton, A. H., *Phys. Rev.* **21**, 483 (1923).

［16］Dirac, P. A. M., *Proc. Roy. Soc.* **A111**, 405 (1926).

［17］Gordon, W., *Z. Phys.* **40**, 117 (1926).

［18］Klein, O., Nishina, Y., *Z. Phys.* **52**, 853 (1929).

［19］Dirac, P. A. M., *Proc. Camb. Phil. Soc.* **26**, 361 (1930).

［20］Waller, V. I., *Z. Phys.* **61**, 837 (1930).

［21］注意这一点是十分有趣的，即在 1932 年正电子发现之后泡利仍反对空穴理论。在 1933 年 6 月泡利提交了一篇关于光子被一个运动的电子散射的文章，在这篇文章中他没有用无穷海的概念，但他引用了狄拉克和沃勒。按照莫耶（Moyer）在 *Am. J. Phys.* **49**, 1123（1981）谈到的，在 1935—1936 年间泡利在讲演中称他的工作和威斯可夫（Wisskopf）关于标量介子的工作为"反狄拉克理论"。实际上泡利是在为他不喜欢空穴理论找理由，关于这些莫耶有详细引用。

［22］在 1986 年 6 月 2 日我们在赵教授的住所访问了他。

［23］Chao, C. Y., *Proc. Nat. Acad. Sci.* **XVI**, 421 (1930).

［24］See［6］［25］and Tarrant, G. T. P., *Proc. Roy. Soc.* **A135**, 223 (1932).

［25］Brown, L. M., Moyer, D. F., *Am. J. Phys.* **52**, 130 (1984).

［26］See［7］［24］［25］.

［27］Oppenheimer, J. R., *Phys. Rev.* **35**, 562, 939 (1930); *Nature* **125**, 616 (1930); Tamm I., *Z. Phys.* **62**, 545 (1930); Dirac, P. A. M., *Proc. Camb. Philos. Soc.* **26**, 361 (1930).

［28］Oppenheimer, J. R., *Phys. Rev.* **38**, 57 (1931).

［29］Heisenberg, W., *Z. Phys.* **77**, 1 (1932); **78**, 156 (1932); **80**, 587 (1933).

［30］G. Gamow, *Constitution of Atomic Nuclei and Radioactivity*, Clarendon (1931)79.

［31］Oppeheimer, J. R., Plesset, M. S., *Phys. Rev.* **44**, 53 (1933).

［32］Anderson, C. D., *Science* **77**, 432 (1933).

［33］请对照第一节中引用的早川幸男在 1980 年与奥克里尼的对话。

［34］Gray, L. H., Tarrant, G. T. P., *Proc. Roy. Soc.* **A143**, 631, 705 (1934).

［35］参见 J. D. Stranathan, *The"Particle"of Modern Physics*, Blackiton（1942）和 R. A. Millikan, *Electron, Positive and Negative, Protons, Photons, Neutrons, Mesotrons and Cosmic Rays*, University of Chicago Press（1947）在 40 年代对这些发展的评论。

［36］1931 年赵忠尧在回国途中在德国做了第三个实验，实验是关于反常吸收对入射束波长的依赖关系：*Proc. Roy. Soc.* **A135**，206（1932）。1933 年他与 T. T. Kung 一起发表了他们在清华大学做的第四个实验：*Nature* **132**，709（1933）。这篇文章附有罗瑟福写的一个有意思的评注：

> 从随信寄来的文章可以看出，很显然赵和 Kung 还没有听说最近的有关正电子的工作，特别是电子对产生，一个高能 γ 射线在原子核的强电场中转变成一个负电子和一个正电子。他们叙述的实验给这个现象提供了又一个有价值的证明。并且无疑地这个实验用对产生现象解释比用核的蜕变解释好。注意到这一点是有意思的，即效应的量值与别的实验发现的大致相同。

后记（杨振宁）

赵先生是我 1938—1939 年间在联大读大一物理课上的老师。多年来国内盛传他于 1930 年的工作十分重要，但是没有人仔细研究过 1930 年前后的物理学前沿发展情形，与他的文章为什么没有在当时被大家重视。

日本学者对日本人的研究工作的重要性一贯做大量研究工作，我曾描述为"寸土必争"。有鉴于此，我约同李炳安花了半年时间写成此文。我们觉得写得不错。对 1930 年前后的情形分析得相当准确而透彻。听说赵先生看了也很赞赏。

一个真的故事

本文原载中国《物理》杂志第 16 卷第 3 期，1987 年。

1986 年 3 月，我在纽约买到一本新书，名叫 *Second Creation*（《第二次创生》），是两位研究物理学史的作家写的，他们是克里丝（R. P. Crease）与曼恩（C. C. Mann）。书中描述了本世纪许多重大的基本物理学发展，全书二十章中有三章专门讨论发现重整化概念的实验与理论。

重整化是一个极重要的观念，它的发现获得了两次诺贝尔奖：兰姆（W. E. Lamb）与库什（Polykarp Kusch）1946—1947 年的实验工作于 1955 年得奖，朝永振一郎（S. Tomonaga）、施温格（J. S. Schwinger）与费曼（R. P. Feynman）1947—1948 年的理论工作于 1965 年得奖。《第二次创生》对这些获奖之经过有很详尽的描述。

特别使我发生兴趣的是书中对这方面早年实验发展的讨论。原来在 30 年代就有好几个实验组已经在研究氢原子光谱，与后来兰姆在 1946—1947 年的工作是在同一方向。其中一组是加州理工学院的豪斯顿（W. V. Houston）和谢（Y. M. Hsieh）。他们做了当时极准确的实验，于 1933 年 9 月写成了长文投到《物理评论》(*Physical Review*)，五个月以后发表。《第二次创生》对此文极为推崇，说文中作了一个"从现在看来是惊人的提议"：他们的实验结果与当时理论结果不符合，他们说这可能是因为对于光子与原子的相互作用理论工作者没有正确处理。

他们的实验结果从今天看来是正确的。他们的提议也正是后来 1947—1948 年关于重整化的理论的主要发展方向。不幸的是与他们先后同时有几个别的实验组得出了和他们不同的结果，产生了混乱的辩论，没有引起当时理论物理学界的广泛注意。十多年以后，兰姆用了新的技术研究氢原子光谱，得到了高度准确的结果，引起大震惊，才导致后来重整化的发展。

豪斯顿和谢的工作我从来没有听说过。看了《第二次创生》中对他们工作的推崇以后，我想到谢也许是现任复旦大学校长谢希德的父亲谢玉铭教授。可是一时不能证实。非常凑巧，几天以后，谢希德自美国西岸打电话来讨论学术交流的事情，我趁机问她谢玉铭教授是否曾于 30 年代初在加州理工学院访问，并曾与豪斯顿合作。她说：

"是的。你为什么要问？"

我兴奋地告诉了她书中的故事，并且问：

"你知道不知道你父亲那时的工作很好，比兰姆的有名的工作早了十几年，而且兰姆的结果证明你父亲的实验是正确的？"

"我从来不知道。当时他只告诉我，在从事很重要的实验。"

"你们父女都是研究物理的，兰姆的 1946—1947 年的工作引起震惊的时候你已经是物理学工作者了，他怎么没有和你谈起他自己 30 年代的工作呢？"

电话那端沉默了一会儿，"说来话长。我们没有机会。家父于 1949 年前去了菲律宾，他写信要我留在美国或英国。我没有听。我于 1952 年回国。回国后曾多次给他老人家写信，都没有收到回信，我猜他对我不听他的话很不高兴。所以我们始终没有机会讨论他早年的工作。"

我本来知道谢希德在 50 年代培养中国半导体研究人才的功劳，也知道她在"文革"时期所受到的灾难，和"文革"以后对复旦大学的贡献，却不知道她和她父亲之间的这一段历史。一时我不知应说什么好。希德停顿了一下，接着说下去：

"前几天，我刚自上海来到美国西岸，到芝加哥时突然接到消息，家父于 3 月 20 日在台湾去世了。他大约是十多年前自菲律宾退休以后搬去台湾的。"

又停顿了一下。

"我们父女四十年没有见面了。他一定很伤心。我也很伤心，因为我知道他一直特别喜欢我。"

在统计力学领域中的历程

原文 "Journey Through Statistical Mechanics", 载于 *Int. J. Mod. Phys.* **B2**, 1325（1988）。中译文载于《杨振宁谈科学发展》, 八方文化企业公司, 1992 年。译者：张美曼。转载时对译文略作修正。

　　第一次接触统计力学时, 我还是昆明西南联大的学生, 是在战争期间。那时王竹溪教授刚从英国的剑桥大学回国。在剑桥他是福勒（R. H. Fowler）的学生, 他的论文讨论相变, 在那时是一个热门的题目, 今天, 这个题目仍然很热门。

　　在 30 年代中叶, 人们对相变已经抱有极大的兴趣。兴趣主要是由冶金学引起的, 人们发现合金的比热, 作为温度的函数, 表现了有特点的峰状。具体地, 例如人们发现 β 型黄铜或紫铜 - 锌合金的比热, 作为温度的函数, 有非常尖锐的峰。在那时有关这个现象占支配地位的思想可以用平均场理论来描述。最有名的平均场理论是布拉格（Sir Lawrence Bragg）和威廉姆斯（Williams）理论。布拉格和威廉姆斯都是英国人, 英国人在这个研究领域很活跃。正因为这个原因, 王竹溪教授及他同时代的张宗燧教授在剑桥都做这个领域的博士论文。（我想听众中的许多人知道张宗燧，这位非常卓越的物理学家。）

但是很快地，大家认识到平均场理论在物理思想上很丰富，但在数学严格性上有缺陷。在那时，约瑟夫·迈耶（Joseph Mayer）是哥伦比亚的一位年轻研究者，他探索了这个问题，并发展了一套理论，这个理论后来被称为迈耶凝结理论。这个理论在物理学界引起了极大的兴奋。1937 年在荷兰举行的一个国际会议上，对迈耶理论是否是一个正确的理论进行了辩论。

在 19 世纪的热力学的相变思想的基础上，人们普遍相信，在这样一个跃迁中，例如气态－液态的跃迁中，存在气态相的热力学函数和液态相的热力学函数。气态和液态是不同的动力学系统，应当分别处理。迈耶的出发点与此不同，他只有一个动力学系统，从它得到两个相的结果。物理上，它与热力学的直观感觉相抵触。数学上，它与这样的观念相抵触，即一个配分函数不能得出两个不同的热力学。关于 1937 年会议上的讨论，后来玻恩和富契（Klaus Fuchs）写道：

> 迈耶理论……用分子的分布处理所有可能的分子排列，就像只存在一个相。气体分子怎么能知道什么时候它们必须去凝结成液态或固态？［*Proc. Roy. Soc. London* **A166**，391（1938）］

我是在下面的情形下知道迈耶理论的：在 1937 年会议后不久，玻恩和富契、卡恩（B. Kahn）和乌伦拜克（G. E. Uhlenbeck）写了著名的文章去分析迈耶的理论的正确或不正确。大约 1940 年或 1941 年，有关这些文章，王竹溪教授在联大做了一系列讲座，我作为大学生，聆听了这些讲座。在那时，它是超出我的知识水平的，然而出席这些讲座对我后来的经历有决定性的影响，因为通过这些讲座，我知道了相变理论的重要性。

1945 年，我去了美国，成为芝加哥大学的研究生。在芝加哥大学，没有人真正对相变理论有浓厚的兴趣，包括迈耶本人在内。但是由于我早年在中国形成的对相变问题的强烈爱好，我做了种种努力去进入这个领域。

一个努力是去学懂昂萨格（Lars Onsager）1944 年的文章。这篇文章漂亮地、出人意料地解决了二维伊辛模型。这篇文章很难读懂，因为文章中没有叙述求解的战略思想，它仅仅详细地叙述了一步步的步骤，读这篇文章，我感到被牵着鼻子转圈，直到解突然掉出来。这是一个使人沮丧的经历。然而回想起来，这个努力没有白费，完全没有白费，在后面，我们要回到这一点。

另一个努力是去了解铁磁性。我从布洛赫（F. Bloch）有关自旋波的重要文章开始。这篇文章导致了 1931 年贝特的文章，即现在大家知道的贝特假说。赫尔谈（L. Hulthén）1938 年的文章发展了贝特的方法，贝特和赫尔谈文章的结果是超越方程（transcendental equation），我曾去寻找这些方程的复解，结果完全搞糊涂了。这又是一次失败的经历，但是回忆起来，这个努力仍然没有白费。

在芝加哥，我主要的研究方向是粒子物理。1949 年秋天我去了普林斯顿高等研究院，在那儿我待了十七年，1949—1966 年。在 1949—1950 年间，在这个研究院里没有人研究统计力学。但是很偶然地，有一天在从普林斯顿中心的派默广场开往研究院的班车上，在大概十五分钟的车程中，路丁格（J. M. Luttinger），一位同我一样的博士后研究员，向我叙述了考夫曼（Bruria Kaufman）的文章。这篇文章极大程度地简化了昂萨格方法的代数，对整个思想给出了一个清晰的简单的战略方针。由于我对昂萨格的文章很熟悉，很快地领会了这个新观点。到达研究所后，我导出了基本的步骤，并且非常高兴完全理解了昂萨格方法[1]。

几个月后，在完成了粒子物理方面的一些题目后，我回到昂萨格解上，并且认识到从昂萨格的方法出发，可以得到更多的结果。1951 年 1 月我开始在这个领域里认真地工作，之后发生的事我曾在 1982 年叙述道[2]：

> 于是我做了漫长的计算，这是我的经历中最长的计算。整个过程充满了局部的战术上的技巧，计算进行得迂回曲折，有许多障碍，但总是在几天后设法找到一个新的技巧，指出了一条新的途径。麻烦的是，我很快感到像进入了迷宫，并且不能肯定在经过了这么多曲折之后，是否确实在某种程度上比开始时靠近目标。这种战略上的总的估价非常令我沮丧，有几次我几乎要放弃了，但每一次总有某种事情又把我拉回来，通常是一个新的战术上的技巧使情况变得有希望，即使仅仅是局部的。最后，经过六个月断断续续的工作，所有的复杂部分，导致了奇迹般的相消，我瞪眼看着令人惊奇的简单的最后结果……

这个结果是伊辛模型的自发磁化，这是我在严格的统计力学方面的第一个工作。所以在芝加哥的努力没有白费，它为我能迅速吸收路丁格向我解释的方法做了准备。

一年后，我建议张承修（C. H. Chang）将我的计算推广到矩形格点，他的文章[3]的内容，可能是关于临界指数普适性（universality）的最早的考虑。

在 1951 年秋天李政道来到研究院，他和我在芝加哥是亲密的朋友[4]。他在芝加哥得到博士学位后在伯克利（Berkeley）待了一年（1950—1951），在那儿他不愉快，所以我建议奥本海默（J. R. Oppenheimer），研究院的院长，邀请他来研究院当博士后研究员。在他到达后我们开始进行下一个当然的题目，计算伊辛模型的磁化率。为计算磁化院我用了一次微扰，为计算磁化率我们要用二次微扰，不幸的是，在二次微扰中导出一个公式，计算这个公式与计算一次微扰中相应的公式相比，在难度上高一个数量级。在几个星期的奋斗后我们放弃了这个问题，把我们的注意力改放到格点气体上，它在数学上与伊辛模型一样。具体地，在格点气体的 P-V 图上，昂萨格的解和我们的结果一起，能表现为一个二相区域的严格分界线。在二相区域等温线是平坦的，在液相和气相等温线变得弯曲。但是为什么迈耶理论使等温线在进入液态时保持平坦？沿着这个问题追究下去，我们引入了分配函数的零的概念，用这个概念，极大地澄清了与相变现象有关的结果，在这个研究中最优美的一步是单位圆定理，我把这个定理"喜欢地认为……是佳作"[5]。

回忆起来，在中国去听王竹溪教授的演讲为我在相变方面的工作做了准备，我猜想大多数的研究者有相似的经历，在大学和研究生的年代里受到的影响，容易成为后来的研究对象。

在 1952—1953 年，阿姆斯特丹的德波尔（de Boer）到研究院访问，他对液氦理论有重要的贡献。我请他就这个题目给一系列的讲演，并对液氦超流性这魅人的现象产生了浓厚的兴趣，特别是，我想去了解玻色－爱因斯坦（Bose-Einstein）凝结和超流性之间的关系。在那时，这个努力没有得出有用的结果，但几年之后，当黄克孙（Kerson Huang）1955 年来到研究院，将费米和勃来特（Breit）的赝位势方法介绍给我，我在液氦方面的兴趣重新被激起。黄克孙、路丁格和后来李政道与我在 1955—1959 年间的合作，对玻色（S. N. Bose）系统的性质作了一些探索。

　　1961 年 4 月，我出发去斯坦福大学，在那儿访问了几个月。那时费尔班克（W. M. Fairbank）[和第弗尔（B. S. Deaver）]正开始在超导环上做磁通量量子化的实验，当我访问他的实验室时，他提的第一个问题是，如果他们确实在超导圈里发现了通量量子化，这会是一个新的物理原理吗？（电磁场的一个新性质）或者是已知物理原理的结果吗？他提出这个问题是因为昂萨格和伦敦的关于通量量子化早年的提议中，在这一点上很含糊[6]。我考虑了费尔班克的问题。和伯厄斯（Nina Byers）一起分析在有磁场的情况下超导的自由能。当第弗尔和费尔班克的实验成功地得到结果时，伯厄斯和我也得出了结论，即他们的漂亮结果不是电磁场的新的性质，而是传统量子统计力学的结果。这是对通量量子化第一次真正的了解。

　　这个工作引导我试图去了解 BCS 理论及库珀对理论的准确含义，换句话说，我想去了解费米对玻色凝聚的确切含义，它是超导现象的基本解释。这项研究的结果后来写成一文《非对角长程序及液氦和超导体的量子相》，是我很喜欢的一篇文章。

　　我在统计力学方面下一阶段的工作是和吴大峻以寻找表

现出非对角长程序的动力学的系统为起点。这个努力不怎么成功，但是我回到在芝加哥我曾研究过的贝特－赫尔谈的工作上，和我的弟弟杨振平一起，发现在芝加哥曾失败的超越方程里极困难的一步，复解问题，能够通过一个简单的技巧避开：用 $\pi/2-\tan^{-1}f$ 替代 $\cot^{-1}f$！这个简单的技巧[7]使我们能够运用连续的变量去求解并达到数学上的系统化。这件事又一次地证明了我在芝加哥的努力不是白费的，虽然在那时看起来似乎是完全白费。

贝特在他 1931 年的文章中采用的假设还有更广泛的适用性，杨振平和我在我们 1966 年的一系列文章中决定接受贝特的见解，称他的假设为"贝特假定"。

能够从贝特假定着手的问题中的一个，是玻色子的一维 δ 函数问题，这个问题在 1963—1964 年已经被李勃（Lieb）、林尼杰（Liniger）和麦克瓜谔（McGuire）解决。为了去解决相应的费米子问题，在 1967 年我抓住了更一般的波尔兹曼情况，并且证明了，即使对这非常一般性的问题，贝特假定仍然有效，其关键的一点是贝特假定引导出一组矩阵，而此矩阵 Y_{ij}^{ab} 满足：

$$Y_{jk}^{ab}Y_{ik}^{bc}Y_{ij}^{ab}=Y_{ij}^{bc}Y_{ik}^{ab}Y_{jk}^{bc}$$

在 1972 年巴克斯特（R. J. Baxter）从统计力学中的一个完全不同的问题中得到一组同样的方程，从此这组方程被命名为杨－巴克斯特方程。近年来，许多数学家和物理学家研究了这些方程的解和它们的应用，在这些工作中一个特别重要的工作是琼斯（Jones）和其他人利用杨－巴克斯特方程和辫子群基本方程的相似点：

$$ABA=BAB$$

在绳结理论中得到新的不变量。杨－巴克斯特方程的这一应用和其他应用，似乎表明这些三次方程包含了一些基本结构，它们仍然有待探索研究。

注释：

[1] C. N. Yang, *Selected Papers 1945-1980 with Commentary* (Freeman，1983)（以下简称 *SP*），p. 12.

[2] *SP*, p. 12.

[3] C. H. Chang, *Phys. Rev.* **88**, 1422 (1952).

[4] *SP*, pp. 7, 53-54.

[5] *SP*, p. 15.

[6] 杨振宁在庆祝费尔班克六十五岁生日的 1982 年会议上的讲演指出，伦敦的论点如果正确，将导致这样一个结果，即所有的通量是量子化的，并与超导性无关；这当然是不正确的。昂萨格似乎相信通量量子化，如果发现，在某种意义上是电磁学的基本性质，像狄拉克磁单极（它与超导性无关）。

[7] 更详细的请参见 *Phys. Rev.* **150**，321，注解 13（1966）。

后记（杨振宁）

这篇文章里所提到的 1955—1959 年间所做的工作，主要是研究玻色硬球的低温特性。当时这是一个纯理论的研究，没有任何实验的可能。近十年来用了激光设施，超低温实验变成了显学，竟能研究玻色硬球系统中的声速等性质［*Phys. Rev. Letters* 98 040401（2007）；93 200404-1（2004）］，所以沉寂了四五十年的理论工作又热闹了起来。

1992 年李炳安为了写一篇关于我的文章，曾问我应该用什么原则选择研究的题目。我说："要找与现象有直接简单关系的题目，或与物理基本结构有直接简单关系的题目。"玻色硬球就是这样的一个题目。

现代物理和热情的友谊

原文 "Modern Physics and Warm Friendship"，载于 *Lattice Dynamics and Semiconductor Physics*，ed. J. B. Xia et al.，World Scientific，1990。译文载于《明报月刊》1991 年 8 月号。译者：沈良。

　　1941 年到 1942 年，我是昆明西南联合大学物理系四年级的学生。这个系比较小，共有约 10 位教员、10 位助教、几位研究生和一些本科生。本科生每班不到 20 人。1941 年秋天开学的时候，一个新的面孔出现了，旁听很多大学本部和研究院课程，也参加了所有的讨论，那就是黄昆。那时，他已经从北平燕京大学获得了物理学士学位，到联大来做助教。开学不久，我们就熟识起来，开始了我们半个世纪的友谊。

　　我们所读的课程里，两个是吴大猷教授教的经典力学和量子力学。量子力学是一个革命性的新发展。在 1925 年到 1927 年间起源于德国、瑞士、英国和丹麦。吴教授是中国的物理学家中，在 20 世纪 30 年代到 40 年代训练了最多量子力学学生的教授。我记得当时许多关于量子力学的讨论都是在吴教授的演讲之后进行的。通过那些讨论，我开始认识了黄昆的为人和他学物理的态度。

　　一年后，在 1942 年的夏天，黄昆和我都注册为西南联大的研究生。黄昆跟着吴大猷教授做有关天体物理学里原子和分子问题的论文，我跟王竹溪教授做有关统计力学的论文。当时研究生的补助金是不够的，所以我们都在找教学职位来增加我们的收入。我父亲的朋友徐继祖先生，是昆华中学的校长，他安排黄昆、我和张守廉——另一位物理研究生——到昆华中学教书。三个人分了一个教师的位置，而学校安排了一座新建筑角落里的一个房间给我们三人住。

　　那所中学距离联大差不多 3 公里。我们三人白天经常在大学校园里上课、吃饭、上图书馆，晚上才回到我们的房间睡觉。因为大学校园内没有供应食水的设施，所以我们养成了一个习惯：每天晚饭后，回到中学以前，花一个或两个小时在茶馆里喝茶。那些茶馆集中于大学附近的三条街上。通过那些喝茶的时间，我们真正地认识了彼此。我们讨论和争辩天下一切的一切：从古代的历史到当代的政治，从大型宏观的文化模式到最近看的电影里的细节。从那些辩论当中，我认识黄昆是一位公平的辩论者，他没有坑陷他的对手的习惯。我还记得他有一个趋向，那就是往往把他的见解推向极端。很多年后，回想起那时的情景，我发现他的这种趋向在他的物理研究中似乎完全不存在。

　　茶馆的客人们包括种种人物，有不少学生。可是大多数的茶客是镇民、马车夫和由远处来的商人们。大家都高谈阔论，而我们通常是声音最大的。有时候，正当我们激烈地辩论时，会突然意识到我们的声音太大，大家都在看着我们（这种意识并不一定使我们停止辩论）。可是一般来说，学生们与其他茶客之间并没有不和的气氛。

在茶馆中，我们曾经目睹一些永远不能忘记的情景和事件：好几次坐在凤翥街的茶馆里，我们看见一队一队的士兵押着一些犯人向北方走去，走向昆明西北郊的小丘陵地带，那里满布着散乱的野坟。每一个犯人都背着一块白色的板子，上面写着他们的名字和罪行。大多数的罪犯都静静地跟着士兵走，有少数却喊着一些口号，像："二十年后，又是一条好汉！"每一次当这种队伍走过时，茶馆里的喧闹声就会突然止息。然后，远处预期的枪声响了，我们都静静地坐着，等待着士兵们走回来，向南方回到城里去。

衬着这种背景，我们无休止地辩论着物理里面的种种题目。记得有一次，我们所争论的题目是关于量子力学中"测量"的准确意义。这是哥本哈根（Copenhagen）学派的一个重大而微妙的贡献。那天，从开始喝茶辩论到晚上回到昆华中学；关了电灯，上了床以后，辩论仍然没有停止。

我现在已经记不得那天晚上争论的确切细节了。也不记得谁持什么观点。但我清楚地记得我们三人最后都从床上爬起来，点亮了蜡烛，翻看海森堡（Heisenberg）的《量子理论的物理原理》来调解我们的辩论。

黄昆是一位英文小说迷。是他介绍给我 Joseph Conrad，Rudyard Kipling，John Galsworthy 和其他作家。这些作家的许多小说可以从大学图书馆里借到，其他的我们常常从那些卖美军的"K 干粮"、军靴、罐头、乳酪和袖珍本的书的地摊上买到，这些地摊当时在昆明到处都是。

我们的生活是十分简单的，喝茶时加一盘花生米已经是一种奢侈的享受。可是我们并不觉得苦楚：我们没有更多物质上的追求与欲望。我们也不觉得颓丧：我们有着获得知识的满足与快慰。这种十分简单的生活却影响了我们对物理的认识[1]，形成了我们对物理工作的爱憎，从而给我们以后的研究历程奠下了基础，这是我们当时所没有认识到的。

1943 年的春天，我们三个人觉得每天在大学和昆华中学两地来回走是很不方便的，所以我们放弃了中学的工作，各自搬进了大学的研究生宿舍，但是一直到第二次世界大战结束时，我们都常常见面。1945 年夏天，我们各奔前程：黄昆去了英国做固体物理的研究，张守廉去了 Purdue 大学做电子工程的研究，而我去了芝加哥做基本粒子物理的研究。

下一次我看见黄昆是在 1971 年的夏天，那是我第一次访问中华人民共和国。在这以前，我们曾通过几次信件，我知道他的一个重大贡献是于 20 世纪 50 年代发展了中国半导体物理研究。在 20 世纪 60 年代的早期，普林斯顿大学出版了一本我的小书，名叫《基本粒子——原子物理上一些发现的简史》。那是一本印刷得十分漂亮的书。收到最初几本以后，我选了一本小心地题了词，托人带给黄昆。那本小书今天还在黄昆的书架上，但是我的题词却不见了——"文化大革命"的后果之一。我们记得那题词是这样的：

给黄昆：

纪念我们共同了解现代物理秘奥的时日。当时形成的热情的友谊没有随时空的隔离而消逝。

注释：

[1] 见杨振宁，《论文选集 1945—1980 附评注》（英文，Freeman and Co.，1983），第 3—6 页。杨振宁，《读书教学四十年》（中文），香港：三联书店，1985 年，第 3—9 页。

后记（杨振宁）

这是 1989 年庆祝黄昆（1919—2005）七十岁寿辰国际会议上我的发言。

图 89c. 1　黄昆（左）与杨振宁，1983 年初摄于北京

2002 年初黄昆与我的两封来往信件，朱邦芬翻译成中文如下：

附：黄昆与杨振宁的往来书信两封

亲爱的黄昆：

朱邦芬寄给我他写的关于你的文章，文章写得很好，从中我才第一次知道你在英国和过去二十年在中国的物理研究的详细情况，是令人印象深刻的故事。

祝贺中国今天授予你的巨大的荣誉。我知道你的朋友和学生都为此而高兴，而你不会那么样的高兴。但是庆祝典礼毕竟是重要的，是有意义的。

祝你和李爱扶新年快乐。

杨振宁

2002 年 1 月 21 日

亲爱的振宁：

谢谢你祝贺我获奖的邮件，恐怕我这一致谢来得太晚了。

你已经正确地估计到我对这次获奖的感觉，你的评论促使我这些日子一直在思考。我开始注意到无论是对我还是对我周围的人，我应该对我们所能做的更高兴一些。

我不知这是否就是你脑中所想的，不管怎样，想到这一点将有助于我。

你诚挚的，

黄昆

2002 年 2 月 25 日

Bill Moyers 的访问记

1988 年 Bill Moyers 为他的电视节目访问了许多学者。访问记后来出版成一本书 *A World of Ideas*，Double Day，1989。本文译自其中对杨振宁的访问记录。译者：翁帆。

Moyers：不久之前美国教育考试服务中心公布了全国学生成绩报告书。报告说："美国学生的科学知识和运用知识的能力极为有限。"同时，某个机构把 17 个国家的青少年进行排行，结果显示美国青少年在生物方面排名最后，化学排名第十一，物理第九。你对这些报道有什么看法？

杨振宁：这反映了美国教育体制的真实状态。我这样说指的不仅是学校，还有社会对于教育的态度。这是一个严重而又非常复杂的问题。非常明显的是从东方来的小孩——日本，韩国，以及中国的大陆、台湾、香港，纪律性比较强。他们倾向于听从父母和老师的教导，认识到只有通过努力工作才能得到享乐。在美国，整个体制非常不同。我注意到当我的小孩还很小的时候，我常说："也许你应该这样做。"他们回答："不。我不想这样做。""为什么？""因为很闷。"东方的小孩没有这种因为闷所以不做的想法。社会的模式不一样，人的想法也不一样。因此，东方的小孩不需要先有满足感才开始做一件事。在美国，所有的小孩都想走捷径，都需要被说服。可是通常那是不可能的。

Moyers：假如你的三个小孩不是在长岛而是在中国长大，他们的教育会有什么不同？

杨振宁：这个问题我思考过。我认为他们今天会是完全不同的人。他们会学到更多需要耐心才能掌握的东西。他们会愿意被训导。当然，我和我太太总是尝试对他们说："看，这样不行。你们必须努力学习。"我想他们虽听我们的话，可是在这样的环境下成长，他们有一套不同的价值观。在这个方面，东方的教育体制有很大的优越性。其中一个证明就是你刚才提到的报告——如果让中学生参加科学或数学测试，美国的小孩总体上都做得不好。

Moyers：11 个纽约市的中学生进入了全国一项科学竞赛的半决赛——11 个人都是东方人。

杨振宁：产生这种现象的最重要原因就是我们刚才所讲的。东方的小孩从小就学会要安静、坐下来，先学习再有进步。他们觉得理所当然就是这样。

Moyers：这正是社会希望他们做的，而且他们也知道这一点？

杨振宁：是的。他们的父母、邻居、朋友——所有人都说一样的话。但不要曲解我的话。我并不是说那样的体制对每一个小孩都有好处。另外一面是，接受东方教育的小孩倾向于比较胆小，他们会说：天哪，过去有这么多圣人做了这做了那，而我是谁？所以他们认为自己不能做出真正重要的事情。这种想法使得很多人后来不能跨越心理障碍做出重要

的贡献。这一点在我们的研究生身上看得很清楚。从东方来
的学生安静，愿意努力，他们成绩非常好，可是他们不善于
做出有想象力的跳跃。

Moyers： 你的意思是说如果你给他们一个问题，他们能
够解答。可是如果你让他们自己去找问题，这比让他们解答
问题难？

杨振宁： 是的，因为他们自然而然地、潜意识地告诉自己：
"规则在先，我必须守规则。"他们不想否认以前的人所写的
东西，也不想批评前人。

Moyers： 他们从很小的时候就知道了中国历史、哲学、
文化和宗教的大师。

杨振宁： 是的。一切，不仅是中国的。他们也知道有牛顿、
Maxwell、爱因斯坦——你又是谁？怎么可以挑战这些人？
这使得他们不易烦躁，可是也使得他们太过于胆小。这种胆
小的态度在他们后来希望变得更有创造力或更有想象力时是
一个障碍。

Moyers： 因此这是一个公平的交换。东方社会有更守纪
律更有毅力的学生，他们愿意为了长久以后的薪水而努力工
作，但是他们少了一种超越了常规的个人精神所具有的创新
胆识。

杨振宁： 是的。在这方面，东方的小孩并不是唯一的例子。
如果你比较一下东方、欧洲与美国，欧洲处于其他二者之间，
但比较接近于美国。欧洲的学生一般比美国的学生训练有素，
胆子也较小。

Moyers： 你认为造成这种基本差异的原因是什么？

杨振宁： 我不是社会学家也不是历史学家，可是我喜欢

思考这类问题。我想美国是一个新国家，有着新文化。美国人仍有着开发西方的精神。这一点在四十多年前我初到美国时更加明显。例如，当我来到美国时，我一些同班的美国研究生说他们的父母不赞成他们念研究生，我非常惊诧。为什么呢？因为当时人们认为年轻人应该出去赚钱。这是美国长期以来就有的实用哲学，读书多未必有用。可是美国在过去四十年成长了，也更看重学问了。我认为越古老的文化，越尊重学问，人们告诉小孩必须坐下来静心学习前人所说过的极为正确的东西。

Moyers：你认为美国文化的问题在于哪里呢？

杨振宁：我们之前提到的一个问题是：小孩没有足够的耐心去学习。另一个现象是：有吸毒的问题，还有偷盗。例如，图书馆老是丢书。所有这些现象都跟美国的个人主义极有关系，最终认为个人是至高无上的。在中国，人们会说最终社会才是重要的，而不是个人。这种基本的价值观产生了两个社会一切的差异。

Moyers：在美国的社会里，人们告诉你你所做的非常重要，而且你必须自己想办法去解决问题、取得成功，没有人会帮助你。在中国则是相反。人们不会对小孩讲这些话："嗯，你必须自己想办法。你要大胆走出去，摆脱障碍，自己动手。"

杨振宁：对。事实上，不用别人告诉你，你自己骨子里就感觉到，因为你是在这种环境中长大的。

Moyers：你自己又是怎样的呢？你在中国中部一个贫穷的省份长大。你小时候那里没有电灯，然而你后来却获得诺贝尔物理学奖。谁能料到你会成名？

杨振宁：我非常幸运。我出生在一个落后的小城，可是我的父亲在我一岁的时候到美国取得博士学位，又在我六岁那年回到中国。我随着他去了他任职的几个校园。特别是在北京，那时叫北平，我们住在清华园里。校园美丽，安全，学术气氛浓厚。在中国，在千千万万我的同龄人中，我肯定是最幸运的人之一了，能够以最好的方式学习知识。1937年战争爆发，我们搬到中国西南方，我报考了我父亲任职的大学。我学到了中国教育体制能提供的最好的东西。后来我到美国后，又是非常幸运，因为我有机会接受美国最好的研究生教育。1946年初我在芝加哥大学攻读，著名的 Enrico Fermi 是我的老师。事实上，这就是我去芝加哥大学的原因——因为我得知他要到那里教书。我发现在课程方面，芝加哥大学教的东西几乎都是我已经学过的。但是我仍然学到了很多，因为芝加哥大学学习的重点并不是课本里所讲的内容，而是新发现的物理现象与应该如何解释这些现象。它们是否能用已知的原理来解释？还是不得不建立新的概念来解释？这种不断地力求把新得出的实验结果与物理传统知识对应起来就是一种学习方式，或者说一种竭尽全力的尝试，这是我在中国没有学到的。这激发我去思考前人没有发现的东西，而不仅是学习老师让我学习的东西。所以我想我受益于两种体制。

Moyers：1957年当你获得诺贝尔奖时，你身在美国，而中国当时毫无疑问是一个共产主义国家。中国共产党如何看待一个身在美国的人成为第一个获得诺贝尔奖的中国人？

杨振宁：19世纪70年代末，美国议会有听证会辩论是否应该限制中国移民，其间一个所谓的学者公开说中国人毫无疑问比较低能。他还提供了"科学证明"。他量了不同人种的脑的大小，证明中国人的确不如白种人。那时候许多人都相信中国人不能发展现代科学，中国人对此深有反感。因此如果你问我中国对于李政道和我获得诺贝尔奖最主要的反应是什么，我会说是非常自豪。

Moyers：你认为我们应该怎么学习东方的教育方法？他们又应该从我们这里学习什么？

杨振宁：这两个问题都非常重要。对于第一个问题，我不知道说什么。我以前就想过了。我想它涉及面广，是一个社会问题，不仅仅是教育问题。我不够专业。至于第二个问题——中国应该从美国教育体制学习什么？我跟在美国的中国研究生，跟中国领导人，跟中国大学的行政管理人员、教授和学生多次讨论了这个问题。这个问题比较容易回答。我试着鼓励中国学生先扩大自己的知识面，而不是只学习书本上的东西。如果你阅读期刊，你能够找到更新的、有发展空间的知识。中国的教育体制偏向于过分训导学生。你学完一本书，再学另一本书，然后又一本书。你的眼睛被蒙起来了，你不会尝试去看别的东西。人们不教你要独立思考，人们叫你做这个做那个，说你如此就会得心应手。虽然在很多事情上的确如此，但结果往往是学生倾向于只学习，只等着别人告诉他们接下来做什么。

Moyers：这对他们的心理产生了什么影响？敬畏权威。还是按照老师的话走每一步？

杨振宁：二者都会出现。好的一面是，与美国的同龄人相比，他们学得更多，也懂得更多，他们受过更多的训练。可是坏的一面是，在创新方面，他们常有障碍。不止一个从中国大陆和台湾来的研究生对我说："杨教授，我觉得很奇怪，我原来在班上考试名列前茅，可是现在做研究工作，我发现美国同学更活跃，做得好得多。"我想很多人都有这种感受。我们从这里看到了这种教育体制两方面的影响。我告诉他们要尽量摆脱这种习惯，多读些以前别人不曾让他们读的东西，要参加研讨会，即使听不懂也去。中国有句古老的格言："知之为知之，不知为不知，是知也。"这个哲理对中国体制和中国社会有深远的影响。小孩如果假装比实际懂得多就会受到批评，好处是你更受人尊重，不清楚的事不乱讲话。坏处是你变得胆怯。碰到你不太了解的事，你倾向于觉得跟自己无关，因为你害怕如果跟它纠缠在一起，自己会陷入一个似懂非懂的状态，这不太好受。我跟从中国大陆和台湾来的学生说："你必须克服这点。你去一个研讨会，即使大部分你不懂在讲什么，你也不用怕。我常常参加研讨会，也不是完全懂在讲什么。可是一次不懂不一定是不好，因为只要你再去一次，就会发现你比以前懂得多了。"我称它为潜移默化的学习。潜移默化的学习方法在中国被瞧不起。中国研究生为什么比较胆小，因为他们不想陷入自己不完全懂的事情。可是在前沿的研究工作里，你总是半懂半不懂。

Moyers：你是走到边缘，然后跳跃。

杨振宁：是的，你跳跃，你可能只略知一二，可是你不应该胆怯。这是我来美国之后学到的，特别是从 Edward Teller 学到的，他是我论文的导师。他的主意层出不穷，可能一天就有十个想法，其中九个半是不对的。可是只要每天你有半个想法是对的，那就当然有很大的收获。而且，他经常大胆讲出自己的初步想法，这与我所说的中国的传统态度是相反的。Teller 常常随便抓住一人就说："看，我有一个聪明的想法。我们要讨论一下。"这给我留下极深的印象，因为它是一个全新的研究方法。

Moyers：当然，西方科学整个发展史就是走进未知的领域，挑战一切权威和假设，并打败一切。

杨振宁：是的，正是如此。与西方相比，这种精神在中国体制里不突出。

Moyers：可是照你说的，我会认为美国在科学方面是处于一个更强的位置。然而别人却再三说美国人会变为科学盲，说只有 10% 的美国中学生选修过一门物理课程，而且只有 7% 的美国小孩的程度可以跟上大学水平的课程。这种胆识、这种实验方法、这种创新和冒险的精神似乎没有被美国小孩继承，特别是在科学方面。

杨振宁：是的，这是个严重的问题，也被人从各个角度讨论过，是一个棘手的问题。但在某些意义上，我更担心一个相关的现象。你晓得，中学生缺乏科学知识是很危险的。当然即使这样，美国科学仍非常出色。逐渐增加的知识和动力与大型研究中心的建立使得美国今天仍主导着科学研究的大多数领域。在数学方面确实这样。在物理方面，西欧漂亮地跳跃到美国前面，可是美国至少在同速前进。重要的是美国体制能够培养出够多优秀的人才来继续发展前沿的工作。我并不认为美国在大多数科学领域中的绝对优势在接下来二十年会严重削弱。可是总体上的教育水平和大众的科学知识在下降——这才是令人担心的地方。

我们看一下日本。日本今天是一个重要的工业国家、一个没有资源的国家，也是一个战后十分贫穷的国家。可是今天他们在许多方面脱颖而出。我并不是说他们的科学研究居于世界前列。他们非常令人钦佩，可是他们的基础科学研究水平还不能跟美国竞争。那他们如何获取今天强大的工业力量？是因为他们有更多受教育的人民。他们有更多真正懂得知识的人，而不只是空有文凭。他们有更多学习科学的人。而且，他们对于生活和工作的态度与美国人不一样。我从书上看过说 8% 的美国流水生产线的产品不合格，而在日本相关的比例只有 0.5%。假如你让这两个社会相互竞争，很明显哪一个社会在销售量上会胜出。这是我们今天有目共睹的。

Moyers： 你是不是认为日本人一般的科学教育程度比我们高？

杨振宁： 是的，特别是他们接受过更多的科学教育。这一点非常清楚。你看看刚才你指的所有这些测试。日本的小孩成绩很好，因为他们在学校真真实实地在学东西。这里的小孩在学校不读书。有少数非常聪明的小孩在这种劣势下仍能学到东西，他们确实非常出色，加上他们在美国注重个人成就的自由体制里成长，他们后来居人之上，成为大机构的组织者，或者成为有成就的科学家。这一现象目前还支撑着美国，而且还会支撑一段时间。可是一个现代社会必须建立在有知识有正确观念的人民大众上。我认为这是美国的未来存在着隐忧的地方。

Moyers： 所有的研究显示了在美国大众的科学教育正在走下坡路。不管有多少杰出的个人，总的来讲社会的科学教育水平越来越差。因此你们这类科学家和我们这些人之间的差距就越来越大。

杨振宁： 我认为这个差距不可能永远继续扩大，因为总会到要算账的时候。看一下国家贸易逆差。逆差反映了美国不再能跟日本和中国台湾的产品竞争，可是不会永远是这样的。这慢慢地会出现经济危机。我不是一个经济学家，可是我看得懂数据。我们讲的不仅仅是教育问题，而是社会发展趋势。你没办法使家长能让小孩更愿意坐下来学习。需要社会一起来讨论美国教育的状态，这不只是从学校教育上讲，还要从出生就开始接受的大众教育上讲。

Moyers：文化所教育我们的，电影所教育我们的，教堂所教育我们的，邻居所教育我们的，整个社会所教育我们的关于生活的价值和学习的目的。

杨振宁：当然，如果你去日本，你会看到他们永远在讨论这个问题。他们说今天的小孩不再跟过去的小孩一样努力学习。这可能是真的。可是我想，相对于美国小孩的教育水平来说，日本小孩是截然不同的。

Moyers：日本人似乎把中西方的科学哲学混合起来，采用了最适合他们的方法。

杨振宁：很多年以前，一个哈佛的社会学家傅高义写了一本书分析为什么日本的工业产品处于领先的位置。他解释的主要原因之一是日本人注重教育。这不是说"让我们拨给学校更多钱"就可以解决的。

Moyers：日本的人口只有我们的一半，每年培养出来的科学家和工程师却是我们的两倍。你对这件事有什么看法？

杨振宁：他们比美国社会更有秩序。我们知道战后，在他们非常贫穷的时候，他们齐心协力——政府和人民一起——在一个接一个的行业中胜出。大概到了 50 年代中期，他们在造船业排名第一。然后他们又在电子、汽车工业中领先，如今又走进了计算机领域。

中国人跟日本人都信奉有几千年历史的儒家哲学——可是也存在很大的分别。日本人跟中国人就像德国人跟法国人。日本人有秩序得多，他们还知道最先要做的事情是发展经济——而且他们就全力向此发展。现在我听说他们意识到自己的经济好了，至少与很多其他社会相比是更好，他们就想在基础科学上胜出。可是他们在过去四十年里对基础科学不如应用科学那么注重。

Moyers：基础科学一直是我们的强项。现在他们在追赶着我们。

杨振宁：这是非常厉害的。如果你有一亿二千万人，那一定会有非常多聪明的年轻人，而且如果你有资金，又知道如何组织起来鼓励这些年轻人走进他们能够成功的领域，他们一定会做得很出色。日本的基础科学跟美国的基础科学今天还不在同一个水平，可是他们提高得很快。

Moyers：对于一个社会来讲，基础科学失去竞争力意味着什么？

杨振宁：对于美国来讲，这会非常糟糕。我想，说这个世纪是美国的世纪是不错的。美国自然资源丰富，人口众多，一直以来存在着一种美国精神。现在由于跟日本在工业上的竞争，这种美国精神不如以前那么受到重视。可是在科学方面，大家仍相信美国是第一。美国失去这个地位的话会大大打击整个国家的士气。

拿生物工程作例子，从经济角度上讲，这是科学发展中一个既激动人心又最为重要的领域。目前美国排名第一，可是日本紧居第二，而且他们快速进步。生物工程有深厚的经济内涵。许多人认为，再过二十年，生物工程的经济回报与计算机科学会一样多。这也是日本不遗余力地发展这个学科的道理。

Moyers：这是从应用方面讲基础科学的重要性。精神方面呢？在你研究的学科中有没有任何关于人生的答案？

杨振宁：在日常生活中，最吸引基础科学家的不大可能是他所做的研究的实际应用，而是他用某种方法了解了自然，了解自然是使人敬畏的。

Moyers：当你谈及这个的时候，你的眼睛就闪烁着光芒。

杨振宁：是的，因为我们的工作就是想用少数的方程式概括出宇宙的基本结构。虽然这些方程式看上去非常简单，可是它们包含了我们日常所见的大部分东西的基本规律。我们知道一切都是由原子和分子组成的，而原子和分子是由电子和核子组成的。现在我们已经成功地分裂核子，知道核子是由质子和中子构成的，等等。这些粒子之间存在着相互作用力，这些力就是我们日常所见的各种力的基础。我们日常所见的这些力，包括男女之间的吸引力，原本是化学力，而化学力基本上是电力和磁力，我们对此十分清楚。上个世纪的 Maxwell 先生给我们写了一些方程式，只有四行，可是它们全面地、准确无误地描述了电磁力。随着后来的发展，我们知道这些方程式准确度达到百亿分之一。

如果你有一个极聪明的研究生，你可以把他关在房间里说："你现在计算一下电子的磁矩。"如果他够聪明，而你又传授他足够的知识，不用几个月他应该就能得出一个 11 位小数点的数字，而且完全与测量到的数据一致。你想一想，他什么都没有，只用了少数几个方程式。这证明人们会用无法想象的准确方法来看透自然的结构。很多年前古希腊人以为一些基本的和谐是宇宙的基本结构。我们现在才半懂得这种和谐是什么。他们用了"对称"一词来描述和谐，可是现在我们比他们对对称的理解要深得多。

Moyers：你觉得对称是什么意思？

杨振宁：对称同时指两个观念。一是字面上的意思。当我们看见一道彩虹，我们说它非常对称；当我们看见圆的东西，说它也是对称的；当我们看见一个多次重复的图案，我们也说它非常对称。所以，对称有一个日常用的意思。不可思议的是，对称有另一个意思，而它却是 Maxwell 方程式的基础。我们现在知道，Maxwell 方程式实在起源于对称。这种对称与我们日常中对对称的理解有相似的内涵，可是它是以抽象得多、成熟得多的数学形式来表现的。这种对称解释了原子的运动规律、分子的运动规律、为什么有化学力——所以，这真是难以置信的发展。

Moyers：它怎么解释宇宙的根本结构呢？

杨振宁：它说宇宙的根本结构是建立在某种非常简单的原理上，这些原理可以用极深刻、极微妙的对称概念来描述。

Moyers：为什么我要在乎这些？这与我作为一个市民还是作为一个个人有什么关系呢？

杨振宁：回答这个问题最容易的方法是看我们周围用电的照明灯。我们现在之所以能够这样运用电就是因为上个世纪有 Maxwell 这样的人，还有 Maxwell 之前能理解电的结构的 Faraday。

Moyers：因此如果我们明白这些，我们就能够控制它、引导它、运用它。

杨振宁：你说得对。如果上个世纪没有了解电，20 世纪不可能是今天这个样子。今天所有一切都依赖于电。想一想，如果你不能运用电，一切就都不灵了，世界会完全不同。当我们真正了解事物的基础结构，根据经验，我们将能够大范围地应用它。

你可能会问："那在 Maxwell 之后，接着是什么？"接下来我们懂得了化学结构。化学结构在核子外面，它们很强，我们对它们的认识决定了我们今天所看到的一切。可是，还有比化学结构强大一百万倍的力存在核子里面，我们已开始了解其结构。你可能会问："我们是不是很快就可以运用我们在这里面所获得的知识？"我不知道怎么回答这个问题。我只知道当我们彻底了解它的时候，既然它是强大得多的力，那么就有可能驾驭它。可是我不能预测是什么时候。

Moyers：你说核子比原子小，核子里面的力——

杨振宁：我们已经知道的是原子弹和反应堆都是建立在对核子的认识上：核子里有强大的力。然而，这并不足够，因为 40 年代人们运用来释放核子里的能量的知识只是描述性知识，不是基础知识。我们寻求的是真实的基础结构，是核子的内部结构的 Maxwell 方程。

Moyers：在你有生之年我们能不能寻求到？

杨振宁：这是很好的问题。我不知道。也许不能，因为要做这件事，我们需要用非常高能量的加速器来打开核子里面最小的区域。而这一切需要越来越多的资金。

Moyers：我采访了 Steven Weinberg 博士，他讲到你们物理学家如何寻找越来越小的粒子。之后，我收到一位观众的来信说："粒子物理学使我想到一个人用石子打窗户，然后把玻璃碎片分类，一直到他觉得有必要把每一片再摔成更小的碎片，指望着能知道窗户是什么东西。"他又说："是不是有可能研究了碎片时却失去了意义。"

杨振宁：先让我来评价他所给的例子。这个例子完全错误。说我们用快速的粒子撞击核子，核子被打成很多碎片是正确的。如果物理学仅仅对把这些碎片分类感兴趣，那么它会是一个毫无用处的领域，不能吸引我们。相反，我们发现这些非常复杂的现象里有一些规律，它们可以归纳为一些方程式，而这些方程式与实验出奇地吻合。因此，我们知道自然有一种秩序。而且我们可以了解这种秩序，因为过去的经验告诉我们，当我们做更多的研究，我们会了解物理学里许多新的和非常美妙的秩序。

Moyers：美妙？

杨振宁：是的，因为如果你能够把许许多多错综复杂的现象概括成几个方程式，那是非常美妙的。

诗是什么？诗是思想的浓缩。你把非常复杂的思想用几行文字来表达，你写的就变成了一首非常美丽的诗、一首有强大感染力的诗。我们寻求的方程式其实就是自然的诗篇。

Moyers：你让我觉得也许诗人比你们物理学家已抢先了一步。毕竟，以前有 Blake，他说自一颗沙看宇宙。

杨振宁：是的，那是一首非常美丽的诗。当我们面对着一个浓缩的自然秩序时，我们就有 Blake 的诗所描述的那种感觉。而当我们意识到这是自然的秘密时，我们通常会深深感到敬畏，好像我们看到一些我们不应该看见的东西。

Moyers：不应该看见？禁地？

杨振宁：是的，因为它有一种神圣的、威严的气氛。当你面对它的时候，你有一种这本不应该让凡人看见的感觉。

我经常把它形容为最深的宗教感。当然，这把我们带到一个没人能回答的问题：自然为什么是这样？怎么可能把各种形式的力都捕捉于一条简单、美妙的公式里？这是一个人们经常讨论的问题，但是没有答案。可是我们确实有一些成功，而且能做的还更多，当然，这也是引诱我们继续前进的东西。我们想建造这些大机器的原因并不是我们想花 40 亿元公共资金，也不是我们喜欢把粒子分类。这些根本不是原因。原因是这里面有极美的、神秘的、可能有大威力的东西——同时也是非常美妙的。

Moyers：随着你们越来越深入的研究，是否有一些迹象向你暗示了在宇宙的某处存在着一种复杂的智慧，是这些美妙的结构的创造者，暗示了有一位艺术家或作曲家在谱写这些诗篇？

杨振宁：但愿我知道怎么回答这个问题。事物以这种方式出现不可能是偶然的。你有美丽的事物，有浓缩的事物，同时又有它们表现出来的无穷的复杂性。这是绝对奇妙的。为什么是这样呢？我不知道怎么回答。

Moyers：人们试图去了解的是：人不只是一堆质子和中子，或一个夸克的旋涡。人们不愿意相信人只是如此。

杨振宁：这样说当然有些对的地方。毕竟，什么是电脑？一部电脑只是一堆电线。可是一部电脑可以做许多事，比人们能做的要多得多。如果你问我这个问题："为什么存在着人类？我们为什么有大脑使得我们能够做这些深入的研究？"——我不知道怎么回答。这些是带有浓厚的宗教味道的问题。

现在这种问题经常引向另一个讨论。我们可能有一百亿个神经元。每个神经元有大概一万到十万个神经键。因此人脑是非常复杂的东西——然而，它是有限的。我相信我们的理解能力是有限的，因为我们的神经元是有限的。所以，人类了解最微妙的、最美丽的、最复杂的方程式的能力最终有一个极限。然而，我觉得我们并不需要担忧，因为要在很久以后才会到达这个极限。也许接下来的许多世纪，我们都不需要担心这一点。

Moyers：与此同时，我们如何点燃年轻人寻求你所经历的，和你在谈话中所表现出来的，激情和积极性？我们如何让小孩对这种经历也发生兴趣？

杨振宁：这需要大家一起努力。你显然也在尽你的一份力量：通过采访科学家，你可以让别人看到科学行业的基本吸引力。在千千万万观看你的节目的小孩当中，一小部分可能受到激励，说："这就是我想做的事情。"而且并不需要太多人来从事你这一行业。另外一方面是家长和社会应一起协力挑选能够做重要研究工作的小孩并给他们机会——家长和社会要合作——以便小孩能够意识到他们做科学研究的确能够发挥自己的能力。通过这些努力，科学会继续迅速发展。在过去两个世纪里，科学已经取得惊人的进步。

Moyers：从如何治愈艾滋病，或者把人送上月球，现在每个人遇到问题都求助于科学，即使他们并不懂科学。科学是否已经成为一种宗教？

杨振宁：我不如此认为。我认为科学只是变成了每一个人都知道必须注意的东西。可是并不是所有的人都相信科学，许多人对科学不满意。在美国社会，有周期性的反科学情绪，

89e   Bill Moyers 的访问记

说环境变坏了等等都是科学家所作所为。因此我不认为我们应该把科学与宗教等同起来。可是科学在每一个人的生活中在扮演着越来越重要的角色,这是非常明显的。将来很可能还更明显。

杨振宁谈最近中国行的印象

本文刊载于《镜报月刊》1990 年 2 月号，访谈者为林文。

    按：美籍华裔著名物理学家杨振宁教授最近走访了中国北京、上海、南京、杭州、广州、深圳等城市。1 月 16 日他在香港接受了本刊记者的访问。杨教授说他此行获得的总印象是，目前中国并不像海外传闻那样有极度动荡和不稳定的危机。他认为十年改革开放使中国经济实力更加雄厚，而中国在五六十年代就已培训出一大批基础扎实、素质甚高的科技人才，只要善于将他们的潜能释放出来，使科技成果转化为财富，中国的富强是可望的。他又认为中国应当改变留学生学成后一定要回国的观念，才能更好地发挥留学生的作用。

    以下是访问摘录，未经被访者过目，若有错漏，由本刊记者负责。

困难正在克服

    杨振宁教授首先谈了对此次事件后中国前景的总的看法。他说，目前中国存在很多困难，我这次回国就发现许多旅馆空空如也，据说都有较大的亏损，不过，从长远观点看，我对中国的前途还是有信心的。现在已经可以看到，外交上的困难、经济上的困难，都在逐渐克服。

接着，杨教授以海外关注的经济特区为例，来印证他的观点。他说他 1 月 15 日刚到深圳参加香港意利达工业发展集团有限公司独资兴建的深圳意利达大厦的开幕典礼，感到这个生产精密机械等多种外销产品的工业集团大有发展前途，因为中国的人工实在太便宜了，且深圳与香港只有一水之隔，来往非常方便。他又说他看到李灏市长对深圳的发展前途有十足的信心。他们向他提供的一个例证是深圳飞机场 1988 年才修建，1991 年就可启用，修建速度之快说明中国只要决定做一件事，是一定可以做到的。

近来海外有些人对中国缺乏信心，认为中国处于动荡和不稳定之中。杨教授说他个人的感觉是，中国对海外有些东西不了解，海外对中国也有很多地方不了解。如果你到中国看一看，跟各阶层人士谈一谈，你会发觉你得到的印象，和从海外报纸得到的印象很不一样。近来海外报纸给我的印象正如有的人所说，整个中国处在动荡和不稳定之中，这和我最近先后在北京、上海、南京、杭州、广州、深圳等市所得的印象完全不同，我不觉得中国是在动荡和不稳定之中。有没有问题？有。有些人甚至有种种不满。但没有海外报纸所说的那种动荡。

杨教授进一步说，香港人所说的信心有两种：一种是香港人自己的信心；一种是香港猜中国内地人自己的信心。二者是两回事，不能混淆。现在国内普遍的现象是物价下跌，尤其是一些电器等高级商品跌幅更大。其中一个重要原因是人们没有大量抢购储存物资。人们没有只要物资不要钞票的恐慌，就是对政府的信心没有动摇的最好说明。

经济起飞无须体制促成

问及中国的物价下跌是否暂时现象，杨教授同意这个看法。他说他曾经问过中国商业部部长胡平等领导人，他们都认为，中国在 20 世纪末实现"翻两番"的目标是完全没有问题的。不过，杨教授认为目前中国经济仍未摆脱困境。他说，中国经济要发展，必须采取一个很重要的措施，就是使相当多的企业朝私有化的方向走。因为今天在世界上已经看得很清楚，私有化企业效率高，公有化企业效率低。

至于民主与经济的关系，杨教授同意新加坡李光耀总理最近接受香港记者访问所表述的观点，即经济的成功并不意味着必须同时进行民主政治改革。他认为李光耀雄才大略，并非信口开河。他说，民主并非不好，但经济起飞不一定要民主促成，不民主的国家经济也能起飞，这样的例子在世界上太多了。

杨教授接着说，美国是相当民主的啰，但它现在危机重重，虽还不能说病入膏肓，但它的黄金时代已经过去。美国社会有许多不治之症，如艾滋病、毒品、治安不好、年轻人不愿努力，等等。纽约、华盛顿、芝加哥等大城市都有一些穷人聚居的危险区，汽车驶过这些地区，若不关紧窗门，往往会遭抢劫。以前美国宗教约束力很大，现在宗教的力量瓦解了，父母对子女的道德影响也少之又少，这样下去，再下一代人的素质会更差。

中国科技成果是历史奇迹

中国在五四运动时期就提倡用"德先生"（民主）和"赛先生"（科学）救中国，七十年过去了，中国今天要富强，仍有赖于"德先生"和"赛先生"，使人感到中国的发展太慢了。杨教授则认为，"赛先生"在中国已有很大的影响，这是中国共产党的功劳。

杨教授说，今天中国的科技是很进步的。也许香港有些人看不到这一点，所以很有点看不起内地。内地也许电梯没有日本造得好，银行没有香港管理得好，可是，如果以内地开设的研究所和大学招收的研究人员数目之巨，研究方向之多、水平之高、训练之扎实，和香港、台湾比较，则完全属于不同阶层。而这一点又很容易被香港人忽视。

杨教授认为，中国科技的巨大成果可谓历史上的一个奇迹。新中国成立头十五年，在物理、化学、地质等一切方面都培养了大批人才，包括每一学科各个环节的人才，终于在1964年成功地爆炸了第一颗原子弹。原子弹的爆炸，成功表明中国具有各种学科各个领域的人才。要爆炸原子弹，需要先探铀矿，然后要会开采、提炼，还要有化学、冶金、爆炸、核物理等各方面的知识和技术……这许许多多人才都是那十五年里培训出来的。去年美国斯坦福大学教授路易斯出了一本名叫《中国制造原子弹》的书，就是讲的中国在十五年内制造原子弹的历史的。该书详细介绍了中国怎么动员了最高领导人、尖端科学家，怎么让这些科学家去训练一批又一批的年轻科技工作者，怎么组织各方面的力量，同心协力地为制造原子弹而做出贡献。这是一项长期艰苦细致的科学技术研究和创造工作，但中国终于成功了。其影响之大今天已日益显现出来。

在原子弹爆炸半年前，当中国科学家们确信爆炸一定成功之后，遂即投入氢弹的研制工作，结果在原子弹爆炸之后两年零八个月，即 1967 年，成功地爆炸了氢弹，轰动了全世界。那时全世界只有苏、美、英能造氢弹，法国虽已有原子弹，但氢弹研制尚未成功，后来虽也爆炸了，但前后花了八年时间；那时中苏关系恶化，赫鲁晓夫还向西方保证苏联没有向中国提供研制氢弹的技术秘密，中国不会爆炸氢弹，但是中国仅仅用了两年零八个月的时间，就使氢弹爆炸成功。这个奇迹显示中国已进入世界尖端科技行列，显示中国已经培养出一大批有气质肯努力的尖端科技人才，显示中国领导人具有组织研制尖端科技项目的能力。正如路易斯在书中所说，当时的聂荣臻元帅为此所做的一系列战略上的部署，现在看来都是对的。

杨教授也尖锐地指出，中国共产党不懂得做的事情是，不会计算产品的成本。他说，中国一旦决定研制某件产品，总是不计成本，志在必得。原子弹的爆炸、氢弹的成功、人造卫星的上天，都是明证。可是从经济观点来看，要使一件产品打入国际市场，不仅要会制造，还要成本低，才能赚取利润；如果只求制造不计成本，那就会亏本。中国长期以来都没有计算成本的观念，近几年才逐渐懂得计算成本的重要性。中国建国初期有个"填补了一个空白"的名词，凡是能够研制出一件过去没有的新产品或先进产品，就叫"填补了一个空白"，这是有道理的。但光会出产品还不够，还要做到物美价廉能赚钱，这就非计算成本不可。这是中国现在最需要学的。

杨教授还认为，中国从爆炸原子弹的时候起，就有了一支能够制造尖端科技产品的坚强队伍，这是值得珍惜的。中国应当将发明原子弹、氢弹、人造卫星等各种尖端科技产品的科学家的名单公之于众，才能更好地激励年轻一代为科技的发展做出贡献。美国，甚至苏联对尖端科技发明家的名字是公开的，中国则予以保密，以致许多人对氢弹原理的发明家于敏的名字都很生疏，这不是好的现象。

十年改革开放，经济成就了不起

谈到怎么评价中国十年改革开放的问题，杨教授认为，十年改革开放获得的经济成就是了不起的。他说，美国的百货公司五年前你很难找到一件中国产品，现在则多的是。比如中国大陆的自行车，五年前在美国是凤毛麟角，现在每年出口 200 万辆，如果正常发展下去，出口很快就能达到 800 万辆，超过台湾地区。台湾地区的自行车，50 年代还很少出口，后来独霸了世界，现在中国大陆渐渐要把台湾取代了。像这样的出口商品，如果来它几百项，中国的经济实力就雄厚了。中国的外贸现在每年已达到 400 亿美元，这个指数很重要，如果每年对外输出的平均增长率能够维持在 9%，那就用不了十年，只须到 1997 年，"翻两番"的目标就可实现。

应改变派遣留学生的观念

中国对外开放以来，留学生逐年增多，但不少留学生学成不归，近来不归者更多，以致中国政府不得不检讨和修订留学生政策。对此，杨教授认为，不要把留学生不愿回国的问题看得太严重，他说几年来他一再跟中国领导人谈到，留美学生多不愿回国，是普遍现象，并非中国特有的。既然其他国家的留学生可以不回国，中国留学生就会想，为什么我们要和人家不一样？加以我们这些 1949 年以前出去的留学生，不少还学有所成，无形中也给现在的留学生增添了不归的理由。但这又有什么可怕的呢？今天在留美的研究生中，以中国大陆和台湾的最多，各有 27000 人左右；台湾每年留美的研究生数目也和大陆差不多，都有几千人，但台湾人口只有大陆的六十分之一，相形之下大陆留学生少之又少。50年代、60 年代，台湾报纸也经常讨论人才外流的问题，但没有作用。而实际上台湾人才外流并不影响台湾经济的起飞。因为台湾还有更多没出去的人才，他们发挥了作用。至于大陆没外流的人才就更多更多了，所以留学生不归并非大问题，之所以变成一个大问题，是大陆自己拼命宣传，自己炒起来的。

杨教授还认为，中国政府可以向留学生表示，不仅不反对他们留在美国，而且欢迎他们做中美贸易的桥梁。眼光放远一点，对中国是有好处的。比如，旧金山的硅谷，是美国研究和制造电子计算机的密集之地，中国在那里的留学生也不少，由于他们了解美国市场的需求，如果其中之学而优者兼有企业能力的留学生能够组织公司，对于开拓中国有关产品出口赚取外汇相信会有帮助。中国教育界很多人士都赞同这种设想。

杨教授说，他并非阻止中国留学生回国，而是觉得如果花了很大的力气，弄得感情破裂，又没能使留学生回来，岂不是做得很不聪明，何况留学生留在美国并不见得对中国不好，许多方面可能有很大的正面作用。台湾留学生早年学成而归的只占 1%—2%，近十年经济发展了，事情多了，回去的据说有 10%—20%，其中有些人就是从硅谷回去的，他们把台湾计算机工业搞上去了，现在台湾计算机每年的销售额已经达到 30 多亿美元。假如台湾 50 年代就将这批留学生拉回去，现在就不见得有这个成果。

杨教授又说，中国若要留学生按期回国，可将留学生派往英国、日本和欧洲，因为那些地方不大接纳外国人。

总而言之，杨教授认为，中国领导层应当改变留学生学成后一定要回国的观念。如果观念上认为应有 90% 的留学生回国，那当然就会觉得现在失败极了；如果把这个观念放弃，从长远观点去看，就会觉得是件好事。

杨教授指出，中国虽然有几万人出国留学，但国内的人才仍然很多，中国有一大批基础扎实、素质甚高的科技人才，关键在于怎样将他们的潜能释放出来，将科技成果转化为财富。这是中国有关方面应当认真考虑的。

对称和物理学

原文"Symmetry and Physics"，载于 *The Oskar Klein Memorial Lectures*，Vol. 1，ed. G. Ekspong，World Scientific，1991。译文载于《二十一世纪》1991 年 8 月号,总第 6 期。译者:李醒民。

早期阶段

对称概念像人类文明一样古老。它是如何诞生的，也许是一个永恒的秘密。但是,生物世界(图 90e.1) 和物理世界(图 90e.2) 中的令人惊奇的对称结构，必定给先民们留下了深刻的印象。人体的左右对称也不会不激起先民们的创造天性。很容易想象，越过这一早期阶段，对称概念被抽象出来了，起初也许下意识地，后来便以比较明确的形式抽象出来。随着文明的发展，对称逐渐蔓延到人类活动的各个领域:绘画、雕塑、音乐、建筑、文学，等等。图 90e.3 展示的是称为觚的青铜器皿，其年代在距今约三千二百年的中国商代。它的雅致的外形揭示出艺术家对对称形式之美已有周密的理解。图 90e.4 展示的是宋代大诗人苏东坡（ 1036—1101 ）写的一首诗，它由八个竖行组成，每行七个字，这是标准的中国诗的形式。这首诗可以竖直向下读，从右边第一行开始，接着读第二行，依次类推。但是，它也能够倒着读，从最后一行（第八行）底部向上读，接着按同样的方式读第七行，如此等等。用这两种方式读来诗都很美，都具有正确的音步和恰当的韵脚。

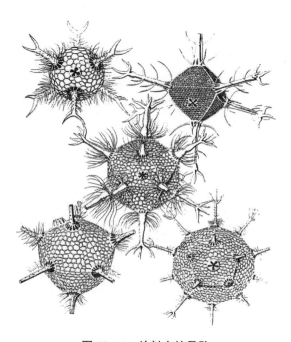

图 90e. 1　放射虫的骨骼

图 90e. 5 是巴赫(J. S. Bach, 1685—1750)的 Crab 轮唱曲，它是一个小提琴二重奏，其中每个小提琴的乐谱是另一小提琴乐谱的时间反转的演奏。我们很难判断，苏东坡的诗或巴赫的乐曲二者之中哪一个更难创作。可以肯定的是，二者都起因于艺术家对于对称概念的感染力的深刻鉴赏。

图 90e. 2　雪花

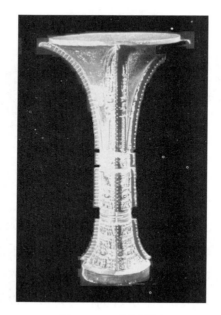

图 90e. 3　青铜器觚

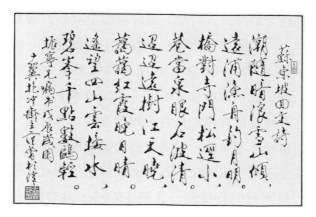

图 90e.4 苏东坡的回文诗。这首诗既能倒读也能顺读（作者感谢范曾先生的书法）

图 90e.5 Crab 轮唱曲，J. S. Bach

对称概念最早进入科学，也许可以上溯到古希腊的数学家和哲学家。众所周知，希腊人发现了五种规则立体，它们是高度对称的（图90e.6）。这使某些权威认为，欧几里得（Euclid，约公元前300年）汇编《几何原本》实际上就是为了证明这五种规则立体是仅有的规则立体。尽管这一理论可能正确，也可能不正确，但是我们的确知道，希腊人因这个发现，甚至于把宇宙结构的基本元素与这五种对称的立体联系起来。以下我们将提到开普勒（Kepler，1571—1630）在科学时代的开始怎样想把这些规则立体与行星的运行轨道联系起来。

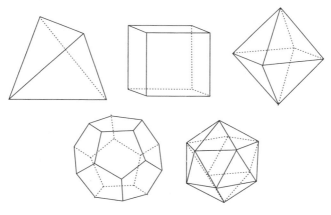

图90e.6　具有最大对称的五种规则立体

希腊人对对称概念是如此着魔入迷，以致他们用"球之和谐"与"圆之教条"的观念为主导思想，按照这种观念，天体必须遵守最对称的法则，而圆和球是最对称的形式。然而，天体并非做简单的圆运动。于是，他们力图使天体的运动符合在圆运动上叠加的圆运动。当这样的想法没有奏效时，他们又使叠加在圆运动上的圆运动，再一次叠加在圆运动上，如此等等。

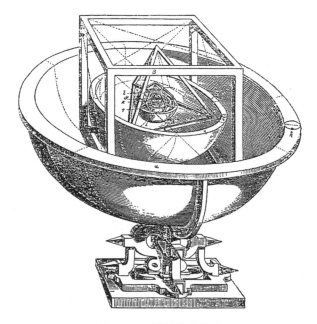

图 90e. 7　开普勒的结构

"球之和谐"至少阻碍了天文学的进步一千五百年。不过，这种观念的影响并不是完全消极的。当开普勒开始天文学家的生涯时，他继承了希腊人对于对称的迷恋，并力求发展一种基于五种规则立体的行星轨道之直径比的理论（图 90e. 7）。他已对哥白尼（Copernicus，1473—1543）的日心体系深信不疑。当时已知有六个行星：土星、木星、火星、地球、金星和水星。开普勒设想土星是用一个大球描绘的，接着他构造了一个正立方体。在这个立方体内，且内切于立方体，他设置了另一个球描绘木星，在该球中内接着他构造的一个正

233

四面体。在这个正四面体内，且内切于正四面体，他设置了下一个球描绘火星，依次类推。五种规则立体就这样提供了六个球之间的内插物。他接着计算这些球的直径之比，并把它们与观察到的六个行星轨道直径之比进行比较。这个步骤取决于五种立体——立方体、四面体、十二面体、二十面体、八面体——的次序。这种次序共有 120 种排列可能。开普勒一一试验了它们，发现图 90e.7 所示意的次序最接近天文学数据。

当然，开普勒的理论是完全错误的：我们今天知道，在他的六个行星之外还有其他行星，而只有五种规则立体可用于内插。但是，按照他自己的看法，他后来发现的著名的开普勒三定律，却是受到这早期的努力促动的。而大家都知道，开普勒三定律本身是牛顿（Newton，1642—1727）后来建立近代物理学整个大厦的基础。

我们也应该强调，尽管开普勒在图 90e.7 所表现的思想是错误的，但是他的探究方法却完全与当今基本粒子物理学中所使用的一种方法相似：为了解释物理学中某些观察到的规则性，理论家力图使它们与起因于对称观念的数学规则性相匹配。如果有几种匹配方式，理论家便一个接一个地试验它们。这种努力通常是失败的。但是，有时候在所使用的对称意义或对称类型中，发现了新颖的方面，从而取得进步。偶尔，这一进步竟能导致基本物理中意义深远的新概念的产生。

19 世纪：群和晶体学

在 19 世纪，一个重要数学观念逐渐形成，它后来成为数学中最深刻的概念之一。这就是群的观念。虽然有些数学家早已有群的概念，却是伽罗瓦（Galois，1811—1832）在1830年以其对五次多项式方程不可解性的出色解决，显示了这一概念的威力。因此，人们一般都说伽罗瓦首创了群的概念。该概念在19世纪后期获得了广泛的发展。在19世纪80年代，索菲斯·李（Sophus Lie，1842—1899）推广了群的思想，创造了连续群（或李群）理论。群和连续群的概念是对称概念的最好数学表示。

在物理学方面，晶体学是一个重要的研究领域。按晶类把晶体分门别类是很自然的，同一晶类的晶体具有许多相同力学特性、热特性和电特性。晶类与数学的群论的关系并不是一个显而易见的思想，是经过了数十年的发展，才终于在1890年左右达到了晶体学家费多罗夫（Fedorov）以及数学家舍恩弗利斯（Schonflies）和巴洛（Barlow）的结论：每一个晶类都与一个空间群联系在一起，在三维中恰恰有230个不同的空间群。因此，存在着230个不同的晶类。

要详细描述这一极其漂亮的、十分有用的发展，要用太多的篇幅。不过，我们可以阐明一下在二维中的同一数学问题的精神。图90e.8（A）表示一个简单的正方形格子，我们想象它向四面无限延展。它具有许多对称：如果把图形向右移一个单位，或向上移三个单位，或向下移一个单位接着向左移两个单位，等等，该格子依然保持不变。这些位移或它的组合称为格子的"对称元素"。还有其他的对称元素：绕一个角旋转90°或180°等，绕任何正方形的中心旋转90°或180°等，这些都使得格子不变。这些元素也是对称元素。人们也能够相对于任一垂直线或任一水平线反映格子，或者相对于两个垂直线之间的任何中线反映格子。所有这些元素也都是对称元素。此外，如果人们相对于通过许多格子点的45°线反映格子，那么也能得到对称元素。这一切对称元素在一起构成一个群，即二维空间群。我们说，图90e. 8（A）属于这个空间群，反之亦然。

现在，让我们转向图90e. 8中的格子（B）。这个延展到无穷的格子也具有对称元素。事实上，格子（A）的所有不包括反映的对称元素也是格子（B）的对称元素，这一点容易通过检验来证实。可是，任何反映却不会使格子（B）保持不变，因为反映总是从字母d翻转到字母b，而b在格子（B）中是找不到的。因此，任何反映都不是格子（B）的对称元素。这样一来，我们证明了格子（B）的空间群不同于而且小于格子（A）的空间群。

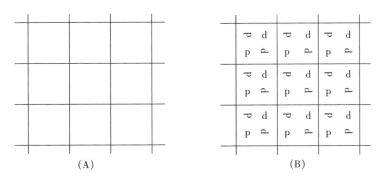

图90e. 8 （A）简单的正方形格子；（B）用字母d装饰的简单的正方形格子

图90e. 9展示了17个不同的图样，其中每一个我们都想象延展到无穷。它们形成像浴室中的瓷砖铺成的图样。每一

个图样都有它自己的空间群。第三排中心的图样与图 90e. 8
的格子（A）具有相同的空间群。它的右边的图样与图 90e. 8
的格子（B）具有相同的空间群。容易证实，属于这 17 个图
样的 17 个不同的空间群都是不同的。这 17 个空间群是在二
维中仅有的空间群，这一点可以证明，但并非轻而易举，是
早先提到的定理——在三维中有 230 个空间群——的推广。
（在历史上，三维中的问题首先被解决。推广到二维中的比
较容易的问题是后来解决的，这暴露了这些研究的物理实用
起源。）

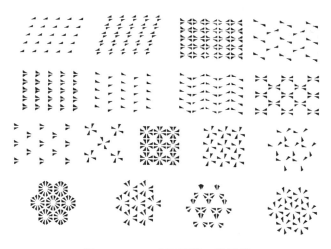

图 90e. 9　17 个不同的二维图样

　　应用群论分析晶体学中的对称概念，是向物理学家提供
抽象数学中群的概念的雅致和威力的第一个例证。另外的例
子在 20 世纪接踵而至，它们以深刻的方式影响了基本物理
学发展的进程，我们紧接着将略述这一切。

20 世纪：扩大了对称的作用

当爱因斯坦（Einstein，1879—1955）在 1905 年创立狭义相对论时，他也为空间和时间在抽象的数学含义上是对称的这一概念铺设了道路。多年之后，1982 年在意大利埃里切（Erice）的谈话中，狄拉克（Dirac，1902—1984）问我，什么是爱因斯坦对物理学的最重要贡献。我回答说："1916 年的广义相对论。"狄拉克说："那是重要的，但不像他引入的时空对称的概念那么重要。"狄拉克的意思是，尽管广义相对论是异常深刻的和有独创性的，但是空间和时间的对称对以后的发展有更大的影响。的确，与人类的原始感受如此抵触的时空对称，今天已与物理学的基本观念紧密地结合在一起了。这个对称叫作洛伦兹对称，是当时物理大师荷兰物理学家洛伦兹（Lorentz，1853—1928）发现这一对称的数学，而是年轻的爱因斯坦最早了解此对称的真正物理含义。

与对称有关的另一个重要进展是，在本世纪头二十年人们逐渐意识到，守恒律与对称有联系。当然，从牛顿时代以来，守恒律已是人所共知的了。但是，只是在 20 世纪人们才认识到，动量守恒与物理定律的位移不变性（即位移对称性）相关联。角动量守恒也与物理定律的转动对称性相关联。

在本世纪之前的两百年间，守恒律和对称之间的关系未被人们发现，其原因何在呢？答案在于下述事实：在古典物理学中，这种关系尽管存在着，但不十分有用。当量子力学在 1925—1927 年发展时，这种关系的重要性才实际上显露出来。在量子力学中，动力学系统的态是用指明态的对称性质的量子数标记的。与量子数一起，还出现了选择定则，它支配着在态之间跃迁时量子数的变化。量子数和选择定则是在量子力学之前通过经验发现的，可是它们的意义只是在量子力学发展后借助于对称才变得一目了然的（图 90e.10）。于是在 1925 年后，对称才开始渗入到原子物理学的语言中。后来，随着物理学家深入研究核现象和基本粒子现象，对称也渗入这些物理学新领域的语言中。

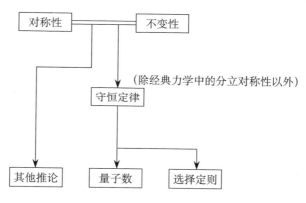

图 90e.10 基本物理学中运用对称的示意图

对称在量子物理学中所以大大扩展了其作用，是因为量子力学的数学（希尔伯特空间）是线性的[1]。由于这种线性，在量子力学中存在着叠加原理。在古典物理学中，椭圆轨道没有圆轨道对称。在量子力学中，由于叠加原理，人们在与圆轨道（s 态）的对称等同的立足点上讨论椭圆轨道（p 态）的对称性。事实上，所有轨道的转动对称在量子物理学中都是通过转动群的表象理论———一个极其优美的数学分支———来同时进行分析的。

作为这些发展所给出的深入了解的另一个例子，是在 19

世纪发现的周期表的结构。周期表是一项伟大的发现，可是周期二、八、十八等是经验数，这些数目是通过比较各种元素的化学性质而找到的。对于它们的来源当时没有深刻的理解。在量子力学发展后，人们逐渐弄清楚，这些数目不是偶然的数目。它们可直接从库仑（Coulomb）力的转动对称得出。这一发展中数学推理的雅致和完美，和物理结果的深度和复杂，大大地鼓舞了物理学家，增强了他们对于对称概念的重要的认识。

在量子物理学中，对称概念的意义深远的结果的另一个例子是狄拉克预言反粒子的存在。我曾把狄拉克这一大胆的、独创性的预言比之为负数的首次引入[2]，负数的引入扩大并完善了我们对于整数的理解，它为整个数学奠定了基础。狄拉克的预言扩大了我们对于场论的理解，奠定了量子电动场论的基础。

未曾料到的发展在 1956—1957 年间发生在下述发现[3]中：经过十分精确的观察，发现左右对称在弱相互作用中不是有效的。这在当时使所有物理学家大为惊异，是第二次世界大战结束以来最激动人心的发现之一。它使对称（和非对称）概念在粒子物理学基础中的重要性更增加了。

韦纳尔·海森堡（Werner Heisenberg，1901—1976）和沃尔夫冈·泡利（Wolfgang Pauli，1900—1958）受到这一激动人心的场面的感染，开始在"具有高度对称的场方程"方面合作。海森堡后来写道[4]：

> 随着沃尔夫冈在这个方向迈出的每一步，他变得更加热情了——此前或此后，我从来也没有看到他对物理学这么激动过。

在几个月期间，他们是极为乐观的，但是最后努力失败了，结果以泡利向海森堡发起辛辣的、挖苦的攻击而告终，这是 1958 年在欧洲核子研究中心（CERN）的一次会议上当着目瞪口呆的听众而进行的攻击，这次会议的听众大多数是我这一代的物理学家。

对于对称和非对称的研究并没有由于这次惨败而减退。相反地，在 20 世纪 50 年代末和 60 年代初，尤其是发现许多谐振之后，它变成了基本粒子物理学的占统治地位的主题之一。图 90e. 11 是从 1964 年的一篇文章中重印的，它表明了建立在李群 SU_3 基础上的对称，该对称被命名为八重法（eightfold way）。

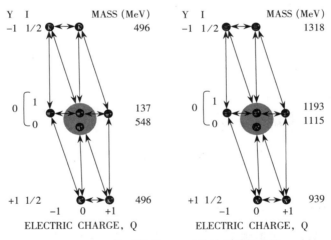

图 90e. 11　粒子按照 SU_3 对称的八重法分类

1964 年，由于关于时间反演与 CP 不守恒的发现[5]，另一个激动人心的重大事件席卷了物理学界。这一微小的、难以察觉的效应在最近二十多年导致了许多极重要的发展。

20 世纪：规范对称

图 90e. 10 是在 1957 年为概括当时对称观念在基本物理学中的作用而作的示意图。后来的发展大大地扩展了这种作用，以致在当今的 1991 年，那幅示意图必须作重大修正，像图 90e. 12 所示的那样。其实，在基本物理里面，对称考虑起了根本的变化：从被动角色，变成了决定相互作用的主动角色——我把这一角色称为[6]对称支配相互作用。

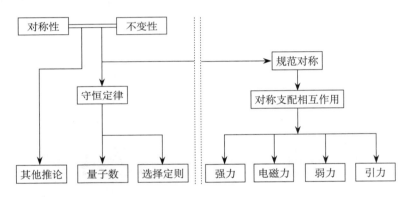

图 90e. 12　1991 年修正了的图 90e. 10

1954 年，由于注意到[7]，粒子的电磁相互作用仅仅由它的守恒量电荷来决定，这便产生了一个问题：其他守恒量也可以决定相互作用吗？答案是肯定的，并且绝妙。它包含着从韦耳（Weyl，1885—1955）、伦敦（London，1900—1954）和福克（Fock，1898—1974）在 1918—1929 年间的工作中已发展的电磁规范对称的推广。电磁规范对称建立在十分简单

的李群 $U(1)$ 的基础上。推广要求考虑比较复杂的李群，复杂的后果使得推广的方程具有陌生的非线性项，如下所示：

U(1) 规范理论　　　　　　　推广后的规范理论

（麦克斯韦理论）

$$f_{\mu\upsilon} = A_{\mu,\upsilon} - A_{\upsilon,\mu} \qquad\qquad f^i_{\mu\upsilon} = b^i_{\mu,\upsilon} - b^i_{\upsilon,\mu} - c^i_{jk} b^j_\mu b^k_\upsilon$$

$$f_{\mu\upsilon,\upsilon} = -J_\mu \qquad\qquad f^i_{\mu\upsilon,\upsilon} + c^i_{jk} b^j_\upsilon f^k_{\mu\upsilon} = -J^i_\mu \qquad (1)$$

在这些方程式中，逗号表示微商。左边的第一个方程是熟悉的高斯（Gauss）定律和法拉第（Faraday）定律的组合协变形式。左边的第二个方程是熟悉的库仑定律和安培（Ampere）定律的组合协变形式。右边的两个方程是它们的推广。我们注意到电磁势 A_μ 改成了 b^i_μ。上标从 1 到 n，这里 n 是李群的维度。符号 c^i_{jk} 表示刻画李群特征的重要的结构常数。它们是整数，即正整数、负整数或零。

对于电磁现象而言，李群是 $U(1)$。关于这个群，$n=1$，从而我们能够去掉上标。而且，$c^i_{jk}=0$，所有方程简化为麦克斯韦形式。

就一般情况来说，$c^i_{jk} \neq 0$，所以一般规范理论方程含有非线性项[8]。我们稍后将返回到这一点。

20 世纪 60 年代和 70 年代的发展趋向于这样的观点：强相互作用、电磁相互作用和弱相互作用都归因于以不同李群为基础的规范场；现在，这个观点已被普遍接受了。人们也普遍同意，引力相互作用也归因于一类规范场，不过由于规范自由度与自旋及坐标系统之间的微妙关系，以致引力作用今日还难以等价于规范场。这依然是物理学的一个十分突出的根本问题[9]。

在 1975 年发现[10]，物理学中的规范场概念与数学中的纤维丛概念有关。这一关系阐明了电磁固有的几何意义，也阐明了阿哈罗诺夫－玻姆（Aharonov-Bohm）实验和狄拉克磁单极的拓扑意义。

在 1975 年的这篇论文中草拟了一个术语翻译表，它在表 90e. 1 被复制出来。这张表在数学家中间引起了浓厚的兴趣。尤其是，数学家开始把注意力集中在源 J（参见表 90e.1 中的"？"）概念上，他们先前没有研究过这个概念，但是它在麦克斯韦方程和一般规范理论中对物理学家来说却是如此根本和自然。源 J 在物理学中被定义为场强的散度。在数学家今天的记号中，这个定义变成

$$* \partial * f = J。$$

无源的情况满足方程

$$* \partial * f = 0。$$

Translation of terminology

Gauge field terminology	Bundle terminology
gauge（or global gauge）	principal coordinate bundle
gauge type	principal fiber bundle
gauge potential b_μ^k	connection on a principal fiber bundle
S_{ba}（see Sec.V）	transition function
phase factor Φ_{QP}	parallel displacement
field strength $f_{\mu\nu}^k$	curvature
source[a] J_μ^k	?
electromagnetism	connection on a $U_1(1)$ bundle
isotopic spin gauge field	connection on a SU_2 bundle
Dirac's monopole quantization	classification of $U_1(1)$ bundle according to first Chern class
electromagnetism without monopole	connection on a trivial $U_1(1)$ bundle
electromagnetism with monopole	connection on a nontrivial $U_1(1)$ bundle

a : i. e., electric source.

表 90e. 1 在规范场理论（物理学）和纤维丛理论（数学）中术语的翻译

对这个方程的研究结果是极其富有成效的，它导致了拓扑学的惊人突破，唐纳森（Donaldson）为此荣获了 1986 年度的菲尔兹（Fields）奖。

我想就规范对称作几点附带的讨论：

（1）爱因斯坦的广义相对论是对称被用来主动地决定相互作用的第一个例子[11]。用今天的语言来说，爱因斯坦把切丛（the tangent bundles）用于他的对称。切丛由于比其他丛更难以捉摸，因而难以用来推广到其他丛。这就是薛定谔（Schrödinger，1887—1961）[12]、克莱因（O. Klein，1894—1977）[13]和其他许多人在本世纪 20 年代和 30 年代立足于广义相对论的工作没有导致一般规范理论的缘由。请比较一下注释［9］。

（2）纤维丛是一个十分复杂的几何概念。今天认识到它原来是基本场结构的必不可少的元素，这也许会使爱因斯坦感到高兴，因为他曾多次强调（参见注释［6］），基本场就其本性而言必须是几何的。他也会因方程（1）的自然的非线性而快慰，因为他曾强调指出[11]："真正的定律不可能是线性的，而且也不可能从这样的线性方程中得到。"

（3）我在上面提到了克莱因的论文[12]，该文是他在 1938 年华沙会议上的报告。在今天这次奥斯卡·克莱因纪念讲演中，把赞颂之词奉献给这篇今日很著名的论文是恰如其分的，该文提出的场论其方程含有十分类似于上述方程（1）的非线性项。克莱因是怎样得到这些项的呢？答案在于，他从卡鲁扎－克莱因（Kaluza-Klein）理论出发，该理论建立在广义相对论的基础上，具有非线性项。不幸的是，正如在讨论（1）已经提到的，广义相对论（即切丛）难以适用于推广到其他规范场。这样一来，克莱因没有发现非阿贝耳（Abel）规范对称，他的论文没有产生多少影响。

（4）正如维格纳（Wigner）强调的[14]，对称一词在通常用法中的意义与它在规范对称中的意义截然不同。这一差异在图 90e.13 中显示出来。我们将举在古典力学和在量子力学中的氢原子方程转动对称作为对称的例子。先看左图：由该方程可得出一个椭圆轨道的解，通过图 90e.13 水平箭头指示的转动变换可以得到其他解。这些解表示不同的物理态。可是就右图规范对称而言，人们也能够由方程的一个解通过图 90e.13 中水平箭头指示的规范变换得到另外的其他解。可是所有这些解表示同一物理态。

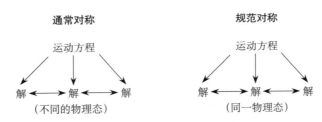

图 90e.13　通常对称和规范对称之间的差异的示意图

　　水平箭头表示联系各个解的对称变换。对左列来说，这些解表示不同的物理态。对右列来说，它们表示相同的物理态

（5）当代基本物理学深奥的秘密之一是重整化概念。这里不是详细讨论这一概念的地方。只要说说下述事实就足够了：一方面它在预言基本粒子的根本性质时产生了不可思议的精确度（达到 10^{11} 分之一），而另一方面它依然缺乏牢固的数学基础。

在过去四十年，我们习得的训诫之一是，对称对于重整化是极有效的：（ⅰ）对重整化的需求在本世纪 30 年代已经明显了，但是重整化作为一种纲领只是在 40 年代末才被人们所理解。这是因为，直到 40 年代物理学家才充分使用洛伦兹对称。（ⅱ）一般规范理论由于是高度非线性的，因而似乎很难重整化。通过 70 年代初的美丽的工作[15]，人们才弄清楚，一般规范理论是可以重整化的，因为它含有高度对称。

为了使重整化不再神秘，我们可能需要对对称概念更深入地了解。

（6）经过许多物理学家的工作，对称破缺的概念在本世纪 60 年代和 70 年代被引入基本粒子物理学。用最简单的语言来讲，该观念使数学形式保持对称，而使物理结果保持不对称。"标准模型"就是建立在具有对称破缺的规范理论的基础上，为此格拉肖（Glashow）、萨拉姆（Salam）和温伯格（Weinberg）分享了 1979 年诺贝尔奖。这个模型是极其成功的。可是，对称破缺在这个模型中被引入的方式却不能令人满意。大多数物理学家认为，在这个课题上还不能说已有定论。

（7）超对称理论、超引力理论和超弦理论这些最近发展，都是在场论和场论的推广中探索和开拓对称的各种新方向的尝试。

21 世纪：对称的新方面？

分析物理学中对称概念在许多世纪中的演进，我们不能不为下述诸事实而得到不可磨灭的印象：古希腊哲学家的直

觉概念确是在正确的方向上，这个概念在数学和物理学中的
演变导致在两个学科中的深远发展，而现在依然悬而未解的
基本物理的最深奥的秘密与这个概念好像全都纠缠在一起，
等待未来的进一步的发展。

　　在理解物理世界的过程中，下一个世纪会目睹对称概念
的新方面吗？我的回答是，十分可能。

注释：

〔1〕C. N. Yang, *Physics Teachers* **5**, 311 (October, 1967).

〔2〕C. N. Yang, "Symmetry Principles in Modern Physics"，在 Bryn Mawr
学院所作的讲演。载于 Chen Ning Yang, *Selected Papers 1945−1980 with
Commentary* (Freeman, 1983), p. 276。

〔3〕C. S. Wu, E. Ambler, R. W. Hayward, D. D. Hoppes and R. P. Hudson,
Phys. Rev. **105**, 1413 (1957).

〔4〕Werner Heisenberg, *Physics and Beyond*, Chap. 19 (Harper and Row,
1971).

〔5〕J. H. Christenson, J. W. Cronin, V. L. Fitch and R. Turlay, *Phys. Rev.
Letters* **13**, 138 (1964).

〔6〕Chen Ning Yang, *Physics Today* **33**, 42 (June, 1980).

〔7〕C. N. Yang and R. L. Mills, *Phys. Rev.* **95**, 631 (1954); **96**, 191 (1954).
See Chen Ning Yang, *Selected Papers 1945−1980 with Commentary* (Freeman,
1983), p. 19.

〔8〕在这里，非线性与早先提及的希尔伯特空间的线性毫无关系。正
如我们现在所了解的，量子力学建立在总是线性的希尔伯特空间的数学基
础上。非线性在这里涉及像正文展示的规范理论方程这样的方程，这些方
程在希尔伯特空间是超结构。

［9］请注意切丛在数学中也比其他丛难以捉摸。参见 *Hermann Weyl 1885-1985*, edited by K. Chandrasekharan（Springer-Verlag, 1986）一书中我的文章，尤其是脚注 29。

［10］Tai Tsun Wu and Chen Ning Yang, *Phys. Rev.* **12**, 3845 (1975).

［11］A. Einstein, *Autobiographical Notes in Albert Einstein, Philosopher-Scientist*, edited by P. A. Schilpp (Open Court, Evanstan, Ill., 1949). 也可参见注释［6］。

［12］E. Schrödinger, *Sitz. der Preuss. Akad der Wiss.*, 1932, p. 105.

［13］O. Klein in *New Theories in Physics* (Warsaw Conference, May 30 to June 3, 1938) (Nyhoff, Hague, 1939).

［14］E. Wigner in *Guage Interactions Theory and Experiment*, edited by A. Zichichi (Proceedings of the Erice School, Aug. 3-14, 1982), pp. 725-733 (Plenum, 1984).

［15］G. 't Hooft, *Nuclear Physics* **B33**, 173 (1971); **B35**, 167 (1971); G. 't Hooft and M. Veltman, *Nuclear Physics* **B50**, 318 (1972).

杨振宁对我的教育

B. 塞兹兰（Bill Sutherland）

原文载 C. S. Liu 和 S. T. Yan 编 *Chen Ning Yang: A Great Physicist of the Twentieth Century*（International Press，1995）。译文原载《杨振宁文集》，华东师范大学出版社，1998 年。译者：程龙海。这里所刊的是原文的节选。

　　许多人去一所研究机构是为了寻访著名教授。可我正相反，我于 1963 年就到纽约州立大学石溪分校，比杨教授到石溪还要早三年。T. A. Pond 教授那时正在为这所新大学筹建物理系。我是听从他的建议来读研究生课程的。由于苏联人造卫星的首先发射成功（美国大幅度资助基础科学研究），因此我获得了国家自然科学基金会的奖学金，当时石溪分校刚刚建成开放。在我来到的前一年，研究生宿舍还临时地和物理系在同一幢楼上。当我是华盛顿大学的学生时，就已认识 Pond 教授。在我所学的物理课程中，他讲得最好，尤为重要的是他给了我一份工作（给他的研究生帮忙，其中之一是我现在的姻兄）。我钦佩他的政治才干，相信他能建成一个杰出的物理系。那时，石溪分校研究生的注册人数几乎每年都成倍增长,从 1967 年拍的照片来看,大约有 64 名研究生。

1965 年春天,我朦胧地感受到物理系的气氛十分令人兴奋,传闻杨振宁极有可能离开普林斯顿高等研究院,准备接受最近设立的爱因斯坦教授席位,并在石溪建立自己的研究所。老实说,这不关我的事。部分原因是高等研究院和它的职位像神话一样高不可攀,部分原因是我要处理个人生活,将在那年夏季结婚。当校方和杨教授磋商还在进行中时,我记得我正在帮着照看 Pond 的儿子 Ward。后来,杨教授果真来到石溪。他显得真诚,比我预料中要年轻。他非常和蔼,一点也不觉得可怕(他似乎一直是那个样子)。杨教授很受系内同仁的尊重。当时大家都不知道杨教授有何计划,而我最关心的是,他是否可以带研究生。在杨振宁的《选集》中,他用"踌躇"(diffidence)描述我当时的窘态,"踌躇"实际意味着"羞怯"。那时确实是这样,一直到现在仍是如此。但我还是凭着足够的勇气走进杨教授的办公室,要求他考虑接受我为他的研究生。

1966 年,我和杨教授在一起开始做毕业论文。像大多数研究生一样,我对高能物理学感兴趣,并渴望从纽约出版商那里直接购买本杰明(Benjamin)出版社出的一套平装本,其中包括像"雷杰(Regge)极点"这样诱人的课题。但是,杨教授推荐我去研究统计力学。因为这方面的贡献会更持久,而且眼下不是大家关注的热门课题(我想他或许觉得我对人不够强硬,不宜去攻高能物理学)。看来统计力学对我更合适。1966 年秋,他向我提出研究建议:阅读他和他的弟弟杨振平合写的有关海森堡 – 伊辛模型的论文,将海森堡反磁铁体的各方面扩展到高温和低温情形;以及阅读李勃(Elliot Lieb)

发表在《物理评论通讯》(*Physical Review Letters*)上关于冰熵的文献，也许还有其他文献，我只记得这些。

我对第一个和第三个课题感兴趣，但我发现李勃的文章难读。虽然下了不少功夫，但还是吃不透里面的算法。1967年复活节，我和我的妻子 Veronica 去开普·哈特勒斯海滩，那里是莱特（Wright）兄弟第一次试飞他们第一架飞机的地方，也是美国风力最大的地方之一，当狂风卷着沙子向我们袭来时，我们躲在沙丘后面。霎时，我一下子明白了李勃所采用的方法。如果再借助杨氏兄弟关于海森堡 - 伊辛模型的工作，对任意 6 顶点模型，我都能解决！当时我兴奋极了，问题的解答是如此清晰以致我回石溪之前，都没有把它们记下来。

那时，我还是一个缺乏经验的研究生。例如，回来后，我告诉杨教授，我能找到变换矩阵所有特征值。但是我觉得很难把它们加起来计算矩阵的迹（由此获得配分函数）！杨振宁在五分钟内教会我只需计算最大的特征值就行了。他显得异常激动，我想他最初不相信我能做出我所说的那些问题。但我们并排地用各自的方式去做，结果证明是对的。正当我着手整理这些结果时，李勃寄给杨教授一份预印本，内容是给出了 F 模型（6 顶点模型之一）的一个解。这样，除我自己未发表的结果外，第一个有关在任何温度下的 6 顶点模型问题已被解决（冰问题是所有 6 顶点模型在无限大温度下的极限情形）。我急忙将我所得的结果寄往《物理评论通讯》杂志，这项工作后来成为我毕业论文的一部分。几乎与此同时，李勃又将第二个 6 顶点模型（又称 KDP 模型）的一个解寄给了《物理评论通讯》。

那年夏天，杨振平正在石溪访问。他发现可以将解法推广到具有水平和垂直场的完全一般的 6 顶点模型。于是，我们三人一道完成了这项工作的细节，并把杨振平作为我们的合作者发表了这篇论文。

1967 年秋，杨振宁在给出自旋空间中贝特（Bethe）假设系数下的精确波函数之后完全解决了具有 1/2 自旋相斥 δ 函数的一维费米子问题。依我看，这种波函数本质上符合空点相当于向下自旋，粒子相当于向上自旋的贝特假设，所以，下一步应是继续地加以无限重复，人就能够解决任何多元系统问题，同时还能避免使用我那时一无所知的杨氏图（Young tableaux）。

现在让我说一点我和杨教授在一起工作的往事。我是他在石溪——也许是包括其他地方在内——的第一个研究生，三年内一直和他在一起。他似乎有无限的时间花在我身上。有许多日子，我一早赶到学校，想看看杨教授能否抽几分钟和我一起讨论一些观点。我被邀进入后面的办公室，这是一个令人愉快、诱人工作的地方。我们开始讨论，很快各自进入工作状态。他通常使用白色的拍纸簿，我则用黄色的拍纸簿，过了一段时间我们会比较一下记录。杨的秘书偶尔来看看我们是否需要什么东西或杨教授是否想要和人交谈。他有时停下来几分钟去打电话，有时停很长一段时间去会见客人。这时，我总是离开去浏览一大堆新的预印本和一排排书架，或者去看归档的预印本，诺贝尔演讲以及其他材料。他点的午餐是从当地熟食店购买的可口的三明治，并让人送来。午餐期间以及饭后，我们总不停地讨论，研究和比较结果，一直坚持到傍晚，我已是精疲力竭了。就这样日复一日，从来没有如此努力工作，也从来没有如此感到快活。办公室的气氛非常温馨、安静，连空气也充满着智力的亢奋。很多出色的工作得益于那种讨论的氛围，而且，说真的，那种气氛一直到今天仍是出成果的源泉。

我要感谢杨振宁离开普林斯顿高等研究院这座象牙塔，走进一个更广阔的天地。我想这是他一生中非常勇敢的行动。我衷心感谢他给予我比单纯教育和友谊更多的东西。值此七十寿辰，我祝他万事如意，健康长寿！

邓稼先

原载《二十一世纪》1993 年 6 月号，总第 17 期。此文曾被转载于中学教材《语文》。

从"任人宰割"到"站起来了"

一百年以前，甲午战争和八国联军的时代，恐怕是中华民族五千年历史上最黑暗最悲惨的时代。只举 1898 年为例：

德国强占山东胶州湾，"租借" 99 年。

俄国强占辽宁旅顺大连，"租借" 25 年。

法国强占广东广州湾，"租借" 99 年。

英国强占山东威海卫与香港新界。前者"租借" 25 年，后者"租借" 99 年。

那是任人宰割的时代，是有亡国灭种的危险的时代。

今天，一个世纪以后，中国人站起来了。

这是千千万万人努力的结果，是许许多多可歌可泣的英雄人物创造出来的，在 20 世纪人类历史上可能是最重要的，影响最深远的巨大转变。

对这巨大转变作出了巨大贡献的有一位长期以来鲜为人

知的科学家：邓稼先（1924—1986）。

两弹元勋

邓稼先于 1924 年出生在安徽省怀宁县[1]。在北平上小学和中学以后，于 1945 年自昆明西南联大毕业。1948—1950 年在美国普渡大学（Purdue University）读理论物理，得到博士学位后立即乘船回国，1950 年 10 月到中国科学院工作。 1958 年 8 月被任命带领几十个大学毕业生开始研究原子弹制造的理论。

图 93b. 1　1992 年出版的邓稼先集。书名题字是张爱萍将军的手迹

这以后二十八年间邓稼先始终站在中国原子武器设计制造和研究的第一线[2]，领导许多学者和技术人员，成功地设计了中国的原子弹和氢弹，把中华民族国防自卫武器引导到了世界先进水平：

1964 年 10 月 16 日中国爆炸了第一颗原子弹[3]。

1967 年 6 月 17 日中国爆炸了第一颗氢弹[4]。

图 93b.2　邓稼先（左）和于敏（1984 年 10 月 16 日摄）

这些日子是中华民族五千年历史上的重要日子，是中华民族完全摆脱任人宰割时代的新生日子！

1967 年以后邓稼先继续他的工作，至死不懈，对国防武器做出了许多新的巨大贡献[5]。

1985 年 8 月邓稼先做了切除直肠癌的手术。次年 3 月又做了第二次手术。在这期间他和于敏联合署名写了一份关于中华人民共和国核武器发展的建议书[6]。1986 年 5 月邓稼先再做了第三次手术，7 月 29 日因全身大出血而逝世[7]。

"鞠躬尽瘁，死而后已"正好准确地描述了他的一生。

邓稼先是中华民族核武器事业的奠基人和开拓者。张爱萍将军称他为"两弹元勋"，他是当之无愧的。

邓稼先与奥本海默

全面抗战开始的前一年，1936 年到 1937 年，稼先和我在北平崇德中学同学一年。后来抗战时期在西南联大我们又是同学。以后他在美国留学的两年期间我们曾住同屋，五十年的友谊，亲如兄弟。

1949 年到 1966 年我在普林斯顿高等研究院工作，前后十七年的时间里院长都是物理学家奥本海默（Oppenheimer，1904—1967）。当时他是美国家喻户晓的人物，因为他曾成功地领导战时美国的原子弹制造工作。高等研究院是一个很小的研究院，物理教授最多的时候只有五个人，包括奥本海默，所以他和我很熟识。

奥本海默和邓稼先分别是美国和中国原子弹设计的领导人，各是两国的功臣，可是他们的性格和为人截然不同——甚至可以说他们走向了两个相反的极端。

奥本海默是一个拔尖的人物，锋芒毕露。他二十几岁的时候在德国哥廷根镇做波恩（Born，1882—1970）的研究生。波恩在他晚年所写的自传[8]中说研究生奥本海默常常在别人做学术报告时（包括波恩做学术报告时），打断报告，走上讲台拿起粉笔说"这可以用底下的办法做得更好……"我认识奥本海默时他已四十多岁了，已经是家喻户晓的人物了，打断别人的报告，使演讲者难堪的事仍然不时出现，不过比起以前要较少出现一些。

奥本海默的演讲十分吸引人。他善于辞令，听者往往会着迷。1964 年为了庆祝他六十岁的生日，三位同事和我编辑了一期《近代物理评论》，在前言中[9]我们写道：

> 他的文章不可以速读。它们包容了优雅的风格和节奏。它们描述了近世科学时代人类所面临的多种复杂的问题，详尽而奥妙。

像他的文章一样，奥本海默是一个复杂的人。佩服他、仰慕他的人很多。不喜欢他的人也不少。

邓稼先则是一个最不要引人注目的人物。和他谈话几分钟就看出他是忠厚平实的人。他诚真坦白，从不骄人。他没有小心眼儿，一生喜欢"纯"字所代表的品格。在我所认识的知识分子当中，包括中国人和外国人，他是最有中国农民的朴实气质的人。

我想邓稼先的气质和品格是他所以能成功地领导许许多多各阶层工作者为中华民族做了历史性贡献的原因：人们知道他没有私心，人们绝对相信他。

"文革"初期他所在的研究院（九院）成立了两派群众组织，对吵对打，和当时全国其他单位一样。而邓稼先竟有能力说服两派[10]，继续工作，于 1967 年 6 月成功地制成了氢弹。

1971 年，在他和他的同事们被"四人帮"批判围攻的时候[11]，如果你和我去和工宣队军宣队讲理，恐怕要出惨案。

邓稼先去了,竟能说服工宣队军宣队的队员。这是真正的奇迹。

邓稼先是中国几千年传统文化所孕育出来的有最高奉献精神的儿子。

邓稼先是中国共产党的理想党员。

我以为邓稼先如果是美国人,不可能成功地领导美国原子弹工程;奥本海默如果是中国人,也不可能成功地领导中国原子弹工程。当初选聘他们的人,钱三强和葛若夫斯(Groves),可谓真正有知人之明,而且对中国社会、美国社会各有深入的认识。

民族感情?友情?

1971 年我第一次访问中华人民共和国。在北京见到阔别了二十二年的稼先。在那以前,于 1964 年中国原子弹试爆以后,美国报刊上就已经再三提到稼先是此事业的重要领导人。与此同时还有一些谣言说 1948 年 3 月去了中国的寒春(中文名字,原名 Joan Hinton)曾参与中国原子弹工程。[寒春[12]曾于 40 年代初在洛斯阿拉莫斯(Los Alamos)武器实验室做费米(Fermi)的助手,参加了美国原子弹的制造,那时她是年轻的研究生。]

1971 年 8 月在北京我看到稼先时避免问他的工作地点。他自己说"在外地工作"。我就没有再问。但我曾问他,是不是寒春曾参加中国原子弹工作,像美国谣言所说的那样。他说他觉得没有,他会再去证实一下,然后告诉我。

1971 年 8 月 16 日,在我离开上海经巴黎回美国的前夕,上海市领导人在上海大厦请我吃饭。席中有人送了一封信给我,是稼先写的,说他已证实了,中国原子武器工程中除了最早于 1959 年底以前曾得到苏联的极少"援助"以外，没有任何外国人参加。

此封短短的信给了我极大的感情震荡。一时热泪满眶，不得不起身去洗手间整理仪容。事后我追想为什么会有那样大的感情震荡，为了民族的自豪？为了稼先而感到骄傲？——我始终想不清楚。

"我不能走"

青海、新疆、神秘的古罗布泊、马革裹尸的战场。不知道稼先有没有想起我们在昆明时一起背诵的《吊古战场文》：

> 浩浩乎！平沙无垠，夐不见人。河水萦带，群山纠纷。黯兮惨悴，风悲日曛。蓬断草枯，凛若霜晨。鸟飞不下，兽铤亡群。亭长告余曰："此古战场也！常覆三军。往往鬼哭，天阴则闻！"

稼先在蓬断草枯的沙漠中埋葬同事，埋葬下属的时候不知是什么心情？

"粗估"参数的时候，要有物理直觉；筹划昼夜不断的计算时，要有数学见地；决定方案时，要有勇进的胆识，又要有稳健的判断。可是理论是否够准确永远是一个问题。不知稼先在关键性的方案上签字的时候，手有没有颤抖？

戈壁滩上常常风沙呼啸，气温往往在零下三十多度。核武器试验时大大小小临时的问题必层出不穷。稼先虽有"福将"之称，意外总是不能免的。1982 年，他做了核武器研究院院长以后，一次井下突然有一个信号测不到了，大家十分焦虑，人们劝他回去。他只说了一句话：

我不能走。

假如有一天哪位导演要摄制邓稼先传，我要向他建议背景音乐采用五四时代的一首歌，我儿时从父亲口中学到的。

我父亲诞生于 1896 年，那是中华民族仍陷于任人宰割的时代。他一生都喜欢这首歌曲（图 93b.3）。

图 93b.3 《中国男儿》词曲

永恒的骄傲

稼先逝世以后，在我写给他夫人许鹿希的电报与书信中有下面几段话：

——稼先为人忠诚纯正，是我最敬爱的挚友。他的无私的精神与巨大的贡献是你的也是我的永恒的骄傲。

——稼先去世的消息使我想起了他和我半个世纪的友情。我知道我将永远珍惜这些记忆。希望你在此沉痛的日子里多从长远的历史角度去看稼先和你的一生，只有真正永恒的才是有价值的。

——邓稼先的一生是有方向、有意识地前进的。没有彷徨，没有矛盾。

——是的，如果稼先再次选择他的途径的话，他仍会走他已走过的道路。这是他的性格与品质。能这样估价自己一生的人不多，我们应为稼先庆幸！

注释：

[1][2][6][10] 葛康同、邓仲先、邓槜先、许鹿希著：《两弹元勋邓稼先》（新华出版社，1992）。关于邓稼先的生平可参阅《中国现代科学家传记》（科学出版社，1991）第一辑第178页胡思得所撰：《邓稼先》。

[3][4] 关于中国原子弹与氢弹研制工作描述得最详尽的是 J. W. Lewis and L. Xue, *China Builds the Bomb* (Stanford University Press, 1988)。此书（第201页）把中国的氢弹设计称为"邓于方案"。邓是邓稼先，于是于敏。国际上称美国的氢弹设计为"Teller-Ulam方案"，苏联的为"Sakharov方案"。

[5] 邓稼先逝世三年以后，于1989年夏，中国政府再颁发给他一次特等奖（参见[1]），表彰他的贡献。

［7］邓稼先的医生和他的夫人都认为他的疾病与他工作期间曾受到的大量辐射可能有关。

［8］Max Born, *My Life* (Scribners, 1975).

［9］F. Dyson, A. Pais, B. Stromgren and C. N. Yang, *Reviews of Modern Physics* **36**, 507 (1964).

［11］于敏：《悼念邓稼先同志》（《光明日报》1986 年 8 月 24 日）。

［12］寒春和我在 1946—1948 年间在芝加哥大学物理系同为研究生，且同一实验室。她 1948 年以后在中国居住。近年来时常访问美国。我多次劝她写她的自传，希望她有一天会写出来。

后记（杨振宁）

（1）许多人说我的这篇文章写得很好。我想原因是邓稼先的贡献和他的精神确能动天地泣鬼神。

（2）2006 年夏，翁帆和我有机会去青海旅行。去了神奇的青海湖（图 93b. 4），也去了半小时车程即到达的湖东北的原子城（图 93b. 5）。那是稼先他们于 20 世纪 60 年代工作的地方。好多年来这黯兮惨悴、风悲日曛的荒漠，地下的砂粒，空中的飞鸟，和烈日照耀下的苍黄色的远山，我都曾梦见。到了现场，现实比想象还要凄凉。

为了保密，每个试验区、工作区，都距离很远，有一两公里。我们参观了一个试爆实验室——一座堡垒样的建筑，水泥墙，没有窗户。试爆在堡垒外二三十尺的地方进行，堡垒的铁墙里嵌藏着各种测试器（图 93b. 6）。堡垒内有七八间工作室，里面展示了一些当时的仪表和发电机等，都显得很原始粗糙。也展示了稼先、周光召和于敏等人的大照片，都是那么年轻！他们就曾在这堡垒里，在阴暗的灯光下，用计算尺一次一次地，年复一年地计算爆炸的细节。

　　从而改写了中华民族的历史。

图 93b. 4　2006 年夏摄于青海湖畔

图 93b. 5　2006 年夏摄于青海旧基地

图 93b. 6　2006 年夏摄于青海旧爆炸实验场

近代科学进入中国的回顾与前瞻

本文系 1993 年 4 月 27 日在香港大学的演讲，原译文载《明报月刊》1993 年 10 月号。译者：沈良。

一、公元 1400 年至 1600 年——中国落后于西方

　　古代许多重要的发明都起源于中国，这是人所共知的。其中最著名的是印刷术、火药、指南针和造纸。极力推崇这些重大发明的不是别人，正是欧洲近代科学启蒙时代的哲学家培根（Francis Bacon，1561—1626），虽然他并不知道它们是源自中国的：

　　　　纵观今日社会，许多发明的作用和影响是显而易见的，尤其是印刷术、火药和磁铁。这些都是近代的发明，但是来源不详。这三种发明改变了整个世界面貌和一切事物。印刷术使文学改观，火药使战争改观，磁铁使航海术改观。可以说，没有一个王朝，没有一支宗教派别，没有任何伟人曾产生过比这些发明更大的力量和影响。[1]

　　科学史学家普遍同意，公元 1400 年以前，科技转让主

267

要是由中国传向欧洲的。中国科技直到 1400 年前后比欧洲科技优秀，可见于李约瑟（Needham）的巨著[2]中对明朝三保太监郑和（1371 或 1375—1433 或 1435）在 1405 年至 1433 年间七次下西洋，远及非洲海岸的描述。根据中国史书记载，郑和远征航队的一些船只长达 440 英尺，是在南京建造的。曾有一些历史学家怀疑，当时能不能造这样大的船（图 93c.1）。但 1962 年在南京发掘出的一件高 36 英尺、直径 1.25 英尺的舵，消除了这种怀疑。

图 93c.1 李约瑟书中的示意图

郑和的大船比图中的船还要大（Joseph Needham, *Science and Civilization in China*, Vol. IV: 3, p. 510, fig. 986, Cambridge University Press, 1954）

虽然中国古代技术如此进步，可是，到 1600 年中国科技却已远逊于欧洲。举一个例子：17 世纪初，明朝政府要由葡萄牙人所占领的原属广东的澳门引进火炮技术（图

93c. 2）。

图 93c. 2　1993 年 8 月 19 日作者摄于澳门大炮台

又名三巴炮台，背景所见的远山是属于珠海的。
抚今思昔，感慨良多。火药是中国人发明的，但是到
了 17 世纪初，明朝政府为了抵抗清军却要自葡萄牙
人占领了的澳门引进火炮技术

到底中国在公元 1400—1600 年的两个世纪里为什么如
此落后呢？

我并不想对这已有许多书籍和文章研究过的问题加以详
细分析。概括讲来，公元 1400 年前好几个世纪，文艺复兴
在欧洲崛起，产生了巨大的文化与知识的进展。在公元 1400
年至 1600 年两百年间，几乎人类各项活动在欧洲都有了长
足的进展。从长远的角度来看，事实上技术领域的进展可能
相对是最不重要的。在艺术、建筑和文学方面的进展都有更
大的影响，它们使欧洲文化迈入了新的时代。但是如果就影
响来看，"自然哲学"的进展恐怕是最重要的，因为它为近
代科学的萌芽准备了肥沃的土壤。只须列举这两百年间欧洲

一些伟大思想家的名字已足够看出这些进展的气势与其长远的影响：

> 达芬奇（da Vinci，1452—1519）、哥白尼（Copernicus，1473—1543）、马丁·路德（Luther，1483—1546）、加尔文（Calvin，1509—1564）、纳皮尔（Napier，1550—1617）、培根（Bacon，1561—1626）、伽利略（Galileo，1564—1642）、开普勒（Kepler，1571—1630）、哈维（Harvey，1578—1657）、笛卡儿（Descartes，1596—1650）。

相反地，在中国，1400年至1600年这两百年是一段知识停滞不前的时期。这时期中最著名的哲学家是王守仁（即王阳明，1472—1528）。他的学说，我认为没有对中国思想或中国社会产生什么真正的长远影响。比起上面列举的欧洲大思想家对后世的影响，王守仁的影响是望尘莫及的。他的部分思想可以被解释为反科学的。可是，即使是这一部分，在以后的几个世纪中亦没有产生多少影响。

二、公元 1687 年——近代科学在欧洲诞生

到17世纪初，文艺复兴在欧洲已为近代科学的萌芽准备了肥沃的土壤。近代科学是人类的一种新活动、新精神、新方法，有人认为是新宗教。如果要给它的诞生一个确定的日期，我会选择1687年，即牛顿（Newton，1642—1727）发表他的《自然哲学的数学原理》（以下简称《数学原理》）的一年。《数学原理》使人类第一次对"世界系统"[3]（即太阳系）有了定量的了解，而太阳系的运转是任何一个古文明中一项最神奥的秘密。更重要的是这个了解是基于一种纯理

论的思考体系，用准确的数学语言，既简单又净洁，既精密又包罗万象。可以说，在公元 1687 年诞生了的是一种革命性的新世界观：宇宙具有极准确的基本规律，而人类可以了解这些规律（图 93c. 3 ）。

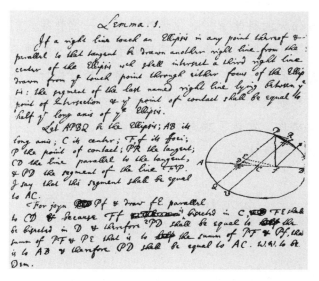

图 93c. 3　牛顿的《数学原理》手稿的一段

请注意牛顿倚重几何推理方法（Isaac Newton, *The Preliminary Manuscripts for Isaac Newton's 1687* Principia, 1684–1685, p. 243, Cambridge University Press, 1989 ）

必须强调的是，虽然在《数学原理》发表了三百多年后的今天，我们可以充分看到它的深远影响，但牛顿自己却不能在出版这书时即对其长远意义有着同样的评价。当然他知道自己完成了一个极漂亮的工作，但他却不可能意识到自己的工作将会改变人类对物理和生物世界基本结构的理解，会永远地改变人类与环境的关系。

查看牛顿的手稿，就会发现其中掺杂着许多许多哲学、神学、炼金术等等玄虚的思考。牛顿在这么众多纷扰的思考中竟能集中注意力完成了他的科学工作，是一个奇迹。20世纪有名的经济学家凯恩斯（J. M. Keynes, 1883—1946）曾经说：

> 自18世纪起，牛顿便被认为是近代第一个，也是最伟大的科学家，一位理性论者，一位教导人们机械推理法的先驱。但是我不同意此看法。……牛顿不是理性时代的先行者，他是最后一个魔术师，最后一个巴比伦人和苏美尔人，一万年以前我们的远祖开始创建人类思维文化，发展了对周围世界的看法，牛顿是他们之中的最后一位伟人。[4]

三、公元1600年至1900年——中国抗拒引入西方思想

查看《数学原理》，就会发现古希腊几何学在牛顿身上的深远影响。《数学原理》全书的结构完全是以欧几里得（Euclid，约公元前300年）的《初探》（*Elements*）为样本的：两本书都从定义（definition）开始，然后是公理（axiom），牛顿称其为"普通的意见"（common opinion），再是引理（Lemma）、命题（proposition）和证明（proof），等等。

欧几里得对牛顿的《数学原理》的影响是明显的，是人所共知的。不是那么为人所共知的是在《数学原理》发表约八十年前，在1607年，利玛窦（Matteo Ricci, 1552—1610）和徐光启（1562—1633）即已将欧几里得的《初探》的前一半翻译成中文，取名为《几何原本》（图93c. 4）。

图 93c. 4　《天学初函》第 4 卷，第 1949 页

利玛窦是一位意大利耶稣会传教士，亟欲在中国传播天主教教义。他于 1582 年抵澳门，1583 年到达广东的首府肇庆。他几次尝试去北京都没有成功，最后于 1601 年正月才到达。他的计划是凭借他的科学知识获得明朝朝廷的注意，从而扩大他在中国的传教事业。

徐光启是一位来自上海的大臣，也是一位大学者，1604 年进入翰林院。在这一年以前，他在南京受浸洗礼入了天主教。他和利玛窦翻译《几何原本》的前一半是他将欧洲科学引进中国的许多工作中的一项。此译文的初版至今仍能见于中国的一些图书馆。我听说梵蒂冈也仍存一本。

读了徐光启自己对其译作的描述，就会意识到他是多么清楚地明白欧几里得和中国学者在逻辑思考方面的基本分别。他这样描述欧几里得的思考系统："似至晦，实至明；似至繁，实至简；似至难，实至易。"他认为欧几里得的理论是"欲前后更置之不可得"，就是说在演绎推论中，各个步骤有一定的逻辑顺序。

徐光启是一位重要的明朝高官。他担任过多种任务：政治、经济、国防、农业、天文、测量、治水，等等。他一直强调数学在这些领域中的重要性和《几何原本》在数学中的重要性。他感到惋惜的是利玛窦和他未能完成全书的翻译："续成大业，未知何日？未知何时？书以俟焉。"

这一等就等了二百五十年，直到 1857 年，李善兰（1811—1882）和伟烈亚力（A. Wylie, 1815—1887）才译出《几何原本》中剩下的篇章。在这二百五十年中，近代科学在欧洲诞生了，工业革命开始了，欧洲殖民扩张政策亦到达了其顶峰。人类的历史正加速演变，给世界所有民族带来了多种不同的命运。

这些年间中国依然停滞不前。那些阻碍中国萌生近代科学的多种原因仍然存在：缺乏独立的中产阶层，学问就只是人文哲学的观念，教育制度里缺匮"自然哲学"这一项，束缚人们思想的科举制度，以及缺少准确的逻辑推论的传统，凡此种种都没有因为耶稣会传教士引入了少许西方思想而有所改变。

传教士东来之时，正是中土为满洲人蹂躏与征服的时代。满洲人建立了清朝政府以后，许多中国学者强烈地表达了他们的愤怒和不合作态度。康熙（1662—1722 年在位）是清朝早年的一位皇帝，是一个非常精明聪敏的人。他对付当时夷夏之辨所采取的政策是务求将清廷纳入中国古代伟大的文化传统中。此一政策虽颇为成功，但汉族之反抗情绪仍然存在。

在这样一个充满种族对抗／妥协的社会中，传教士们极力推行其基本政策——将中国官员变成天主教徒。可是天主教对汉文化来说，比满洲文化更要"夷"一些。所以传教士的活动之引起反抗是不可避免的。

杨光先（1597—1669）是一个典型的、强烈反对传教士和他们引进的所有科学知识的例子。他写过以下一段有名的文字：

> 宁可使中夏无好历法，
>
> 不可使中夏有西洋人。

今天，我们会认为杨光先的见地既狭窄，又愚昧。但是有清一代，他都有无数的景仰者。譬如在 1846 年，差不多是他死后二百年，钱绮[5]说杨光先是："正人心息邪说，孟子之后一人而已。"

另一阻碍西方科学在中国发展的原因，是刘钝[5]和 Sivin[6] 所强调的：传教士们没有将开普勒和牛顿的工作全部带入中国，以致他们介绍的天文学里有前后不相容之处，引导出了极大的混乱。直到 19 世纪中期，当李善兰和艾约瑟（Joseph Edkins，1823—1905）翻译了一本 19 世纪的教科书，取名为《重学》以后，牛顿的力学才首次被引进中国。

传教士们在 17 世纪为中国打开的知识窗口没有留下真正长远的影响。它没有使近代科学在中国"本土化"［用撒布若（Sabra）教授的名词］。它只在这个古老而骄傲的、长久以来自以为是世界中心的民族中，引导出了一个理论，叫作"西学中源"，就是说西方的学问原来是自古中国传去的。在康熙的支持和怂惠下，这个理论直到 19 世纪中叶曾广泛地被中国数学家和天文学家们接受与支持。表 93c. 1（刘钝制）[5]列举了支持西学中源说的一些例子。

表 93c.1　西学中源理论举例（节录自注释［5］
所列刘钝的第三篇文章）

领域	西　学	中　源	提倡者
天文	水晶球宇宙模型	《楚辞·天问》："圆则九重"	王夫之
	行星运动	"天道左旋" /"盈缩迟疾"	王夫之 / 王锡阐
	诸曜异天	郤萌 "宣夜说"	阮元
	太阳高卑	《考灵曜》"地有四游"	阮元
	地圆	《黄帝内经·素问》"地之为下" / 曾子	梅文鼎 / 阮元
	地动	张衡地动仪	阮元
	蒙气差	要芨 "地有游气"	阮元
	寒暖五带	《周髀》"七衡六间"	梅文鼎
	浑盖通宪仪、简平仪	盖天古法	梅文鼎
数学	数学理论	《易经》	玄烨
	代数学	东来法 / 天元术 / 四元术	玄烨 / 梅珏成 / 戴震、阮元
	几何学	《周髀》/ 勾股术	黄宗羲 / 梅文鼎
	三角学	《周髀》"用矩之道"	玄烨 / 梅文鼎
	幂级数	祖冲之 "缀术"	阮元
	微积分	招差垛积	诸可宝

　　看到梅文鼎（1633—1721）和戴震（1724—1777）等极端聪明的大学者都全力支持并传布西学中源说，就令人体会到当深厚的文化出现斗争冲突的时候，要转移观点而接受外来文化中的优点是多么困难的事。

四、公元 1840 年至 1900 年——引入现代科学举步维艰

　　1840 年是中国人不会忘记的年头。这一年，英国用炮艇

强迫中国割地赔款，并开放商港以便利其贩卖鸦片的勾当，从而开始了这个古老而骄傲的民族被剥削凌辱的时代。也正是这些痛苦的年月最后迫使这个民族认识到过去的社会秩序不能继续下去，必须自西方引进新的思想，新的社会与政治体制和新的教育哲学。这些年月间，似乎每一次大灾难都曾导致清廷尝试少许现代化的措施，然而，通常都会遇到极大的阻力，然后总是因为短期内不见成效而被放弃。例如[7]自 1872 年起每年皆送了 30 名男孩去美国康涅狄格州的哈特佛（Hartford）镇上小学和中学。可是在 1876 年，这项措施遭到了抨击，终使全体学生在 1881 年被召回国。

列强的凌辱所产生的精神创伤使中华民族有了复杂的自卑感：东方人是否天生不适宜于做现代科学工作呢？在 19 世纪末当达尔文的进化论被用来佐证白种人的帝国主义侵略政策时，许多中国知识分子在灵魂深处曾为这样的问题所困扰。这不只发生在中国，在日本，长冈半太郎（1865—1950），后来成为第一个在国际上出名的日本物理学家，也早在 1883 年进入东京大学之前便曾考虑过这个问题。他经过仔细的研究，认识到中国古哲学家如庄子（约公元前369—前 286）的深入的识见以后，才得出东方人同样有能力研究现代科学的结论。

另外还有一种说法是，中国语言是科学思想发展的主要障碍。这种理论曾被推至极端，以致有人曾建议中国语言必须被废除。自此可以看出中国知识分子当时的极度绝望的心理状态。

五、公元 1900 年至 1950 年——急速引进现代科学

标志中国真正开始引进现代科学的有下列三项事件：

- 1898 年，京师大学堂（北京大学的前身）的成立；
- 1905 年，科举制度的废止；及
- 1896 年到 1898 年间开始[7]派遣学生东渡日本留学。

到 1907 年，大约已有一万名中国学生在日本留学。几年后，留学浪潮蔓延至美国和欧洲。这些早期的留学生在出国前没有机会接触现代科学。到了外国以后，绝大多数没有攻读较高的学位。但是，就是这批学生才真正地开展了引进近代科学的工作：他们回国后，很多做了教师。而这些教师的学生们就有机会在出国前接触到一些近代科学知识。到这些学生们去外国留学时，他们便有能力学习前沿的科学，取得硕士与博士的学位。

首批的中国物理学博士大多是在美国取得学位的。见表 93c.2。[8]

表 93c.2 （a）最早四位中国实验物理学博士和取得学位的学校
（b）最早三位中国理论物理学博士和取得学位的学校

（a）	李复几（1885—？）	1907 年	德国波恩大学
	李耀邦（1884—？）	1914 年	芝加哥大学
	胡刚复（1892—1966）	1918 年	哈佛大学
	颜任光（1888—1968）	1918 年	芝加哥大学
（b）	王守竞（1904—1984）	1927 年	哥伦比亚大学
	周培源（1902—1993）	1928 年	加州理工学院
	吴大猷（1907—2000）	1933 年	密歇根大学

上面讲到，引进近代科学在中国是一个争辩了几百年才达到的决心。可是在下了决心以后，进度却是惊人地快速。最早三位中国理论物理学博士可见于表 93c. 2（b）。他们都是我父亲杨武之（1896—1973）的同代人。他们这一代在取得学位后都回国担任教职。其中周培源和吴大猷两位先生是我在昆明上大学和上研究院时（1938—1944）的老师。那几年我在昆明学到的物理已能达到当时世界水平。譬如说：我那时念的场论比后来我在芝加哥大学念的场论要高深，而当时美国最好的物理系就在芝加哥大学。可见两代先辈引进了足够的近代科学知识，令我这代人可以在出国前便进入研究的前沿！

六、公元 1950 年至 2000 年——中国开始加入国际科技竞赛

上面讲到，这个世纪的头五十年，近代科学的精神与内容都急速地渗入中国，在中国社会产生了巨大的和历史性的影响。但是在 20 世纪中叶以前，我们仍不能说近代科学在中国已经"本土化"了（用撒布若教授的观念）。渗入的程度不够，可见于下列各因素：

• 涉及科学的人数仍然不多；

• 涉及科学的层面仍然不多；

• 缺乏工业基础支持研究与发展；

• 连年的战祸：军阀混战、抗日战争和国共内战，等等，不能为研究工作提供一个稳定的社会、政治和经济环境。

随着 1949 年中华人民共和国的成立，这些因素都被一扫而清。"文化大革命"前的十七年里（1949—1966），中国的

土地上有了惊人的发展。现代科学终于在中国"本土化"了：数以百万计的科学家和工程师被训练出来了，复杂的研究与发展架构被建设起来了，巨大的科技成果完成了。见表 93c. 3。

20 世纪也目睹了中国人对自己的重新认识。上面说过，这世纪初，中国人对自己追求近代科学的能力有过怀疑。但是今天中国人已相信近代科学并不只是白种人才能做的。这种信念的起因有很多因素，表 93c. 3 所列的种种成就当然是其一，但是还有其他的因素：日本利用科技发展惊人地成长为世界经济强国；东方人在各种科技领域中获得了许多灿烂的成就；在欧美院校里中国学生杰出的表现；这些都为这一影响深远的自我重新估价扮演了重要的角色。

表 93c. 3　中国与其他强国重要科技成就的时间比较

第一次制成	年　份					
	美国	苏联	英国	法国	日本	中国
反应堆	1942	1946	1947	1948	—	1956
原子弹	1945	1949	1952	1960	—	1964
氢弹	1952	1953	1957	1968	—	1967
卫星	1958	1957	—	1965	1970	1970
喷气机	1942	1945	1941	1946	—	1958
M2 飞机	1957	1957	1958	1959	—	1965
试制计算机	1946	1953	1949	—	1957	1958
计算机（商品）	1951	1958	1952	—	1959	1966
半导体原件	1952	1956	1953	—	1954	1960
集成电路	1958	1968	1957	—	1960	1969

From N. Bloembergen, *Science in Contemporary China*, ed. L. A. Orleans (Stanford University Press, 1980).

七、21 世纪

概括说来，我们可以这样总结：公元 1600—1900 年的三个世纪里，儒家保守思想所产生的文化和知识方面的惯性抗拒了西方近代科学的引进。其中最后的六十年里，先是英国，继而其他欧洲列强，然后日本和美国都先后以现代武器欺凌落后的中国人。割地赔款之外，更留下了灵魂深处的心理创伤。只到最后忍无可忍的关头，中国才在公元 1900 年真正开始引进西方近代科学。此后的进步却是惊人地神速，所以在 20 世纪的后半部，可以说近代科学已在中国"本土化"了。

那么下一个世纪又会怎样呢？

要准确地预测未来的事情是不可能的。可是历史长流却必然有长远的因素。下面列举的中国社会特征我相信将对下一个世纪的中国科技发展起决定性的作用：

（甲）人口众多的中国拥有千百万极聪明的青年。只讲一下我个人的经验：我在中国念小学、中学和大学时，都曾有许多十分聪明的同学。如果能获得适当的机会，相信他们里面很多位都会在科技领域中崭露头角。

（乙）儒家文化注重忠诚，注重家庭人伦关系，注重个人勤奋和忍耐，重视子女教育。这些文化特征曾经，而且将继续，培养出一代又一代勤奋而有纪律的青年。（与此相反，西方文化，尤其是当代美国文化，不幸太不看重纪律，影响了青年教育，产生了严重的社会与经济问题。）

（丙）儒家文化的保守性是中国三个世纪中抗拒吸取西方科学思想的最大原因。但是这种抗拒在今天已完全消失了。取而代之的是对科技重要性的全民共识。

（丁）自 1978 年起，中国经济猛进，每年都有超过百分之九的增长。一些经济学家[9]相信中国将在 2010 年左右变成世界上国民生产总值最大的国家。即使这个推测过于乐观，中国也必会在那时成为世界工业强国之一。

也许有人会说中国将会有政治问题：领导更替的危机，意识形态的危机，贫富不均的危机，外交危机，等等。不错，无可避免很多这类问题都会发生。但是试看一下 20 世纪的中国：两次大革命、军阀混战、日本入侵、朝鲜战争、灾难性的"文化大革命"，等等，都是大危机。可是这些危机都没有阻止中国在这个世纪科技上的卓越飞跃。为什么？因为做科学工作其实[10]并不困难。必要的条件只是上面所讲的四项，可以概括为才干、纪律、决心与经济支援。中国在这个世纪已经具备了前三项条件，到了下一个世纪将四者具备。

所以我的结论是，到了 21 世纪中叶，中国极可能成为一个世界级的科技强国。

注释：

［1］Francis Bacon, *The New Organon and Related Writings*, p. 118 (Library Arts Press, 1960).

［2］J. Needham and Collaborators, *Science and Civilization in China* (Cambridge University Press, 1954).

［3］《自然哲学的数学原理》第三卷的标题是《世界系统》。

［4］J. M. Keynes, *Essays and Sketches in Biography* (Meridian Books, N. Y. 1956).

［5］见刘钝：《自然辩证法通讯》第 8 卷第 1 期，第 52 页（1986）；第 11 卷第 3 期，第 55 页（1989）；第 13 卷第 3 期，第 42 页（1991）。

［6］N. Sivin, *Science and Medicine in Chinese History in Heritage of China*, ed. P. S. Ropp, p. 164 (University of California Press, 1990).

［7］见姚蜀平：《中国留学运动初探》（预印本）。

［8］制作此表时，作者曾与张奠宙教授讨论，并从他发表于《二十一世纪》总第 7 期第 72 页（香港中文大学，1991）的文章，以及从钱临照教授、孟大中教授两位的信件，取得不少有用的资料。

［9］"The Titan Stirs"，*Economist*, November 28, 1992.

［10］徐光启的"三似三实说"（见正文第 274 页）已经道破了科学研究其实不难的真谛。

丘成桐：世界级数学家

原载《明报月刊》1994年7月号。1994年1月瑞典皇家科学院宣布1994年克拉福德（Crafoord）奖将由两位微分几何学家平分：丘成桐（哈佛大学）与西蒙·唐纳德森（Simon Donaldson，牛津大学）。这是国际奖金数额最大的数学奖（1994年将为30余万美元）。

克拉福德基金奖简介

克拉福德基金于1980年由Holgar Crafoord（1908—1982）与Anna-Greta Crafoord（1914—1994）捐款设立。Holgar Crafoord是瑞典大工业家，曾获经济学与医学荣誉博士。克拉福德奖每年颁发一次，在四个领域中循环：数学、地学、生物、天文。但四个领域比重不同：第一年数学，第二年与第五年地学，第三年与第六年生物，第四年天文，第七年开始下一循环。第一循环自1982年开始。第二循环自1988年开始。第三循环自今年开始。

克拉福德奖的提名办法与诺贝尔奖不同。诺贝尔奖每一学科（如物理学）每年的候选人是由数百位被邀请的提名人所提出的。克拉福德奖则每年由瑞典皇家科学院先就该学科内当时各专业的发展情况决定该年应注重其中哪一专业，再由皇家科学院的奖金委员会提名该专业的候选人。1994 年第三循环开始，轮到数学，瑞典皇家科学院于 1993 年秋认定微分几何在近年有重要发展，是 1994 年应颁奖的专业，然后经过审慎的考虑，最后于今年 1 月间决定丘成桐与唐纳德森为得奖人。

由香港走向科学高峰

丘成桐的父亲丘镇英是哲学家，曾任教于香港崇基书院与中文大学。丘成桐说他幼年受父母亲影响极大（请参阅 1992 年 2 月 24 日北京《科技日报》所载丘成桐的一篇极动人的文章《母亲》）。丘成桐于 1949 年 4 月 4 日在汕头出生，后来随父母迁居香港，兄弟姐妹七人之中他排行第五，曾在元朗某小学读过一年级，然后转到沙田公立小学读了五年。

图 94d.1　丘成桐在普林斯顿高等研究院（1981）

中学是在九龙培正中学读的，大学则是在香港中文大学数学系读的。1969 年入美国加州大学伯克利（Berkeley）分校，于 1971 年获博士学位，导师是陈省身教授。

图 94d. 2　丘成桐夫妇在苏联格鲁吉亚共和国（1990），身后的火车厢是斯大林的专车

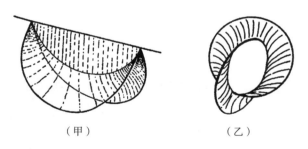

（甲）　　　　　　　　（乙）

图 94d. 3　肥皂膜的形状

肥皂膜是"极小曲面"，意思是：局部改动曲面则面积会增大。肥皂膜的形状视边界而定。（甲）边界是一条直线，与两个圆弧。肥皂膜形成三块，中间一块是平面。两边是曲面。（乙）边界是两个一样大小的圆环，二者扣在一起，像一串链子的两个环节。肥皂膜形成一个极有趣的曲面（原载 R. Courant and H. Robbins, *What is Mathematics*? Oxford University Press, 1941）

丘成桐的数学工作十分重要，曾因而获得许多荣誉与学术奖。最重要的包括 1981 年的务爱布伦（Veblen）几何奖，1982 年的费尔兹（Fields）奖章，1985 年的麦克阿瑟（MacArthur）奖，与今年的克拉福德奖。他曾获得香港中文大学荣誉学位，近年来兼任该校数学研究所所长。

丘成桐对微分几何的贡献

微分几何是数学的重要的一支，发源于 19 世纪中叶。用通俗的话来讲，可以说是研究各度空间里的种种曲面与曲线的几何学。19 世纪发展出来的微分几何学大家称为黎曼几何（Riemannian Geometry）。到了 20 世纪，法国数学家嘉当（E. Carton）引进了许多重要的新观念，对微分几何的发展有重大影响。可是到了 40 年代中叶微分几何的发展似乎出了高峰已过的现象，亟待新的观念的注入。正是这个时候陈省身发表了一篇文章，把一个曲面上的各个点附近的某些几何性质与曲面整体的拓扑（topology）联系了起来，这样就大大推动了整体微分几何学（global differential geometry）。

整体微分几何学是研究曲面整体拓扑性质与局部几何性质之间关系的微分几何学。什么叫作局部几何性质？举一个例子：在三维空间中（图 94d. 3）一个肥皂膜的表面有一种局部几何性质，叫作极小曲面（minimal surface），这性质可以写成一个微分方程，是肥皂膜的基本方程式。要决定图 94d. 3 中肥皂膜的形状就要研究这个微分方程的解——它的以该图所示铁丝为边界的解。

局部几何性质是以微分方程来表示的。爱因斯坦的广义相对论就是建筑在这样一组微分方程式上的关于万有引力的理论。要研究这一类微分方程（如极小曲面方程，或爱因斯坦的微分方程）的解的整体性质就要发展整体微分方程学（global differential equations）。

近四五十年来整体微分几何学与整体微分方程学都有了长足的进展，当然相互影响极大。可是其中有不少极基本、看起来很简单的猜想，虽然多半数学家认定是对的，但是许多年来都得不到证明或反例，以致产生了各种的悬案。其中两项就是卡拉比猜想（Calabi conjecture）与爱因斯坦方程中的正质量猜想（positive mass conjecture）。

二十几岁的丘成桐在 70 年代中期发展出了强而有力的新方法来研究整体微分方程，从而使上面两个猜想都得到了证明。他的方法和结果大大影响了近二十年来数学界的许多分支：微分几何、微分方程、拓扑学、代数几何学、表示理论，等等。此外，也影响了物理学中的广义相对论。

世界级数学家

1982 年丘成桐所得的费尔兹奖是于 1983 年在波兰华沙国际数学大会（International Congress of Mathematics）上颁发的。介绍丘成桐的工作的数学家是纽约大学的尼伦柏格（Nirenberg）。尼伦柏格是克拉福德奖 1982 年首次颁奖时的两位得奖数学家之一。他在介绍丘成桐的演说中有下面一段话：

> 丘的工作涵盖了整体微分几何的全部，展现了强而

有力的技巧、深度与广度；也展现了丘的勇气与视野。

今天大家公认丘成桐是五十岁以下最具影响力的世界级数学家。

《邵逸夫先生赠款项目专刊》前言

原载中华人民共和国国家教育委员会出版的专刊。

唐朝上元二年（761）秋，杜甫在成都写了《茅屋为秋风所破歌》，其中有下面两句：

安得广厦千万间，大庇天下寒士俱欢颜。

诗句是有名之极，可是诗人的愿望却只是一个遥不可及的梦想。

今天，一千二百多年以后，邵逸夫爵士已使杜甫的梦想逐渐实现。过去十多年间，邵爵士在一系列慷慨捐赠中，给了中国许多大学与研究所超过一百座大厦，给了中国许多中小学超过三百座大楼。今天中国大陆每一省、每一都市，都有至少一座邵逸夫大楼，许多农村都骄傲地展示它们崭新的邵逸夫校舍。

邵爵士毕生致力于电影与电视事业，起源于他对教育与艺术的兴趣，这是众所周知的。鲜为人知的是他多年来对红十字会和医疗界所做出的贡献。中国人一向对捐血有极大的误解。邵爵士能够从在学的小孩子开始，透过漫长的教育工作，从而把香港人对捐血的看法改变过来，这是他的一大成就。另一个反映邵爵士对医疗界的贡献的实例，是他创建了杭州的一家医院，这是他多年来极关注的事业。

我认识邵爵士已十余年，在他那温厚仪容的背后，我看到坚强的意志。他多年如恒地对中国教育界与医疗界各阶层的慷慨捐赠是史无前例的壮举。他的慈善心肠和温文而坚定的高尚情操是我们的永恒的榜样。

接受香港电台访问的记录

杨振宁于 1995 年 1 月 28 日接受香港电台曾智华先生访问的谈话全文。

曾智华：大家都知道最近两日西昌发射中心长征二号火箭发射的亚太二号通信卫星，升空不到一分钟即爆炸了。其实十年前我有一次在加拿大逛商场的时候，忽然间人声鼎沸，人人奔走相告，面露惊惶之色，原来电视上直播肯尼迪中心的升空火箭发生爆炸，所有人都吓呆了。此次中国同样发生火箭爆炸事件，令人对中国的科技水平极为关注，杨教授，你作为蜚声国际的华人科学家，对此事件有何看法？

杨振宁：中国的科技水平是很高的，当然在很多地方比起西方最进步的国家仍有不足之处，但在火箭技术方面，全世界都认为中国的技术是很进步的。这次爆炸并不是很稀奇的事情，因为这种没有人的火箭，在国际上爆炸的例子多得很，过去十一个月里，日本的火箭就已经爆炸了两个，原因是想用最少的钱把最大的重量打上去，所以设计的时候不能花太多的钱。这件事情对于香港的电视广播事业当然有些影响，我想也许要拖慢一两年了。

曾智华：这次事件，会否大大打击外国对中国发射卫星技术的信心，或者拖慢中国在这方面的科技发展？

杨振宁：不然，因为国际上对中国的火箭技术是很佩服的。比如说美国的 Hughes（休斯）卫星公司就特别要让中国来替它制造，原因是中国造得比较便宜，而且过去几年的成绩很好。这次爆炸事件一般人讲起来以为是很大的失败，其实在内行人看起来并不是那么稀奇的事情。

曾智华：讲起科技，大家都知道它对于国家富强非常重要，你前年曾经公开估计 21 世纪中叶，中国极可能成为世界级科技强国。近日人人在谈论邓小平的健康，虽然他并没有实在的职务，但他实际上是影响着中国的。假如他逝世后，中国会变成怎样，无人能够预知，也许会出现政治混乱的局面，这样会否进一步拖慢中国的科技发展，因而令你的预测无法实现？

杨振宁：中国的科技发展跟世界各国的科技发展是一样的，当然会受到政治的影响。假如邓小平逝世后，中国发生大乱，对于科技的发展当然不利，不过我认为大乱不见得会发生，小乱恐怕不能避免，但小乱亦不见得会影响科技的发展。最好的例子，是过去从 1949 年至今，大陆发生过种种的动乱，比如说 1957 年开始有反右的事情，在 60 年代有很大的灾荒，到了"文革"的时候，又有很大的动乱。这些动乱对于科技发展当然都有影响，可是你从长期的发展来看，中国这四十年来是有长足的进展，中国能够把火箭发射上去，正是一个很好的证明，今天中国的科技是相当进步，中国的火箭技术还要比日本来得先进。政治动乱会影响科技发展，不过总体的发展，从长远的角度来看，你会发现这些政治动乱是不能阻止科技的远程发展的。

曾智华：为什么你认为邓小平逝世后不会有大乱？

杨振宁：因为中国这十五年来通过改革开放，人民的生活都提高了，不只是在大城市里，在乡村里人民的生活也提高了，这是所有到中国去看过的人都同意的看法，在这种情况下，大家都不愿意动乱得太厉害。邓小平逝世后，中国现在的几位领导人，以及比他们年轻一些的领导人，我认为他们目前都有一个共识，就是维持一个稳定的状态对于中国最有好处，而且对于他们每一个人的工作亦有最大的好处，所以我想两三年之内不会发生很严重的问题，但两三年之后会发生什么问题则现在很难预料。大家必须要注意，今天中国的情形跟1975年、1976年毛泽东快要去世的时候是完全不同的，那时情况很不稳定，而且没有一个已经行之好几年又有成绩的领导班子。今天的情况并不是这样，所以我想今天不会出现像"四人帮"倒台时的状态。

曾智华：从历史来看，中国人似乎先天上是比较优秀的，在古代已发明印刷术、火药、指南针、造纸术等，而西方人当时并没有这些发明。

杨振宁：先天优秀说我觉得没有根据。一切发展都受当时社会的结构与社会的思想影响。中国古时候的发展对于实用比较注意，比如说你需要一个东西可以爆炸，所以中国就发明了火药；你需要一个东西可以告诉你往哪一个方向走，所以中国就发明了指南针。可是对于理论的结构，中国以前不够注意，西方则承继了希腊人的传统，对于理论的结构非常注重，例如欧几里得的几何学，就钻研到非常深入的逻辑系统里去，这方面中国从前没有发展。另一方面，西方在文艺复兴以后，它们的政治、社会、经济结构跟中国明朝、清朝时候的结构完全不一样，这许多原因都使得近代科学没有在中国萌芽。

曾智华：杨教授，本来中国是比较进步的，但在某一个时期科技却停止了发展，是否因为中国人一直生活在独裁和高压的统治下，欠缺了培育思想的环境，因而经历了数百年的科技黑暗期？

杨振宁：中国在明朝、清朝的时候，因为种种的缘故，科技不能够发展，从科技的历程来说，整个中国都裹足不前。不过到了民国初年，通过五四运动，中国有了改变，就是愿意接受西方的科技思想，以及一些政治思想。我想你也知道五四运动时提出了赛先生与德先生，赛先生者就是 science（科学），德先生者就是 democracy（民主），这以后中国的科技有了长足的进展。我 1945 年到美国，是中国派人到西方吸取西方科技思想的第三代。第一代人到日本去的时候，他们在国内没有念过科技，所以他们到国外通常只念到学士，或者是硕士就回国了。他们回国之后教授出来的便是第二代，即我父亲那一代，他们在中国已经学到了一些近代科技，所以当他们到美国、日本、欧洲留学时，很多人都取得了博士学位。他们回来后教授出来的便是第三代，就是我这一代，我们第三代的人很多在国内已经达到了科技的前沿，比如说 40 年代我在昆明西南联大念大学时所念的课，已经跟国际上的课可以看齐了。

曾智华：其实 1900 年左右，中国开始认识到西方科技的发展对中国的重要性，所以派留学生出国。刚才你提到，中国目前有尖端的科技，但为何人民不能在日常生活中享受到成果？

杨振宁：实际上中国的一般老百姓已经享受了科技发展的成果。大家都知道这十五年改革开放以来，中国经济大大地发展，能够发展得那么快，一部分是因为中国现在懂得做生意，但单单懂得做生意还不够，还需要有人知道怎样运用及修理从外面引进来的科技设备，所以另一部分原因是在改革开放以前中国对科技发展方面做了些准备工作。中国在1949年以后，训练了几百万科技人才，这些人才现在发挥了作用，所以我认为中国的科技发展对于今天中国的经济成长已经发挥了作用，而且以后还会发挥更大的作用。

曾智华：那么是否目前的制度使得中国的尖端科技未能为普通的人民带来利益？

杨振宁：我想一定会受益的。过去这十五年，中国的经济增长率是差不多每年10%，以后要继续维持这个增长率的话，必须要有科技的贡献，例如，中国现在大大发展的生物工程，将来能够给国家赚来的财富是数不清楚的。中国现在有很多生物科技的人才，所以我相信在十年之内中国在这方面一定能创造出很多的财富，而这些财富是建筑在科技发展上面的。

曾智华：过去一个世纪，中国饱受西方列强欺凌，为何仍然派学生去如美国等不太友好的国家留学，是否有政治目的？

杨振宁：我想不能讲政治目的，实在目的是很简单。比如说抗战时的重庆政府，非常清楚中国的科技太落后，不只是科技落后，整个学术水平都落后，所以就派人去留学。像我们一起于 1945 年出去的二十几个人是取得第六届清华留美公费的，这二十几个人后来有很多人在学术方面都有成就。

曾智华：你 1945 年离开中国，到 1971 年才第一次回国，整整二十六年都没有回国，是否被人禁止，不准把科技带回中国？

杨振宁：我是 1945 年到美国的，至 70 年代初之间，我一直跟我在上海的父母亲经常通信。那时有许多去美国念书的同学，不敢跟他们家里的人通信，因为他们怕美国政府干涉，怕中国政府对他们的父母不利，可是我采取的态度是我跟我父母、兄弟姐妹通信是天经地义的，没有人能够说不好，所以我们继续通信。到了 1970 年、1971 年的时候，我看得出美国和中国政府了解到两个国家不通消息对两个国家都不好，那时候两个国家都认为苏联是最大的敌人，因此两个国家彼此都在想办法尝试可不可以有接触，大家都知道有所谓乒乓外交的事情。我就利用这机会，我认为这好像是关起来的门打开了一点，我想赶快回去，看看我父母。当时有一些美国朋友，无论是华裔或不是华裔的都说你要小心，你回去可能被中国扣住，不让你出来。我说不会的，因为我对于中国政府有些了解，假如我回去以后跟中国政府说我愿意留在中国，中国一定会说欢迎，假如我不说这句话，他们是不会扣住我的。结果我是对的。

曾智华：其实是否美国也不想你们回中国去？

杨振宁：美国起先不希望像我这样的人回去，因为他们怕中国人在美国学了科技回去帮助中国，所以在朝鲜战争发生的时候，杜鲁门下了一个命令，在美国得到科学技术博士学位的中国人不可以回中国。

曾智华：你是饮"美国科技奶水"长大的人，50、60 年代中美处于敌对状态，你一方面是中国人，受公费留美，一方面在美国被扣住不准走，后来你更入了美籍。我想知道你当时有没有身份的危机？

杨振宁：曾先生，你的问题很中肯。我个人的情形是这样，因为我学的是物理，里头有一部分是核物理，也是我所学的，而核物理跟原子武器有很密切的关系。由于我深深知道这一点，所以在 50、60、70 年代，一直到今天，我都不跟这个方向接近。美国制造原子弹的基地叫 Los Alamos，我在 50、60、70 年代都不去这个地方，因为我怕如果我去这个地方，即使我没有在里面工作，美国的密探都会对我注意，受到注意以后，将来如果我想要到中国去探亲，可能会发生困难，所以我把这地方推得远远的。

曾智华：即是说你自己从没有试过自愿或被迫加入美国的国防部去发展军事装备，即等于攻打自己的同胞？

杨振宁：我跟他们完全不发生关系，我是 keep it at arm's length。

曾智华：你自己本身是中国人，受公费留学美国，获得诺贝尔物理学奖，令许多华人都感到光荣，50 年代很多年轻人都视你为偶像，包括我的长辈。但很奇怪，在节目开始时，我说你是中国人之光，取中国人的钱留学美国，为什么你要入美籍？为何要放弃中国人的身份？我看过你写的书，知道你以身为中国人为荣，为何你要辜负你的亲人、长辈、朋友、同胞的期望？

杨振宁：曾先生，这个问题问得很好，因为这个问题确实是很多像我这样的中国人在美国很多年以后一个切身的问题。你可以这样讲,我的父母是中国人,我的子女是美国人,因为他们都是在美国出生的,所以我是介乎于美国与中国之间。中国跟美国发生很严重的冲突时,当然我的处境是比较困难,这个处境困难其实最主要是来自心理上的。因此我采取的态度是:(1)我跟我在中国的父母亲不断绝联系,(2)美国关于武器的工作,我跟它不发生关系。这样并没有发生大问题,美国政府对于我和中国政府对于我父母都没有发生大问题。

刚才你问我 1971 年回中国,美国政府对这事的态度怎么样。也许你会觉得很奇怪,在我通知了美国政府我要回中国探亲,美国政府的回答是由美国白宫里的科学顾问告诉我的,他们说很欢迎我回去,为什么呢?因为那时美国跟中国想要接近,他们觉得像我这样的人到中国,对于促进中国和美国的交流有好处,所以他们说欢迎,不过他们说不能帮我拿到签证,我说这不成问题,我可以自己去弄。在那以前我已写了一封信给我的父亲,说我想到中国去探亲,我父亲就写了一个报告给国务院,后来国务院通知我父亲说欢迎你的儿子来探亲,你叫他到加拿大或法国的中国大使馆去拿签证,所以我就去了。

曾智华:其实我刚才问你为何在 1964 年入美籍,放弃你的中国国籍?有否后悔这样做?

杨振宁:这个在当时是一件很复杂,而且很困难的事情。我始终知道我父亲对于我放弃中国国籍是不太满意的。我刚才跟曾先生讲过,我在美国已经住了很多年,已经扎下根来了,我的子女是美国人,他们对于中国的了解很少,而我在美国的朋友也很多了,所以假如说我是一棵树的话,这棵树在美国的根已经很壮大了。另外当然还有一些实际的问题，比如说我当时拿的是国民党的护照，拿这个护照去各个地方做学术访问之类的事情很困难，像我这样的人在 60 年代，因为这缘故而去换成美国护照的有很多人。

曾智华：你三十五岁获得轰动世界的诺贝尔物理学奖，获奖后有否觉得像背起大包袱，无法再突破自己？

杨振宁：说是大包袱就不见得，因为我自己觉得我的研究工作还可以做，所以我主要的工作仍是做研究。是不是有一点的包袱感呢？有一点点，不过不是刚才曾先生所讲的方向。我得到诺贝尔奖以后，发现全球所有华裔的人，不管是在大陆的、在台湾的、在香港的，甚至比如说有一年我到巴西去，巴西的华侨有几百人到飞机场去欢迎我，令我感觉到，因为我在科学上有了一些成就，在世界上有一点名气，使得全球华裔的人都高兴，这一点使我觉得我有一个责任，而这个责任有一点点的压力。

假如今天曾先生问我，你觉得你这一生最重要的贡献是什么？我会说，我一生最重要的贡献是帮助改变了中国人自己觉得不如人的心理作用，我想我在科学工作的成就帮助中国人的自信心增加了，这个恐怕是我一生最重要的贡献。

曾智华：根据记录显示，华人得到诺贝尔奖的少之又少，而且全部都在科技领域，为何在和平、文学、医学、经济等全都没有华人得奖？

杨振宁：是这样的，曾先生，目前华裔的人得到物理学奖的已经有三个人，化学奖有一位，生物学奖到现在还未有华裔的，不过我觉得十年之内一定有，为什么呢？因为现在你看科学杂志，在生物研究方面的中国人多得很，而且有很重要成绩的人也很多，所以我预言在十年之内会出现华裔的生物学诺贝尔奖得奖人。

文学奖是一件很麻烦的事情，它跟瑞典皇家文学院里几位先生的看法有关系，不过我预言在二十年之内华裔一定会得到诺贝尔文学奖。

曾智华：其实一直拿不到奖，会不会跟语言有关？例如他们看惯英文，不懂中文，不懂得欣赏我们的文学呢？

杨振宁：这个有关系，不过不是决定性的关系，你看日本人已经得到两个文学奖。

和平奖呢，这个奖比较复杂，因为和平奖更是主观的成分多。你要问我，我可以开玩笑地讲，假如华裔的人想得到和平奖，最好是当台湾跟大陆的关系很紧张，将要打起来的时候，有一个人出面把这件事情调停了，那么按照他们现在的办法，那个人便可能得到诺贝尔和平奖。

曾智华：假如是这样，你根本不希望看见这个奖出现。

杨振宁：当然。

曾智华：听说有人提名某民运人士为诺贝尔和平奖候选人，你的看法如何？

杨振宁：诺贝尔和平奖委员会的成员是一些理想主义者，对于实际的情况往往不清楚。如果此人得到诺贝尔和平奖，对于中国的经济成长和 12 亿人民的生活都不利，所以我不希望此人得到和平奖。

曾智华：目前你不停地奔走于中国大陆、香港、台湾，以及美国之间，你认识那么多领导人，就你的经验看，你估计中国人什么时候可以完成统一的大业？

杨振宁：这个问题很复杂，不是我能够给一个准确的回答。近年来大陆和台湾，尤其是有香港处于其中，交往多了很多。我自己在香港、大陆及台湾认识的人很多，做了很多帮助两岸交流的工作。现在像我做这方面事情的人很多，做生意的人也在做这样的事情，做学术的人也在做这样的事情，长久以后，我想会增加台湾和大陆之间的了解，对于最后和平解决两岸分开的问题是有好处的。

曾智华：这是否是你人生之中剩下来的日子最大的愿望？

杨振宁：我最大的愿望是在我有生之年能够看见两岸的统一和平实现。

后记（杨振宁）

接受香港电台的访问前，我并不知道曾智华先生是有名的常会问敏感问题的主持人。今天重读此访问记录，再度感受到他那天对中国的不太友善的态度。

施温格

原文是杨振宁于 1995 年 4 月 20 日在美国华盛顿 APS-AAPT 会议中纪念施温格集会上的演讲。载于 *Julian Schwinger*, ed. Y. Jack Ng，World Scientific，1996。译者：张奠宙。

1946 年，当我在芝加哥大学做研究生时，朱连·施温格（Julian Schwinger）已是一位传奇性人物了。我听到过许多有关他的故事，诸如战时在麻州剑桥的无线电实验室的令人敬佩的工作，以及在别人吃晚饭之前从不到办公室工作等。

我也有机会读他的一些引人入胜的论文。至今我还能生动地记起在图书馆阅读他的论文时的情景。第一篇是他和泰勒合作的有关正氢和仲氢的中子散射 [*Phys. Rev.* **52**, 286(1937)]。我也记得曾仔细研读过他和 W. Rarita 合写的关于中子－质子相互作用的论文 [*Phys. Rev.* **59**，436(1941)]。

此后发生了重整化的大事。让我们回顾一下这一段历史。在 Shelter 岛会议上，Lamb 和 Retherford，还有 Foley 和 Kush 报告了令人兴奋的结果，那是 1947 年 6 月的事。值得关注的是，此后只在几个星期之内，Bethe 就提交了一篇论文 [*Phys. Rev.* **72**，339(1947)]，计算了 Lamb 的 "位移"。

他得到了 1040 MHz。同样令人关注的是，几个月之后，施温格在 1948 年初发表了重要论文［*Phys. Rev.* **73**, 416 (1948)］。我记得这篇论文在 1947 年底完成，1948 年初刊出。对电子的超磁矩量给出了著名的常数 $\alpha/2\pi$。他在纽约的 APS 会议（1948 年 1 月 29—31 日）上报告了这一结果。

接着是著名的 Pocono 会议（1948 年 3 月 30 日—4 月 1 日）。我那时只是一名研究生，没能参加这一会议。芝加哥大学的泰勒、费米、文策尔去了。费米通常在会议上没有做笔记的习惯，但这次却带回了长篇的笔记，因为在他听施温格报告时已意识到这将是一个历史性的事件。当他回到芝加哥时，怎么消化这些笔记呢？费米把泰勒、文策尔和四个研究生（Geoffery Chew，Murph Goldberger，以及 Marshall Rosenbluth 和我）找到他的办公室，我们打算用几星期时间把费米所记录的施温格演讲内容弄清楚。这样，我们从 1948 年的 4 月一直工作到 5 月。Murph 做记录，至今我还保留着一份复本，共 49 页。在费米的办公室里，我们一周碰头几次，每次约两小时。六个星期之后，大家都觉得很累，而且我们七人中没有一个感到真正弄明白了施温格的工作。我们只知道施温格完成了一些辉煌的工作，例如他已得到 $\alpha/2\pi$，以及他已经进入具体计算 Lamb 位移的阶段。

在六星期工作的末尾，四个研究生中有人问："是不是费曼也说过话？"三位教授都说："是的，是的，费曼确实说过。""那么费曼说了些什么？"没有人说得清楚。大家只记得费曼的奇怪记号：带有斜杠的 P。

现在让我们来再次回顾重整化理论的历史。上面我已提到，第一篇论文是施温格完成的。第二篇则是日本人 H.

Fukuda, Y. Miyamoto 和 S. Tomonaga 的 论 文 [*Prog. Theo. Phys.* **4**, 47, 121(1949)]。然后，施温格在 1949 年又回到这一问题，得到了 1051 MHz [*Phys. Rev.* **75**, 898(1949)]，从理论观点来看，这是 Lamb 位移的正确值。接着是费曼 [*Phys. Rev.* **76**, 749, 769(1949)]。所以，这三篇由 Tomonaga、施温格、费曼分别完成的论文，给出了有关 Lamb 位移正确的相对论的公式和计算。在那前后的另外重大事件是 Freeman Dyson 发表的两篇论文 [*Phys. Rev.* **75**, 486, 1736(1949)]，它向人们，像我这样的刚做博士后的年轻人，解释了正在发生的事情，并帮助他们克服学习那些复杂论文时的困难。在对重整化理论作出过贡献的人们中，从理论研究方面说，还应当包括 Bethe，Kramers，Lamb，Oppenheimer，Weisskopf 以及其他人。

从历史的观点来看，我认为，重整化在理论上和实验上的进展，是第二次世界大战以后第一个最激动人心的事件。它也标志着欧洲在基础物理学上一统天下的时代的结束，显示一个新时代，美国时代的开始。

打个比方，重整化是本世纪基础物理学发展中的一座高峰。攀登这一高峰是一桩困难的工作。它要求熟练的技术、巨大的勇气、精确的判断和顽强的毅力。许多人为此做出了贡献。今天非常多的人能够爬上这座山峰。但是，第一个征服这座山峰的人，则是施温格。

战后在美国建立了许多夏季研讨班。1948 年在著名的密歇根夏季研讨班上，我第一次见到施温格。但是我其实并没有认识他。他非常腼腆，一个和他不认识的人能和他讨论物理是很难的。我真正认识他是在 1958 年，我们都应 Bob

Sachs 的邀请访问位于麦迪逊的威斯康星大学。在那个夏天，施温格和他的太太 Clarice，我的妻子致礼和我，大家常在一起。我渐渐懂得施温格不仅是一位伟大的物理学家，而且是一位高尚的人。

施温格能够极好地运用英语，即使在非正式场合的谈话中，他也说完美的、精致的、流畅的语句。在费米实验室1980 年举行的关于粒子物理的会议论文集里可以找到一个很好的例子：施温格在会议上做了《重整化和量子电动力学——个人的见解》的演讲。这是一篇十分引人入胜的文章。他一步一步地给出了重整化理论发展的详细过程。同时也清楚地证明了他运用英语的高超能力。我极力向各位推荐这篇文章。

文章中最动人的句子是："恰如晚近以来的硅片那样，费曼图把场论计算推广给了大众。"（Like the silicon chip of more recent years, the Feynman diagram was bringing computation to the masses.）

我觉得施温格有理由感到不愉快：由于费曼是一位令人眼花缭乱的表演家，年轻一代已经忘记，第一个征服重整化高峰的人是施温格。

费曼和施温格是我们时代的两位伟大的物理学家。他们各自都做出了许多深刻的贡献。他们都出生于 1918 年。但就个人举止而言，他们之间的差异极大。我常常在想，人们可以写一本书，题为《一项比较研究：施温格和费曼》，小标题为：

> 百分之二十天生的马戏班丑角，百分之二十专门的违规者，百分之六十伟大的物理学家，费曼为了成为伟大的表演家和成为伟大的物理学家做出了同样的努力。

脑腆，博学，讲精致而流畅的英语，施温格是文化完美主义者的代表，一位十分内向的学者。

我于 1966 年从普林斯顿高等研究院移往纽约州立大学石溪分校。和石溪的行政领导一起，我做了许多努力，想把施温格吸引到石溪的物理研究所。我在给施温格的一封信中着重谈了这一点（日期是 1968 年 4 月 18 日）：

还想说的是我们希望很快会听到你的回复（我希望是肯定的答复）。

请允许我补充说一点我一直有的意见：即使像哈佛大学这样最负盛名的地方，也不能给您增加荣耀。而是您会给您选择加入的任何研究机构带来荣耀。

我们很不走运，施温格去了加州大学洛杉矶分校（UCLA）。许多年以后，我收到 UCLA 物理系主任的一封来信，要我支持聘请施温格为大学讲座教授。以下是我的回复（日期为 1978 年 6 月 13 日）：

朱连·施温格教授是当今最伟大的物理学家之一。他的工作覆盖了广阔的领域，从核物理到基本粒子物理，到场论；从同步加速器到群论，到微波辐射。在过去三十年间，他对这些领域所贡献的重要而本质的思想，已经影响了每个领域。

施温格最重要的工作是他对重整化的贡献。它属于 20 世纪中叶物理学最伟大的进展之列。

施温格是一位成绩卓越的教师。他所培养的有广泛影响的理论物理研究生，比其他在世的理论物理学家所培养的恐怕都要多。他的演讲总是精致修饰的、漂亮的，而且具有施温格对物理学处理的个人特征的特殊风格。

施温格是一位静思的人物，在物理科学之外的许多智力领域中具有敏锐的直觉和深刻的洞察力。

我毫无保留地支持聘请施温格作为加州大学"大学讲座教授"的提案。我唯一感到惊讶的是他当初加入UCLA时没有被聘任这一职位。

与 Lars Onsager 的过往

原载 The Collected Works of Lars Onsager with Commentary, ed. P. C. Hemmer, et al., World Scientific, 1996。*译者：翁帆。*

　　我在中国昆明的时候，从硕士论文导师王竹溪先生口中第一次听到 Onsager 这个名字。20 世纪 30 年代，王先生在英国剑桥跟 R. H. Fowler 学习有序 – 无序跃迁。1944—1945 年的一天他告诉我，Onsager 已经找到了二维空间伊辛模型的严格解。王先生是一位安静、保守的人，那天他却显得非常兴奋。半个世纪后的今天，我仍然能够记得他告诉我 Onsager 的论文时那种仰慕与兴奋的口气。后来我找了那篇论文来细读，可是始终不明白 Onsager 的方法。他似乎总是喜欢计算对易式（commutator），而从不解释为什么要这样做。

　　几年后，当我在芝加哥大学做研究生时，再次阅读了 Onsager 的论文，并花了大量时间仔细研究，可是又一次毫无进展。

　　1949 年秋天我成为普林斯顿高等研究院的一员（用今天的名词即博士后）。奥本海默为了帮助我应付美国移民局，把我名义上调为 Pais 的助理，可是我没有真正帮 Pais 做过什么事情。那一年高等研究院的所有人员，包括我在内都在研究场论和基本粒子，统计力学当时并不是一个热门题目。可是偶然地在 1949 年 11 月里的一天，通过与 Luttinger 的谈话[1]，我得知一个新的 Onsager-Kaufman 方法极大地简化了 Onsager 的论文。更重要的是，这新方法建立于许多"反对换"矩阵的表示论上，而我在学习 Dirac 方程时就曾充分了解此表示论。就这样，我终于明白了 Onsager 的方法。我曾描述这件事如何使得我后来在 1951 年计算[2]出 magnetization，称此计算为"我一生最漫长的计算"。

我所做的是用转移矩阵的两个最大本征态，来计算二者之间的一个矩阵元。Onsager-Kaufman 已经算出了这两个本征态，可是矩阵元的计算却是漫长和曲折的。我在计算的时候，Bruria Kaufman（当时在高等研究院）告诉我她跟 Onsager 已经计算出这个系统的短程序。其极限，即长程序，是 magnetization 的平方。比较他们的结果与我的计算结果，正好吻合，这让我在长时间的挣扎后极为高兴。（请参考 [2] 中第 I 节末的讨论。）我始终不知道为什么，Onsager 跟 Kaufman 从未发表他们的长程序计算。

我也一直不明白为什么 Onsager 在 1944 年的论文里做了那么多 commutator 的计算。最后于 1965 年 3 月在肯塔基州的 Lexington 机场从 Onsager 自己的口中才得知其秘密：通过对角化 $2 \times \infty$，$3 \times \infty$，$4 \times \infty$，$5 \times \infty$，$6 \times \infty$ 晶格的转移矩阵的经验，他看清楚了转移矩阵隐蔽着一个乘积结构。那些 commutator 计算就是为了寻找此乘积（参考 [1]，第 11—13 页）。

回顾 20 世纪 50 年代，我第一次遇见 Onsager 是在 1953

年的东京－京都国际会议上，那次我听了他一个演讲。他声音很低，而每当他认为听众应该已懂了他的要点时，他就做出高兴的微笑。（然而，大多数时候，听众完全莫名其妙。）那一天，他没有讲伊辛模型，而我完全没有从他的演讲里得到什么收获。

Onsager 和我的道路的下一个交叉点是 1963 年春天我访问斯坦福大学时。那年 Bill Fairbank 跟 Bascom Deaver 正在做艰难的磁通量量子化实验。就是那个时候我得知 1948 年在 Shelter Island 举行的低温物理的会议上，Onsager 已经预言到超流氦中的旋涡量子化。这是一个大胆而聪明的猜想，很可能影响了 F. London 后来关于磁通量量子化的猜想[3]，这同时也是 Onsager 有深远的物理洞察力的另一个好例子。

我们的道路再一次交叉是当我在寻求了解磁通量量子化，以及 Bose 凝聚时，阅读了 Penrose[4] 的、和 Penrose 跟 Onsager[5] 合写的论文。这些都是重要的文章，他们用比 London 的模糊的"平均动量的长程序"更广义的说法阐述 Bose 凝聚。我推广了他们的结果到费米子的情况，写了一篇文章[6]。在文章里我创造了"非对角长程序"（ODLRO）这个新词，这是我现在仍然非常喜欢的一篇文章。

注释：

[1] Chen Ning Yang, *Selected Papers 1945–1980 with Commentary* (Freeman, 1983).

[2] C. N. Yang, *Phys. Rev.* **85**, 808 (1952).

[3] See my article in *Near Zero: New Frontiers of Physics*, eds. J. D. Fairbank, B. S. Deaver, Jr., C. W. F. Everitt, and P. F. Michelson (Freeman,

1988), p. 252.

[4] O. Penrose, *Phil. Mag.* **42**, 1373 (1951).

[5] O. Penrose and L. Onsager, *Phys. Rev.* **104**, 576 (1956).

[6] Chen Ning Yang, *Rev. Mod. Phys.* **34**, 694 (1962).

后记（杨振宁）

　　Onsager（1903—1976）是 20 世纪一位大化学家，于 1968 年获诺贝尔化学奖。他对物理学也有许多独创性的贡献，尤其是他 1944 年的那篇文章引导出后来统计力学里面的许多发展。我一生得过许多奖项，1999 年获得的美国物理学会颁发的 Onsager 奖使我特别高兴。

一封关于邓小平的唁电

1997 年 2 月 20 日杨振宁发出一封唁电。电文如下。后来刊登于《人民日报·海外版》1997 年 3 月 1 日。

江泽民主席先生：

　　一九七三年七月十八日周总理介绍我见邓小平先生，至今已二十三年。这二十三年间邓小平先生神奇地改造了二十世纪的历史：

　　他以扭转乾坤的魄力改变了中华民族的精神面貌，解放了十二亿人民的生产力，创建了崭新的中华人民共和国的未来。

　　他是二十世纪世界各国领袖中数一数二的真正伟人。

杨振宁

九七年二月二十日

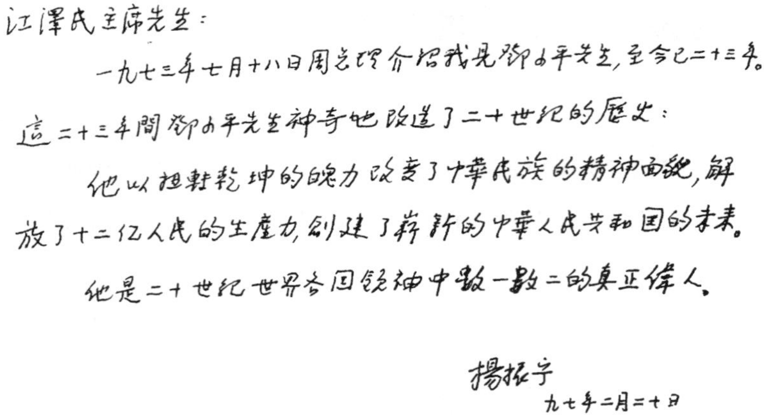

江泽民主席先生：

　　一九七三年七月十八日周总理介绍我见邓小平先生，至今已二十三年。

这二十三年间邓小平先生神奇地改造了二十世纪的历史：

　　他以扭转乾坤的魄力改变了中华民族的精神面貌，解放了十二亿人民的生产力，创造了崭新的中华人民共和国的未来。

　　他是二十世纪世界各国领袖中数一数二的真正伟人。

杨振宁

九七年二月二十日

图 A97d. 1　杨振宁致江泽民主席先生的信

美与物理学

1997 年 1 月 17 日在香港中华科学与社会协进会同香港中文大学主办的演讲会上的讲词，讲题原为《科学工作有没有风格？》。载于《二十一世纪》1997 年 4 月号，总第 40 期。

　　19 世纪物理学的三项最高成就是热力学、电磁学与统计力学。其中统计力学奠基于麦克斯韦（J. Maxwell，1831—1879）、波耳兹曼（L. Boltzmann，1844—1905）与吉布斯（W. Gibbs，1839—1903）的工作。波耳兹曼曾经说过[1]：

　　　　一位音乐家在听到几个音节后，即能辨认出莫扎特（Mozart）、贝多芬（Beethoven）或舒伯特（Schubert）的音乐。同样，一位数学家或物理学家也能在读了数页文字后辨认出柯西（Cauchy）、高斯（Gauss）、雅可比（Jacobi）、亥姆霍兹（Helmholtz）或基尔霍夫（Kirchhoff）的工作。

　　对于他的这一段话也许有人会产生疑问：科学是研究事实的，事实就是事实，哪里会有什么风格？关于这一点我曾经有过如下的讨论[2]：

　　　　让我们拿物理学来讲吧。物理学的原理有它的结构。

这个结构有它的美和妙的地方。而各个物理学工作者，对于这个结构的不同的美和妙的地方，有不同的感受。因为大家有不同的感受，所以每位工作者就会发展他自己独特的研究方向和研究方法。也就是说他会形成他自己的风格。

今天我的演讲就是要尝试阐述上面这一段话。我们先从两位著名物理学家的风格讲起。

一、狄拉克

狄拉克（P. Dirac，1902—1984）（图 97a. 1）是 20 世纪一位大物理学家。关于他的故事很多。譬如：有一次狄拉克在普林斯顿大学演讲，演讲完毕，一位听众站起来说："我有一个问题请回答：我不懂怎么可以从公式（2）推导出来公式（5）。"狄拉克不答。主持者说："狄拉克教授，请回答他的问题。"狄拉克说："他并没有问问题，只说了一句话。"

图 97a. 1 狄拉克 1969 年在美国纽约州石溪（L. Eisenbud 摄）

这个故事之所以流传极广是因为它确实描述了狄拉克的一个特点：话不多，而其内含有简单、直接、原始的逻辑性。一旦抓住了他独特的、别人想不到的逻辑，他的文章读起来便很通顺，就像"秋水文章不染尘"，没有任何渣滓，直达深处，直达宇宙的奥秘。

狄拉克最了不得的工作是 1928 年发表的两篇短文，写下了狄拉克方程[3]：

$$(pc\alpha + mc^2\beta)\psi = E\psi \qquad （D）$$

这个简单的方程式是惊天动地的成就，是划时代的里程碑：它对原子结构及分子结构都给予了新的层面和新的极准确的了解。没有这个方程，就没有今天的原子、分子物理学与化学。没有狄拉克引进的观念就不会有今天医院里通用的核磁共振成像（MRI）技术，不过此项技术实在只是狄拉克方程的一项极小的应用。

狄拉克方程"无中生有""石破天惊"地指出为什么电子有"自旋"（spin），而且为什么"自旋角动量"是 1/2 而不是整数。初次了解此中奥妙的人都无法不惊叹其为"神来之笔"，是别人无法想到的妙算。当时最负盛名的海森伯（W. Heisenberg，1901—1976）看了狄拉克的文章，无法了解狄拉克怎么会想出此神来之笔，于 1928 年 5 月 3 日给泡利（W. Pauli，1900—1958）写了一封信描述了他的烦恼[4]：

> 为了不持续地被狄拉克所烦扰，我换了一个题目做，得到了一些成果。（按：这成果是另一项重要贡献——磁铁为什么是磁铁。）

狄拉克方程之妙处虽然当时立刻被同行所认识，可是它有一项前所未有的特性，叫作"负能"现象，这是大家所绝对不能接受的。狄拉克的文章发表以后三年间关于负能现象有了许多复杂的讨论，最后于 1931 年狄拉克又大胆提出"反粒子"理论（Theory of Antiparticles）来解释负能现象。这个理论当时更不为同行所接受，因而流传了许多半羡慕半嘲弄的故事。直到 1932 年秋安德森（C. D. Anderson，1905—1991）发现了电子的反粒子以后，大家才渐渐认识到反粒子理论又是物理学的另一个里程碑。

20 世纪的物理学家中，风格最独特的就数狄拉克了。我曾想把他的文章的风格写下来给我的文、史、艺术方面的朋友们看，始终不知如何下笔。去年偶然在香港《大公报》"大公园"一栏上看到一篇文章，其中引了高适（700—765）在《答侯少府》中的诗句："性灵出万象，风骨超常伦。"我非常高兴，觉得用这两句诗来描述狄拉克方程和反粒子理论是再好没有了：一方面狄拉克方程确实包罗万象，而用"出"字描述狄拉克的灵感尤为传神。另一方面，他于 1928 年以后四年间不顾玻尔（N. Bohr，1885—1962）、海森伯、泡利等当时的大物理学家的冷嘲热讽，始终坚持他的理论，而最后得到全胜，正合"风骨超常伦"。

可是什么是"性灵"呢？这两个字联起来字典上的解释不中肯。若直觉地把性情、本性、心灵、灵魂、灵感、灵犀、圣灵（Ghost）等加起来似乎是指直接的、原始的、未加琢磨的思路，而这恰巧是狄拉克方程之精神。刚好此时我和香港中文大学童元方博士谈到《二十一世纪》1996 年 6 月号钱锁桥的一篇文章，才知道袁宏道（1568—1610）[和后来的周作人（1885—1967）、林语堂（1895—1976）等] 的"性灵论"。袁宏道说他的弟弟袁中道（1570—1623）的诗是"独抒性灵，不拘格套"，这也正是狄拉克作风的特征。"非从自己的胸臆流出，不肯下笔"，又正好描述了狄拉克的独创性！

二、海森伯

比狄拉克年长一岁的海森伯（图 97a. 2、图 97a. 3）是 20 世纪另一位大物理学家，有人认为他比狄拉克还要略高一筹[5]。他于 1925 年夏天写了一篇文章，引导出了量子力学的发展。三十八年以后科学史家库恩（T. Kuhn，1922—1996）访问他，谈到构思那个工作时的情景。海森伯说[6]：

图 97a. 2　海森伯 1924 年前后在德国格廷根（Göttingen）（原刊于 D. C. Cassidy, *Uncertainty: The Life and Science of Werner Heisenberg*, W. H. Freeman, 1992）

图 97a. 3 狄拉克与海森伯 1930 年前后在美国剑桥（原刊于 D. C. Cassidy, *Uncertainty: The Life and Science of Werner Heisenberg*, W. H. Freeman, 1992）

爬山的时候，你想爬某个山峰，但往往到处是雾⋯⋯你有地图，或别的索引之类的东西，知道你的目的地，但是仍堕入雾中。然后⋯⋯忽然你模糊地，只在数秒钟的工夫，自雾中看到一些形象，你说："哦，这就是我要找的大石。"整个情形自此而发生了突变，因为虽然你仍不知道你能不能爬到那块大石，但是那一瞬间你说："我现在知道我在什么地方了。我必须爬近那块大石，然后就知道该如何前进了。"

这段谈话生动地描述了海森伯 1925 年夏摸索前进的情形。要了解当时的气氛，必须知道自从 1913 年玻尔提出了他的原子模型以后，物理学即进入了一个非常时代：牛顿（I. Newton，1642—1727）力学的基础发生了动摇，可是用了牛顿力学的一些观念再加上一些新的往往不能自圆其说的假设，却又可以准确地描述许多原子结构方面奇特的实验结果。奥本海默（J. R. Oppenheimer，1904—1967）这样描述这个不寻常的时代[7]：

> 那是一个在实验室里耐心工作的时代，有许多关键性的实验和大胆的决策，有许多错误的尝试和不成熟的假设。那是一个真挚通信与匆忙会议的时代，有许多激烈的辩论和无情的批评，里面充满了巧妙的数学性的挡驾方法。

> 对于那些参加者，那是一个创新的时代，自宇宙结构的新认识中他们得到了激奋，也尝到了恐惧。这段历史恐怕永远不会被完全记录下来。要写这段历史需要有像写俄狄浦斯（Oedipus）或写克伦威尔（Cromwell）那样的笔力，可是由于涉及的知识距离日常生活是如此遥远，实在很难想象有任何诗人或史家能胜任。

1925 年夏天，二十三岁的海森伯在雾中摸索，终于摸到了方向，写了上面所提到的那篇文章。有人说这是三百年来物理学史上继牛顿的《数学原理》以后影响最深远的一篇文章。

可是这篇文章只开创了一个摸索前进的方向，此后两年间还要通过玻恩（M. Born，1882—1970）、狄拉克、薛定谔

（E. Schrödinger，1887—1961）、玻尔等人和海森伯自己的努力，量子力学的整体架构才逐渐完成[8]。量子力学使物理学跨入崭新的时代，更直接影响了 20 世纪的工业发展，举凡核能发电、核武器、激光、半导体元件等都是量子力学的产物。

1927 年夏，二十五岁尚未结婚的海森伯当了莱比锡（Leipzig）大学理论物理系主任。后来成名的布洛赫（F. Bloch，1905—1983，核磁共振机制创建者）和特勒（E. Teller，1908—　，"氢弹之父"，我在芝加哥大学时的博士学位导师）都是他的学生。他喜欢打乒乓球，而且极好胜。第一年他在系中称霸。1928 年秋自美国来了一位博士后，自此海森伯只能屈居亚军。这位博士后的名字是大家都很熟悉的——周培源。

海森伯所有的文章都有一共同特点：朦胧、不清楚、有渣滓，与狄拉克的文章的风格形成一个鲜明的对比。读了海森伯的文章，你会惊叹他的独创力（originality），然而会觉得问题还没有做完，没有做干净，还要发展下去；而读了狄拉克的文章，你也会惊叹他的独创力，同时却觉得他似乎已把一切都发展到了尽头，没有什么可以再做下去了。

前面提到狄拉克的文章给人"秋水文章不染尘"的感受。海森伯的文章则完全不同。二者对比清浊分明。我想不到有什么诗句或成语可以描述海森伯的文章，既能道出他的天才的独创性，又能描述他的思路中不清楚、有渣滓、有时似乎茫然乱摸索的特点。

三、物理学与数学

海森伯和狄拉克的风格为什么如此不同？主要原因是

他们所专注的物理学内涵不同。为了解释此点，请看图 97a. 4 所表示的物理学的三个部门和其中的关系：唯象理论（phenomenological theory）（2）是介乎实验（1）和理论架构（3）之间的研究。（1）和（2）合起来是实验物理，（2）和（3）合起来是理论物理，而理论物理的语言是数学。

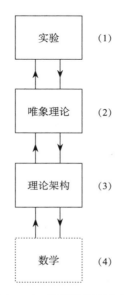

图 97a. 4　物理学的三个领域

物理学的发展通常自实验（1）开始，即自研究现象开始。关于这一发展过程，我们可以举很多大大小小的例子。先举牛顿力学的历史为例。布拉赫（T. Brahe，1546—1601）是实验天文物理学家，活动领域是（1）。他做了关于行星轨道的精密观测。后来开普勒（J. Kepler，1571—1630）仔细分析布拉赫的数据，发现了有名的开普勒三大定律。这是唯象理论（2）。最后牛顿创建了牛顿力学与万有引力理论，其基础就是开普勒的三大定律。这是理论架构（3）。

再举一个例子：通过 18 世纪末 19 世纪初的许多电学和磁学的实验（1），安培（A. Ampère，1775—1836）和法拉第（M. Faraday，1791—1867）等人发展出了一些唯象理论（2）。最后由麦克斯韦归纳为有名的麦克斯韦方程（即电磁学方程），才步入理论架构（3）的范畴。

另一个例子：19 世纪后半叶许多实验工作（1）引导出普朗克（M. Planck，1858—1947）1900 年的唯象理论（2）。然后经过爱因斯坦（A. Einstein，1879—1955）的文章和上面提到过的玻尔的工作等，又有一些重要发展，但这些都还是唯象理论（2）。最后通过量子力学之产生，才步入理论架构（3）的范畴。

海森伯和狄拉克的工作集中在图 97a. 4 所显示的哪一些领域呢？狄拉克最重要的贡献是前面所提到的狄拉克方程（D）。海森伯最重要的贡献是海森伯方程[9]，是量子力学的基础：

$$pq-qp=-i\hbar \qquad (\mathrm{H})$$

这两个方程都是理论架构（3）中之尖端贡献。二者都达到物理学的最高境界。可是写出这两个方程的途径却截然不同：海森伯的灵感来自他对实验结果（1）与唯象理论（2）的认识，进而在摸索中达到了方程式（H）。狄拉克的灵感来自他对数学（4）的美的直觉欣赏，进而天才地写出他的方程（D）。他们二人喜好的、注意的方向不同，所以他们的工作的领域也不一样，如图 97a. 5 所示。[此图也标明玻尔、薛定谔和爱因斯坦的研究领域。爱因斯坦兴趣广泛，在许多领域中，自（2）至（3）至（4），都曾做出划时代的贡献。]

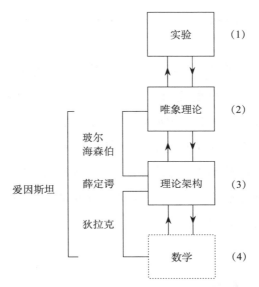

图 97a. 5 几位 20 世纪物理学家的研究领域

海森伯从实验（1）与唯象理论（2）出发：实验与唯象理论是五光十色、错综复杂的，所以他要摸索，要犹豫，要尝试了再尝试，因此他的文章也就给读者不清楚、有渣滓的感觉。狄拉克则从他对数学的灵感出发：数学的最高境界是结构美，是简洁的逻辑美，因此他的文章也就给读者"秋水文章不染尘"的感受。

让我补充一点关于数学和物理的关系。我曾经把二者的关系表示为两片在茎处重叠的叶片（图 97a. 6）。重叠的地方同时是二者之根，二者之源。譬如微分方程、偏微分方程、希尔伯特空间、黎曼几何和纤维丛等，今天都是二者共用的基本观念。这是惊人的事实，因为首先达到这些观念的物理学家与数学家曾遵循完全不同的路径、完全不同的传统。为什么会殊途同归呢？大家今天没有很好的答案，恐怕永远不

会有，因为答案必须牵扯到宇宙观、知识论和宗教信仰等
难题。

必须注意的是在重叠的地方，共用的基本观念虽然如此
惊人地相同，但是重叠的地方并不多，只占二者各自的极少
部分。譬如实验（1）与唯象理论（2）都不在重叠区，而绝
大部分的数学工作也在重叠区之外。另外值得注意的是即使
在重叠区，虽然基本观念是物理与数学共用，但是二者的价
值观与传统截然不同，而二者发展的生命力也各自遵循不同
的茎脉流通，如图 97a.6 所示。

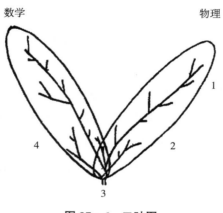

图 97a.6　二叶图

常常有年轻朋友问我，他应该研究物理，还是研究数学。
我的回答是这要看你对哪一个领域里的美和妙有更高的判断
能力和更大的喜爱。爱因斯坦在晚年时（1949 年）曾经讨论
过为什么他选择了物理。他说[10]：

　　在数学领域里，我的直觉不够，不能辨认哪些是真
正重要的研究，哪些只是不重要的题目。而在物理领域

里，我很快学到怎样找到基本问题来下功夫。

年轻人面对选择前途方向时，要对自己的喜好与判断能力有正确的自我估价。

四、美与物理学

物理学自（1）到（2）到（3）是自表面向深层的发展。表面有表面的结构，有表面的美。譬如虹和霓是极美的表面现象，人人都可以看到。实验工作者做了测量以后发现虹是42°的弧，红在外，紫在内；霓是50°的弧，红在内，紫在外。这种准确规律增加了实验工作者对自然现象的美的认识。这是第一步（1）。进一步的唯象理论（2）研究使物理学家了解到这42°与50°可以从阳光在水珠中的折射与反射推算出来，此种了解显示出了深一层的美。再进一步的研究更深入了解折射与反射现象本身可从一个包容万象的麦克斯韦方程推算出来，这就显示出了极深层的理论架构（3）的美。

牛顿的运动方程、麦克斯韦方程、爱因斯坦的狭义与广义相对论方程、狄拉克方程、海森伯方程和其他五六个方程是物理学理论架构的骨干。它们提炼了几个世纪的实验工作（1）与唯象理论（2）的精髓，达到了科学研究的最高境界。它们以极度浓缩的数学语言写出了物理世界的基本结构，可以说它们是造物者的诗篇。

这些方程还有一方面与诗有共同点：它们的内涵往往随着物理学的发展而产生新的、当初所完全没有想到的意义。举两个例子：上面提到过的19世纪中叶写下来的麦克斯韦方程是在本世纪初通过爱因斯坦的工作才显示出高度的对称性，而这种对称性以后逐渐发展为 20 世纪物理学的一个最重要的中心思想。另一个例子是狄拉克方程。它最初完全没有被数学家所注意，而今天狄拉克流形（Dirac Manifold）已变成数学家热门研究的一个新课题。

学物理的人了解了这些像诗一样的方程的意义以后，对它们的美的感受是既直接而又十分复杂的。

它们的极度浓缩性和它们的包罗万象的特点也许可以用布雷克（W. Blake，1757—1827）的不朽名句来描述[11]：

> To see a World in a Grain of Sand
>
> And a Heaven in a Wild Flower.
>
> Hold Infinity in the palm of your hand
>
> And Eternity in an hour.

它们的巨大影响也许可以用蒲柏（A. Pope，1688—1744）的名句来描述[12]：

> Nature and nature's law lay hid in night：
>
> God said，let Newton be! And all was light.

可是这些都不够，都不够全面地道出学物理的人面对这些方程的美的感受。缺少的似乎是一种庄严感，一种神圣感，一种初窥宇宙奥秘的畏惧感。我想缺少的恐怕正是筹建哥德式（Gothic）教堂的建筑师们所要歌颂的崇高美、灵魂美、宗教美、最终极的美。

注释：

[1] See *Ludwig Boltzmann*, ed. E. Broda (Oxbow Press, 1983), p. 23.

[2] 杨振宁：《读书教学四十年》（香港：三联书店，1985），第 116 页。

[3] 此方程式中 p 是动量，c 是光速，m 是电子的质量，e 是能量，

ψ是波函数。这些都是当时大家已熟悉的观念。α 和 β 是狄拉克引进的新观念，十分简单但却影响极大，在物理学和数学中都起了超级作用。

[4] 译自 A. Pais, *Inward Bound* (Oxford University Press, 1986), p. 348。海森伯是当时最被狄拉克方程所烦扰的一位物理学家，因为他是这方面的大专家：1913 年玻尔最早提出了量子数的观念，这些数都是整数。后来于 1921 年还不到二十岁的学生海森伯大胆地提出量子数是 1/2 的可能。1925 年两位年轻的荷兰物理学家把 1/2 的量子数解释成自旋角动量。这些发展都是唯象理论（2），它们得到了许多与实验（1）极端符合的结果，十分成功。可是它们都还只是东拼西凑出来的理论。狄拉克方程则不然，它极美妙地解释了为什么自旋角动量必须是 1/2。由此我们很容易体会到当天才的海森伯看了狄拉克方程，在羡佩之余，必定会产生高度的烦恼。

[5] 诺贝尔奖委员会似乎持此观点：海森伯独获 1932 年诺贝尔奖，而狄拉克和薛定谔合获 1933 年诺贝尔奖。

[6] 译自 A. Pais, *Niels Bohr's Times* (Oxford University Press, 1991), p. 276。

[7] 译自 J. R. Oppenheimer, *Science and the Common Understanding* (The Reith Lectures 1953, Simon and Schuster, 1954)。引文最后一句是说荷马（Homer，古希腊诗人）和卡莱尔（T. Carlyle, 1795—1881）都恐怕难以胜任。

[8] 紧跟着海森伯的文章，数月内即又有玻恩与约尔丹（P. Jordan, 1902—1980）的文章和玻恩、海森伯与约尔丹的文章。这三篇文章世称"一人文章""二人文章"及"三人文章"，合起来奠定了量子力学的数学结构。狄拉克和薛定谔则分别从另外的途径也建立了同样的结构。但是这个数学结构的物理意义却一时没有明朗化。1927 年海森伯的"测不准原理"和玻尔的"互补原理"才给量子力学的物理意义建立了"哥本哈根解释"。

[9] 事实上海森伯并未能写下（H）。他当时的数学知识不够。（H）是在注 [8] 所提到的二人文章与三人文章中最早出现的。

［10］节译自爱因斯坦的"Autoblographlcal Notes"，原文见 *Albert Einstein*, *Philosopher-Scientist*, ed. P. A. Schllpp, Open Court, Evanston, Ill. (1949)。

［11］陈之藩教授的译文［见他所写的《时空之海》（台北：远东图书公司，1996），第 47 页］如下：

> 一粒沙里有一个世界，
>
> 一朵花里有一个天堂。
>
> 把无穷无尽握于手掌，
>
> 永恒宁非是刹那时光。

［12］我的翻译如下：

> 自然与自然规律为黑暗隐蔽；
>
> 上帝说，让牛顿来！一切遂臻光明。

从国耻讲起

本文为 1997 年 7 月 16 日在香港高等教育界庆回归晚宴上的讲词。原载《明报》1997 年 7 月 20 日。

香港回归是世纪级的历史大事，躬逢盛典，感慨良多。今天只讲其一端。

中国人常说鸦片战争是国耻，香港回归是雪了国耻。其实鸦片战争也是英国人的国耻，回归也雪了英国人的国耻。可是彭定康恐怕不肯承认这一点。

耻字在"耻辱"与"羞耻"中的意思是不大相同的。鸦片战争是中国的耻辱，是英国的羞耻。通常"耻"字被翻译为英文的"shame"。这翻译不太正确，因为 shame 表示做了不应该做的事。鸦片战争是英国人的 shame，不是中国人的 shame。

英国著名历史学家汤因比（Arnold J. Toynbee，1889—1975）在他 1947 年 11 月 17 日的一篇演讲中这样讲到英国人在鸦片战争中的表现：

> 对于这些犯了国际公法的人，最容忍的说法是以后他们（指英国人）为他们的行为感到羞耻。我很记得小

时候问我母亲关于"鸦片战争"时，她告诉了我实情，给了我赎罪性的羞耻感。（摘自 *Civilization on Trial*，牛津大学出版社，1947 年，第 74 页）

他所说的"赎罪性的羞耻感"（我的翻译），原文是"redeewing sense of shame"。

汤因比的这本小书是 1947 年出版的，距今整整五十年，那时他五十八岁。他以宏观的眼光，一方面回顾世界历史大事，一方面企图预测将来。书里面有许多讨论今天看了特别有意思。他眼光远大，从不以为世界只是欧洲人、美洲人的世界。他回忆八岁时候的一个经历（第 17 页）：

他回想到五十年前，1897 年，在伦敦的一个下午，他和他父亲坐在舰队街一个窗口看加拿大和澳大利亚骑兵行列参加庆祝维多利亚女皇即位 60 周年的庆典。那时这些骑在马上极漂亮的队伍仍被称为"殖民地军队"。对于一个英国小孩，这个场面是极动人的。可是一个哲学家却可能想到物极必反……至于多数观众看到的是他们的正午的太阳普照着全球，当然会相信这一切将是永恒的。

汤因比应算是有眼光的历史学家。可是他却没有正确预料到这本小书出版后五十年间的世界大事。比如书中有一段讨论美国与苏联以外会不会有第三个强国？他说（第 142 页）：

我们在什么地方可以找到第三个强国？不在欧洲；也不在英联邦；当然也不在中国或印度，因为虽然这两国都有悠久文化、众多人口、广大土地、丰饶资源，但是这两个大国极不可能在未来关键性的历史年代里发展出他们的内在潜力。

今天看来，汤因比的预言有两大错误。第一，他没有预见苏联的解体。第二，他没有预见强大的中国的崛起。

没有预见苏联的解体是因为他对苏联的基本政治结构没有了解。没有预见中国的崛起是特别值得我们今天深思的。我想他对中国的潜力，对中国共产党的能力与中国文化的韧性恐怕都没有正确的认识。

后记（杨振宁）

1971年夏我初次访问新中国，去了长城。后来在一次演讲中（《读书教学四十年》封面内页），我说："……长城象征着中国的历史。它象征着中国历史的悠久，它象征着中国文化的坚韧。"我觉得中国文化的韧性是基督教、犹太教与伊斯兰教都没有的。

父亲和我

载于《二十一世纪》1997年12月号，总第44期。

一

1922年我在安徽合肥出生的时候，父亲是安庆一所中学的教员。安庆当时也叫怀宁。父亲给我取名"振宁"，其中的"振"字是杨家的辈名，"宁"字就是怀宁的意思。我不满周岁的时候父亲考取了安徽留美公费生，出国前我们一家三口在合肥老宅院子的一角照了一张相片（图97f. 1）。父亲穿着长袍马褂，站得笔挺。我想那以前他恐怕还从来没有穿过西服。两年以后他自美国寄给母亲的一张照片是在芝加哥大学照的（图97f. 2），衣着、神情都已进入了20世纪。父亲相貌十分英俊，年轻时意气风发的神态，在这张相片中清楚地显示出来。

父亲1923年秋入斯坦福大学，1924年得学士学位后转入芝加哥大学读研究院。四十多年以后我在访问斯坦福大学时，参加了该校的中国同学会在一所小洋楼中举行的晚餐会。小洋楼是20世纪初年因为中国同学受到歧视，旧金山的华侨社团捐钱盖的，楼下供中国学生使用，楼上供少数中国同学居住，60 年代这座小楼仍在，后来被拆掉了。那天晚餐前有一位同学给我看了楼下的一个大木箱，其中有 1924 年斯坦福大学年刊，上面的 Chinese Club 团体照极为珍贵，现在复印为图 97f. 3。其左下角即为该小楼 1923—1924 年的照片。木箱中还有中国同学会 1923 年秋的开会记录，其签名页今复印为图 97f. 4。

图 97f. 1　1923 年我与父母亲摄于合肥四古巷故居窗外

图 97f. 2　1925 年父亲摄于芝加哥大学

1928 年夏父亲得了芝加哥大学的博士学位后乘船回国，母亲和我到上海去接他。我这次看见他，事实上等于看见了一个完全陌生的人。几天以后我们三人和一位自合肥来的佣人王姐乘船去厦门，因为父亲将就任为厦门大学数学系教授。

厦门那一年的生活我记得是很幸福的。也是我自父亲那里学到很多东西的一年。那一年以前，在合肥母亲曾教我认识了大约三千个汉字，我又曾在私塾里学过《龙文鞭影》，可是没有机会接触新式教育。在厦门父亲用大球、小球讲解太阳、地球与月球的运行情形；教了我英文字母"abcde……"；当然也教了我一些算术和鸡兔同笼一类的问题。不过他并没有忽略中国文化知识，也教我读了不少首唐诗，恐怕有三四十首；教我中国历史朝代的顺序："唐虞夏商周……"；干支顺序："甲乙丙丁……""子鼠丑牛寅虎……"；八卦："乾三连，坤六断，震仰盂，艮覆碗，离中虚，坎中满，兑上缺，巽下断"，等等。

图 97f. 3　斯坦福大学 1924 年年刊上的一页。父亲的名字是杨克纯（K. C. Yang）。他是第二排左起第六人

图 97f. 4　斯坦福大学 1923 年秋"中国会"名单与签名页。
父亲是第 11 人

图 97f. 5　1929 年我与父母亲摄于厦门

　　父亲少年时候喜欢唱京戏。那一年在厦门他还有时唱"我好比笼中鸟，有翅难展……"不过他没有教我唱京戏，只教我唱一些民国初年的歌曲如"上下数千年，一脉延……""中国男儿，中国男儿……"等。

　　父亲的围棋下得很好。那一年他教我下围棋。记得开始时他让我十六子，多年以后渐渐退为九子，可是我始终没有从父亲那里得到"真传"。一直到1962年在日内瓦我们重聚时下围棋，他还是要让我七子。

图 97f. 6　1929 年摄于厦门鼓浪屿日光岩

　　图 97f. 5 是 1929 年照的。父亲和母亲当时都那么年轻。图 97f. 6 也是同一年在厦门鼓浪屿日光岩上照的。那天我很显然不太高兴。三十多年以后，在 1960 年父亲与母亲自上

海飞到日内瓦跟我团聚以前，三弟翻出这张照片要他们带去给我看。父亲说："不要带，不要带，那天我骂了振宁一顿，他很不高兴。"

这是没有做过父母的人不易完全了解的故事。

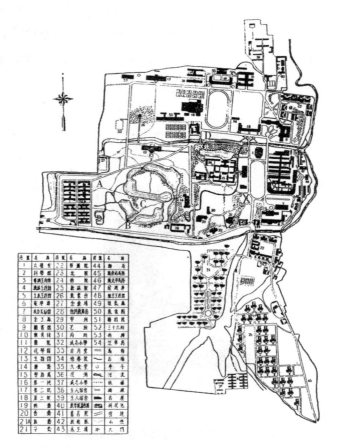

图 97f. 7　《国立清华大学 1948 级年刊》中的《平面全图》

图中今天的生物馆以南，静斋和供应科以西，西院以东的地区，基本上与 30 年代的情形相同，只是南面的校围墙比 30 年代的围墙向南移了恐怕有一百尺（30 年代的校围墙的这一段在图中"B"的地方，在马路和河的北面，与它们平行）

在厦大任教了一年以后，父亲改任北平清华大学教授。我们一家三口于 1929 年秋搬入清华园西院 19 号，那是西院东北角上的一所四合院（图 97f. 7 上的"A"）。西院于 20 世纪 30 年代向南扩建后，我们家的门牌改为 11 号。

　　我们在清华园里一共住了八年，从 1929 年到抗战开始那一年。清华园的八年在我回忆中是非常美丽、非常幸福的。那时中国社会十分动荡，内忧外患，困难很多。但我们生活在清华园的围墙里头，不大与外界接触。我在这样一个被保护起来的环境里度过了童年。在我的记忆里头，清华园是很漂亮的。我跟我的小学同学们在园里到处游玩。几乎每一棵树我们都曾经爬过，每一棵草我们都曾经研究过。

这是我在 1985 年出版的一本小书《读书教学四十年》中第 112 页写的。里面所提到的"在园里到处游玩"，主要是指今天的近春园附近。那时西北起自今天的校医院、近春楼、伟伦中心，南至今天的游泳池和供应科，东至今天的静斋，北到今天的蒙民伟楼旁的河以南的建筑，都还没有兴建，整块都是一大片荒地，只有一些树丛、土山、荷塘、小农田和几户农家，变成我们游玩的好地方。

图 97f. 7 是《国立清华大学 1948 级年刊》上的《平面全图》的一部分。图中"32"就是我读书的小学：成志学校，现在是工会。自 1929 年起我在这里读了四年书。我每天自西院东北角家门口"A"出发，沿着图 97f. 7 上依稀可辨认的小路向南行，再向东南走，爬过一个小土山便到达当时的清华园围墙（"B"），然后沿着围墙北边的小路东行到成志学校。这样走一趟要差不多二十分钟，假如路上没有看见蝴蝶或者蚂

蚁搬家等重要事件的话。

另外一条我常常骑自行车走的路是图 97f. 7 中自家门口东北行的大路。此路的另一端是当时的校医院（即今天的蒙民伟楼）旁的桥（"D"）。每逢开运动会，我就骑自行车沿此路此桥去体育馆，和成志学校的同学们组织啦啦队呐喊助威。

父亲常常和我自家门口东行，沿着图 97f. 7 里面的第三条小路去古月堂或去科学馆。这条小路特别幽静，穿过树丛以后，有一大段路（在"C"附近）左边是农田与荷塘，右边是小土山。路上很少遇见行人，春夏秋冬的景色虽不同，幽静的气氛却一样。童年的我当时未能体会到，在小径上父亲和我一起走路的时刻是我们单独相处最亲近的时刻。

我九、十岁的时候，父亲已经知道我学数学的能力很强。到了十一岁入初中的时候，我在这方面的能力更充分显示出来。回想起来，他当时如果教我解析几何和微积分，我一定学得很快，会使他十分高兴。可是他没有这样做：我初中一二年级之间的暑假，父亲请雷海宗教授介绍一位历史系的学生教我《孟子》。雷先生介绍他的得意学生丁则良来。丁先生学识丰富，不只教我《孟子》，还给我讲了许多上古历史知识，是我在学校的教科书上从来没有学到的。下一年暑假，他又教我另一半的《孟子》，所以在中学的年代我可以背诵《孟子》全文。

父亲书架上有许多英文和德文的数学书籍，我常常翻看。印象最深的是 G. H. Hardy 和 E. M. Wright 的《数论》中的一些定理和 A. Speiser 的《有限群论》中的许多 space groups 的图。因为当时我的外文基础不够，所以不能看得懂细节。我曾多次去问父亲，他总是说："慢慢来，不要着急"，只偶尔给我解释一两个基本概念。

1937 年抗战开始，我们一家先搬回合肥老家，后来在日军进入南京以后，我们经汉口、香港、海防、河内，于 1938 年 3 月到达昆明。我在昆明昆华中学读了半年高中二年级，没有念高三，于 1938 年秋以"同等学力"的资格考入了西南联合大学。

1938 到 1939 年这一年，父亲介绍我接触了近代数学的精神。他借了 G. H. Hardy 的 *Pure Mathematics* 与 E. T. Bell 的 *Men of Mathematics* 给我看。他和我讨论 set theory、不同的无限大、Continuum Hypothesis 等观念。这些都给了我不可磨灭的印象。四十年以后在 *Selected Papers 1945–1980 with Commentary*（Freeman & Company，1983）第 74 页上我这样写道[1]：

> 我的物理学界同事们大多对数学采取功利主义的态度。也许因为受我父亲的影响，我较为欣赏数学。我欣赏数学家的价值观，我赞美数学的优美和力量：它有战术上的机巧与灵活，又有战略上的雄才远虑。而且，奇迹的奇迹，它的一些美妙概念竟能支配物理世界的基本结构。

父亲虽然给我介绍了数学的精神，却不赞成我念数学。他认为数学不够实用。1938 年我报名考大学时很喜欢化学，就报了化学系。后来为准备入学考试，自修了高三物理，发现物理更合我的口味，这样我就进了西南联大物理系。

1941 年秋为了写学士毕业论文，我去找吴大猷教授。

> ［他］给了我一本 *Reviews of Modern Physics*（《现代物理评论》），叫我去研究其中一篇文章，看看有什么

心得。这篇文章讨论的是分子光谱学和群论的关系。我把这篇文章拿回家给父亲看。他虽不是念物理的，却很了解群论。他给了我狄克逊（Dickson）所写的一本小书，叫作 *Modern Algebraic Theories*（《近代代数理论》）。狄克逊是我父亲在芝加哥大学的老师。这本书写得非常合我的口味。因为它很精简，没有废话，在 20 页之间就把群论中"表示理论"非常美妙地完全讲清楚了。我学到了群论的美妙，和它在物理中应用的深入，对我后来的工作有决定性的影响。这个领域叫作对称原理。我对对称原理发生兴趣实起源于那年吴先生的引导。[2]

今年（1997）为了庆祝吴先生的九十寿辰，邹祖德和我写了一篇文章[3]，用群论方法计算 C_{60} 的振动频率。C_{60} 是一个对称性特高的分子，用群论讨论最合适。（有这样高度对称的分子不仅在 1941 年吴先生和我没有预料到，在 1983 年我写上面的那段话时也还没有任何人预料到。）

抗战八年是艰苦困难的日子，也是我一生学习新知识最快的一段日子。最近三弟杨振汉曾这样描述 1945 年夏抗战结束时我家的情形[4]：

> 1945 年夏，大哥获取了留美公费，将离家赴美国读博士。父亲高兴地告诉我们，艰苦和漫长的抗日战争看来即将过去，反德国法西斯战争也将结束。我家经受了战乱的洗礼，虽有精神和物质损失，但是我们家七口人都身体健康，学业有进，更可喜的是儿女们都孝顺父母，兄弟姐妹之间和睦相处，亲情常在，我们一家人相互之间的关系，的确非比寻常，这是我们每个人都十分珍视的。

　　抗战胜利至今已五十一年了,父亲、母亲和振复（振宁注：振复是我们的五弟,1937 年生,1985 年卒。）均已长眠于苏州东山。回忆抗战八年的艰苦岁月我们家真可称得上美好、和睦和亲情永驻的家。

　　我还记得 1945 年 8 月 28 日那天我离家即将飞往印度转去美国的细节：清早父亲只身陪我自昆明西北郊乘黄包车到东南郊拓东路等候去巫家坝飞机场的公共汽车。离家的时候,四个弟妹都依依不舍,母亲却很镇定,记得她没有流泪。到了拓东路父亲讲了些勉励的话,两人都很镇定。话别后我坐进很拥挤的公共汽车,起先还能从车窗往外看见父亲向我招手,几分钟后他即被拥挤的人群挤到远处去了。车中同去美国的同学很多,谈起话来,我的注意力即转移到飞行路线与气候变化等问题上去。等了一个多钟头,车始终没有发动。突然我旁边的一位美国人向我做手势,要我向窗外看：骤然间发现父亲原来还在那里等！他瘦削的身材,穿着长袍,额前头发已显斑白。看见他满面焦虑的样子,我忍了一早晨的热泪,一时迸发,不能自已。

　　1928 年到 1945 年这十七年时间,是父亲和我常在一起的年代,是我童年到成人的阶段。古人说父母对子女有"养育"之恩。现在不讲这些了,但其哲理我认为是有永存的价值的。

二

　　1946 年初我注册为芝加哥大学研究生。选择芝加哥大学倒不是因为它是父亲的母校,而是因为我仰慕已久的费米（Fermi）教授去了芝大[5]。当时芝加哥大学物理、化学、数学系都是第一流的。我在校共三年半，头两年半是研究生，得博士学位后留校一年任教员，1949 年夏转去普林斯顿高等研究院。父亲对我在芝大读书成绩极好，当然十分高兴。更高兴的是我将去有名的普林斯顿高等研究院，可是他当时最关怀的不是这些，而是我的结婚问题。1949 年秋吴大猷先生告诉我胡适先生要我去看他。胡先生我小时候在北平曾见过一两次，不知道隔了这么多年他为什么在纽约会想起我来。见了胡先生的面，他十分客气，说了一些称赞我的学业的话，然后说他在出国前曾看见我父亲，父亲托他关照我找女朋友的事。我今天还记得胡先生极风趣地接下去说："你们这一辈比我们能干多了，哪里用得着我来帮忙！"

1950 年 8 月 26 日杜致礼和我在普林斯顿结婚。我们相识倒不是由胡先生或父亲的其他朋友所介绍，而是因为她是 1944 年到 1945 年我在昆明联大附中教书时中五班上的学生。当时我们并不熟识。后来在普林斯顿唯一的中国餐馆中偶遇，这恐怕是前生的姻缘吧。20 世纪 50 年代胡先生常来普林斯顿大学葛斯德图书馆，曾多次来我家做客（图 97f. 8）。第一次来时他说："果然不出我所料，你自己找到了这样漂亮能干的太太。"

父亲对我 1947 年来美国后发表的第一篇文章与翌年我的博士论文特别发生兴趣，因为它们都与群论有密切关系。1957 年 1 月吴健雄的实验证实了宇称不守恒的理论以后，我打电话到上海给父亲，告诉他此消息。宇称不守恒与对称有关，因而也与群论有关，父亲当然十分兴奋。那时他身体极不好（1955 年因多年糖尿病加某种感染，不能吸收胰岛素，医生曾认为已无希望，后来幸能克服感染，但身体仍十分虚弱），得此消息对他精神安慰极大。

图 97f. 8　胡适于 20 世纪 50 年代初写的字

　　1957 年我和杜致礼及我们当时唯一的孩子光诺（那时六岁）去日内瓦。我写信请父亲也去日内瓦和我们见面。他得到统战部的允许，以带病之身，经北京、莫斯科、布拉格，一路住医院，于 7 月初飞抵日内瓦，到达以后又立刻住入医院。医生检查数日，认为他可以出院，但每日要自己检查血糖与注射胰岛素。我们那年夏天在 Rue de Vermont 租了一间公寓，每天清早光诺总是非常有兴趣地看着祖父用酒精灯检查血糖。我醒了以后他会跑来说："It is not good today, it is brown."（今天不好，棕色。）或 "It is very good today, it is blue."（今天很好，蓝色。）过了几星期，父亲身体渐恢复健康，能和小孙子去公园散步。他们非常高兴在公园一边的树丛中找到了一个 "secret path"（秘密通道）。每次看他们一老一少准备出门：父亲对着镜子梳头发，光诺雀跃地开门，我感到无限的满足。

父亲给致礼和我介绍了新中国的许多新事物。他对毛主席万分敬佩，尤其喜欢毛的诗句如"指点江山，激扬文字，粪土当年万户侯"，与"秦皇汉武，略输文采；唐宗宋祖，稍逊风骚。一代天骄，成吉思汗，只识弯弓射大雕。俱往矣，数风流人物，还看今朝"等。

有一天他给致礼和我写了两句话（图97f. 9）。今天的年轻人恐怕会觉得这两句话有一点封建味道，可是我以为封建时代的思想虽然有许多是要不得的，但也有许多是有永久价值的。

1960年夏及1962年夏，父亲又和母亲两度与我在日内瓦团聚。致礼、光宇（我们的老二）和二弟振平也都参加了。每次团聚头两天总是非常感情冲动（图97f. 10），讲一些自己的和家人与亲友们的遭遇。以后慢慢镇静下来，才能欣赏瑞士的一切。

父亲三次来日内瓦，尤其后两次，都带有使命感，觉得他应当劝我回国。这当然是统战部或明或暗的建议，不过一方面也是父亲自己灵魂深处的愿望。可是他又十分矛盾：一方面他有此愿望，另一方面他又觉得我应该留在美国，力求在学术上更上一层楼。

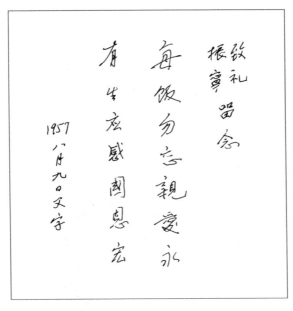

图 97f. 9　1957 年父亲写给我和致礼的两句话

　　和父亲、母亲在日内瓦三次见面，对我影响极大。那些年代在美国对中国的实际情形很少知道。三次见面使我体会到了父亲和母亲对新中国的看法。记得 1962 年我们住在 Route de Florissant，有一个晚上，父亲说新中国使中国人真正站起来了：从前不会做一根针，今天可以制造汽车和飞机（那时还没有制成原子弹，父亲也不知道中国已在研制原子弹）。从前常常有水灾旱灾，动辄死去几百万人，今天完全没有了。从前文盲遍野，今天至少城市里面所有小孩都能上学。从前……今天……正说得高兴，母亲打断了他的话说："你不要专讲这些。我摸黑起来去买豆腐，站排站了三个钟头，还只能买到两块不整齐的，有什么好？"父亲很生气，说她专门扯他的后腿，给儿子错误的印象，气得走进卧室，"砰"

的一声关上了门。

图 97f. 10　1962 年 5 月 21 日父
亲和母亲到日内瓦，我去机场迎
接，见面时父亲悲感满面（图为
黄长风所摄）

　　我知道他们二位的话都有道理，而且二者并不矛盾：国
家的诞生好比婴儿的诞生，只是会有更多的困难，会有更大
的痛苦。

三

1971 年夏天我回到了阔别二十六年的祖国。那天乘法航自缅甸东飞，进入云南上空时，驾驶员说："我们已进入中国领空！"当时我的激动的心情是无法描述的。

傍晚时分，到达上海。母亲和弟妹们在机场接我。我们一同去华山医院看望父亲。父亲住院已有半年。上一次我们见面是 1964 年底在香港，那时他六十八岁，还很健康。六年半时间，受了一些隔离审查的苦，老了、瘦了许多，已不能自己站立行走。见到我当然十分激动。

1972 年夏天我第二度回国探亲访问。父亲仍然住在医院，身体更衰弱了。次年 5 月 12 日清晨父亲长辞人世，享年七十七岁。5 月 15 日在上海为父亲开的追悼会上，我的悼词有这样两段[6]：

> 近两年来父亲身体日衰。他自己体会到这一点，也就对我们的一切思想和行为想得很多。1971 年、1972 年我来上海探望他，他和我谈了许多话，归根起来他再三要我把眼光放远，看清历史演变的潮流，这个教训两年来在我身上产生了很大的影响。

> 父亲于 1973 年 5 月 12 日长辞人世。在他的一生七十七年的时间里，历史有了惊天动地的演变。昨天收到他一位老同学，又是老同事的信，上面说"在青年时代，我们都向往一个繁荣昌盛的新中国。解放以后二十多年来在毛主席和中国共产党的英明领导下，当时我们青年梦寐以求的这个新中国实现了。"我想新中国的实现这

个伟大的历史事实以及它对于世界前途的意义正是父亲要求我们清楚地掌握的。

六岁以前我生活在老家安徽合肥，在一个大家庭里面。每年旧历新年正厅门口都要换上新的春联。上联是"忠厚传家"，下联是"诗书继世"。父亲一生确实贯彻了"忠"与"厚"两个字。另外他喜欢他的名字杨克纯中的"纯"字，也极喜欢朋友间的"信"与"义"。父亲去世以后，我的小学同班同学，挚友熊秉明写信来安慰我，说父亲虽已过去，我的身体里还循环着他的血液。是的，我的身体里循环着的是父亲的血液，是中华文化的血液。

我于 1964 年春天入美国籍。差不多二十年以后我在论文集中这样写道[7]：

> 从 1945 年至 1964 年，我在美国已经生活了十九年，包括了我成年的大部分时光。然而，决定申请入美国籍并不容易。我猜想，从大多数国家来的许多移民也都有同类问题。但是对一个在中国传统文化里成长的人，做这样的决定尤其不容易。一方面，传统的中国文化根本就没有长期离开中国移居他国的观念。迁居别国曾一度被认为是彻底的背叛。另一方面，中国有过辉煌灿烂的文化。她近一百多年来所蒙受的屈辱和剥削在每一个中国人的心灵中都留下了极深的烙印。任何一个中国人都难以忘却这一百多年的历史。我父亲在 1973 年故去之前一直在北京和上海当数学教授。他曾在芝加哥大学获得博士学位。他游历甚广。但我知道，直到临终前，对于我的放弃故国，他在心底里的一角始终没有宽恕过我。

四

百载魂牵黄土地

三春雨润紫荆花

（蔡国平撰[8]）

1997 年 7 月 1 日清晨零时，我有幸在香港会议展览中心参加了回归盛典。看着中华人民共和国国旗在"起来，不愿做奴隶的人们"的音乐声中冉冉上升，想到父亲如果能目睹这历史性的，象征中华民族复兴的仪式，一定比我还要激动。他出生于 1896 年———一百零一年前，《马关条约》、庚子赔款的年代，在残破贫穷，被列强欺侮，实质上已被瓜分了的祖国。他们那一辈的中国知识分子，目睹洋人在租界中的专横，忍受了二十一条款、五卅惨案、九一八事变、南京大屠杀等说不完的外人欺凌，出国后尝了种族歧视的滋味，他们是多么盼望有一天能看到站了起来的富强的祖国，能看到大英帝国落旗退兵，能看到中国国旗骄傲地向世界宣称：这是中国的土地。这一天，1997 年 7 月 1 日，正是他们一生梦寐以求的一天。

父亲对这一天的终会到来始终是乐观的。可是直到 1973 年去世的时候，他却完全没有想到他的儿子会躬逢这一天的历史性的盛典。否则，他恐怕会改吟陆放翁的名句吧：

国耻尽雪欢庆日，家祭毋忘告乃翁。

注释：

[1] 译文见张奠宙：《杨振宁和当代数学》，载于杨振宁：《读书教学再十年》，台北：时报出版公司，1995 年，第 200 页。

[2] 杨振宁：《读书教学四十年》，香港：三联书店，1985 年，第 114 页。

［3］T. T. Chou and Chen Ning Yang, to appear in *Phys. Letters A*.

［4］杨振汉：《家·家教·教育》，载于徐胜蓝、孟东明：《杨振宁传》，复旦大学出版社，1997 年，第 261—262 页。

［5］杨振宁：《读书教学四十年》，香港：三联书店，1985 年，第 115—116 页。

［6］杨振宁：《读书教学四十年》，香港：三联书店，1985 年，第 71 页。此段所提到的老同学、老同事是周培源先生。

［7］杨振宁著，甘幼玶译：《三十五年心路》，广西科学技术出版社，1989 年，第 123 页。原文见 Chen Ning Yang, *Selected Papers 1945-1980 with Commentary* (Freeman & Co., 1983), p. 56。

［8］原载香港《大公报》1997 年 7 月 23 日 E2 版。

后记（杨振宁）

图 97f. 10 是 1962 年黄长风为父亲和我在机场摄的，是我们家庭照片中极珍贵的一幅照片。

黄长风长我几岁，是实验物理学家（图 97f. 11）。他一生省吃俭用，前两年用其双亲黄济北与陆开群的名字捐了 350 多万美元给北京的清华大学高研中心，对中心帮助极大。

图 97f. 11　黄长风（2007 年 1 月）

杨振宁

——保守的革命者

Dyson 著

这是 Freeman Dyson 于 1999 年 5 月 22 日在杨振宁于石溪荣休学术讨论会晚宴上的讲词。原载 *Mod. Phys. Letters* **A14**, 1455（1999）, 及 *Symmetry and Modern Physics*, ed. A. Goldhaber. et al.（World Scientific, 2003）。译文原载《二十一世纪》1999 年 8 月号，总第 54 期。译者：杨振玉、范世藩。

我很高兴有这个机会来称颂我的老朋友和老同事富兰克·杨（即杨振宁）。我的题目是《保守的革命者》，它的含义将在讲词末彰显。

1983 年富兰克为庆祝他的六十岁生日出版了《选集1945—1980 附评注》，这是我最喜爱的书之一。书中的评注是他自己写的，用来解述各篇文章写作时的情景。书里只收录了他的文章的三分之一，都是他自己选的。这比由一个专家委员会来挑选更能揭示他自己的思路和个性。所选的文章中有些是重要的，有些是不重要的；有些是专业的，有些是通俗的。可是每一篇都是瑰宝。他不是试图在 500 页中塞进尽量多的、艰深的科学，而是试图揭示一位伟大科学家的精神。他做得十分成功。他选的这些文章既揭示了个人的奋斗，也揭示了他的科学成就；它们揭示了他的成就的深远源泉，揭示了他对培育他的中国文化的骄傲，也揭示了他对在中国和在美国的老师的崇敬；它们还揭示了他对数学形式美的热爱以及同时掌握缤纷的实验物理世界和抽象的群论与纤维丛世界的能力。他巧妙地将 80 页的评注结集一起放在书的开始部分，而不是附在各篇文章的后面。这样，评注可以连续地读，成了他的科学自传，一部极好的自传。它以清楚而简练的词句描述了他的一生，朴实地描述了他工作背后的强烈感情和始终不渝的忠诚。换言之，它描述了杨振宁之所以成为杨振宁。

书中最短却又是最精彩的瑰宝，是一篇两页长，对费米（Fermi）的描述。它是作为费米和他合写的一篇文章的序言，曾收录在费米的选集中。1946—1949 年，富兰克师从费米。他从费米学到的物理比从任何他人学到的为多。费米的思考方法在富兰克思想中留下了无法磨灭的影响，他写道："我们懂得了，学物理不应该只狭窄地学一个专业。学物理应该从平地开始，一块砖一块砖地砌，一层一层地加高。我们懂得了，抽象化应在具体的基础工作之后，而绝非在它之前。"

费米崇尚实际的精神，可以从 1954 年发表的杨－米尔斯这篇卓越的文章的题目中看到。今天任何一位谈到这篇文章的人，都会将它称为是引入非阿贝尔规范场的文章。可是，它的题目《同位旋守恒与同位旋规范不变性》并没有提到非阿贝尔规范场。如何了解同位旋守恒这个物理问题出现在先，而抽象数学观念非阿贝尔规范场出现在后。这是费米处理这类问题会用的方式，也是富兰克处理这个问题所用的方式。费米的伟大在于他既懂得如何计算，又懂得如何倾听自然的声音。在其一生中，富兰克均衡地处理了他抽象数学的天才和费米对于物理细节的脚踏实地的关注。

请允许我在这里简短地讲一个和这次讲话主题无关的、有关费米的故事，而和富兰克无关系。我不是费米的学生，但我有幸在学术生涯的关键时刻和费米谈了二十分钟。我从这二十分钟中学到的，比我从奥本海默（Robert J. Oppenheimer）二十年中学到的还多。1952年，当时我以为自己拥有了一个强相互作用的好理论，于是组织了一大批康奈尔大学的学生和博士后，按照这个理论来计算介子－质子之散射。我们运算的结果和费米在芝加哥回旋加速器上量到的截面很符合，于是我得意地从伊萨卡（Ithaca）去芝加哥给费米看我们的结果。费米很客气和友好，但我们的结果并没有引起他的兴趣。他说："计算的途径有两种。第一种，是我所愿意采用的，是先有一幅清晰的物理图像。第二种是有严格的数学架构。你的则两者都不是。"这既结束了他和我的对话，也终结了我们的理论。以后我们弄清楚了，由于没有将矢量相互作用考虑在内，我们的理论是不可能正确的，而费米直觉地看出了这个理论必然是错误的。在这二十分钟里，他脚踏实地的见识省掉了我们几年的无谓计算。这个教训是富兰克无须学习的，因为他在芝加哥当学生时，已经充分汲取了费米的见识。

在《选集》出版后的十五年中，富兰克没有闲着。1995年，一本庆祝他七十岁生日的文集出版了，这次不是他自己而是他的朋友们写的，题目是《杨振宁：20世纪一位伟大的物理学家》。隐藏在书中的专业文章里，有一些个人的颂赞和回忆，它们描述了富兰克如何积极帮助科学在三个中国社会——中国大陆、台湾和香港——的成长和繁荣。富兰克很高兴能够偿还他欠故土和文化的债。

上述两本书都没有收入的，是富兰克两年前写的题为《父亲和我》（《二十一世纪》1997 年 12 月号，总第 44 期）的文章。这是献给他的父亲，一位于 1973 年去世的数学教授的文章。它极精彩而微妙地描述了他和父亲的关系，以及分离给二人带来的痛苦。他的父亲在艰难的岁月里留在中国，而富兰克就在这段时间在美国成为名家。他们都知道还是这样好：没有美国，富兰克不会成为一位世界级的科学家；不住在祖国，他的父亲将成为无根之木。然而，分离也深深地伤害了两人。对富兰克来说，他和父亲的分离同美国和中国在政治上的隔绝，是一场悲剧的两面。很幸运，尼克松总统适时地决定承认中华人民共和国。因此，富兰克能够在他父亲去世以前重临中国，能够在他父亲病危时坐在他的床边。在《选集》的评注中，富兰克描述了他在 1964 年如何困难地作出成为美国公民的决定。这决定正式承认了他脱离中国、脱离他的父亲，他写道："我父亲……1928 年在芝加哥大学获得博士学位。他游历甚广。但我知道，直到临终前，对于我的放弃故国，他在心底里的一角始终没有宽恕过我。"

《父亲和我》有一个快乐的结尾、一个光辉的重圆。富兰克描述 1997 年 7 月 1 日清晨零时，他站在香港会议展览中心，凝视着英国国旗缓缓下降，中国国旗缓缓上升，乐队奏着"起来，不愿做奴隶的人们"，他写道：

> 父亲如果能目睹这历史性的，象征中华民族复兴的

仪式，一定比我还要激动。……他们那一辈的中国知识分子，目睹洋人在租界中的专横……说不完的外人欺凌……他们是多么盼望有一天能看到站了起来的富强的祖国，能看到大英帝国落旗退兵，能看到中国国旗骄傲地向世界宣称：这是中国的土地。这一天，1997 年 7 月 1 日，正是他们一生梦寐以求的一天。

富兰克那夜站在那里，他（也是他父亲）对重圆的深层感触使我们动心。而他表达的骄傲和满足的心情，特别引起我的共鸣。因为，我也属于一个伟大而古老的文明。我在英国的故乡，也是 Alfred 这位学者国王的故乡。一千一百年前，当唐朝建立了在中国持续千年之久的科举制度时，国王将拉丁文典籍译成英文，这和唐朝诗人杜甫差不多同时代。富兰克在他的《选集》前面引用了杜甫的诗句："文章千古事，得失寸心知。"

和富兰克一样，我也离开了故土，成为美国公民。我仍记得我在 Trenton 受到的差辱。那一天我宣誓忠于美国，主持仪式的那位无知的先生祝贺我逃出了奴隶之乡来到了自由之邦，我好不容易才忍住没有大叫。我的祖辈们解放我们的奴隶，比他的祖辈们解放他们的奴隶要早得多。我和富兰克对美国有着同样的矛盾感情。这个国家对我们两人是如此慷慨，可是对我们的古老文明的了解又是如此之少。我同样感受了他亲睹英国国旗和平地降下，中国国旗冉冉升起时的骄傲。那时他身处的香港，正是我们这两个古老的文明短暂地走在一起、催生出崭新事物的地方。

五年前我很荣幸在费城美国哲学学会授予他富兰克林奖章的仪式上讲话。我们聚集在学会的有历史意义的会议室中，学会创始人富兰克林和最活跃的成员杰弗逊的画像俯视着我们。不消说，富兰克林和杰弗逊都会赞同富兰克获奖。我们知道他将大儿子取名为富兰克林，是因为他特别崇敬富兰克林。我愿用我在那个愉快场合称颂富兰克的话来结束今天的讲话。

杨教授是继爱因斯坦和狄拉克（Dirac）之后，20世纪物理学的卓越设计师。从当年在中国当学生到以后成为石溪的哲人，引导他的思考的，一直是他对精确分析和数学形式美的热爱。这热爱导致了他对物理学最深远的和最有创见的贡献——和米尔斯（Robert Mills）发现的非阿贝尔规范场。随着时间的推移，他所发现的非阿贝尔规范场已渐渐成为比宇称不守恒更美妙、更重要的贡献。后者使他获得了诺贝尔奖。发现宇称不守恒、发现左手和右手手套并非在各方面都对称，是一项了不起的破坏行动，它摧毁了在前进道路上的思维结构的基石，这个结构以后经过三十年才建立起来。今天，当代理论所描述并为当代实验证实了的物质的本质，是各种非阿贝尔规范场的组合。它们为杨在四十五年前首先猜测的数学对称性所支配。

和重建城市以及国际政治一样，在科学中摧毁一个老的结构比建立一个持久的新结构容易。革命领袖可以分为两类：像罗伯斯庇尔和列宁，他们摧毁的比创建的多；像富兰克林和华盛顿，他们建立的比摧毁的多。无疑，杨是属于后一类的革命者，他是一位保守的革命者。和富兰克林以及华盛顿一样，他爱护过去，尽可能少摧毁它。他对西方科学的杰出思维传统和对中国祖先的杰出文化传统同样崇敬。

杨喜欢引用爱因斯坦的话："创造的源泉在于数学，因此，从某个意义上讲，我认为，纯思维可以掌握现实，像古人所梦想的那样。"在另一场合，杨讲道："乍听起来，一个人的爱憎和风格竟与他对物理学的贡献有如此密切的关系，也许会令人感到奇怪，因为一般人认为物理学是一门客观地研究物质世界的学问。然而，物质世界具有结构，而一个人对这些结构的洞察力，对这些结构的某些特点的喜爱，某些特点的憎厌，正是他形成自己风格的要素。因此，爱憎和风格之于科学研究，就像它们对文学、艺术和音乐一样至关重要，这其实并不是稀奇的事情。"杨对数学美的感受，照亮了他所有的工作。它使他的相对最不重要的计算成为袖珍的艺术品，使得他的深入的猜测成为杰作。它使他，正如使爱因斯坦和狄拉克一样，对自然的神秘能够比别人看得更远一点。

荣休晚宴后的答词

这是 1999 年 5 月 22 日杨振宁在荣休晚宴后的答词。译者：童元方。

　　我平时不怎么怕说话，但前面各位所讲的却使我真的说不出话来了。我一向知道也非常钦慕戴森的滔滔而辩的风采；但是我却不知道我的同事斯特曼[1]也有一种潜在的侃侃而谈的口才。

　　对在座各位，我与你们几乎每一个人都有非常愉快的回忆，特别是吉姆·西蒙斯[2]。他既然提到了我对他是怎么慷慨，我也要告诉大家他对我又是如何慷慨。他不仅最先把"纤维丛上的联络"这一专门术语介绍给我，而且他所做的比介绍名词要多得多了。1970 年初我们在理论物理所的同事都认为应该弄懂"纤维丛上的联络"这个数学观念，所以请了吉姆来给我们上一系列的午餐讨论课。他慷慨地答应了，从此牺牲了大概两个星期的午餐时间给我们。讨论会结束时，我们全学会了那个观念是什么，它跟 A-B 效应[3]的关系又是如何。而那也就是后来我与吴大峻[4]合写的论文的来源。这篇论文包括了这次会议中屡次提到的那个字典。与此有关的另一字典的故事是这样的：就是在讨论会结束时，我们想谢谢吉姆的慨然赐教，可是却发现不能用大学的资金来酬答，因为他是我们同一学校的教授：这么做就违反了规定。所以我们就自己投下一些钱，但接下来的问题是：买什么送给他呢？我们就跟他数学系的朋友商量，听说他不善拼字，我们就送了他一本字典。我想他那本字典现在还在吧。

去年我的同事告诉我他们想为我办这个研讨会，我告诉他们不要办。我说办研讨会工作太多，而且也不知道办不办得成；但他们不听我的，径自去筹划起来；而且就办成了。现在看起来，在 5 月这两个灿烂的日子里，我们有一个有声有色的会议。对我来说，它给我机会看见这么多老朋友，有些我已是多年不见了。对我们大家来说，它给我们机会认识许多重要而又令人感到兴奋的新发展；而这些在未来几年无疑会更显出其重要性来。

除此之外，这次研讨会重新肯定了我们的信念，就是：我们所爱的物理是异彩纷呈而又是整体不可分的；研讨会同时也为我们强调了：这世界上研究物理的人所形成的是一变幻不止却又紧密相连的大家庭。

我自己是在五十四年前来到美国的。那是一个阴郁的 11 月天，我在纽约沿着赫德逊河的一个码头下了船。说准确些，我记得是 1945 年 11 月 24 日。我当时的计划是在美国拿博士学位，然后回到中国去教书，就像我父亲以前做的那样。而事情发展的结果却是：我没有回去；我留下来了。我很感谢美国容我在这一新环境中得以生发与成长，也很感谢三个与我关系密切的学术机构：芝加哥大学、普林斯顿高等研究院，以及纽约州立大学石溪分校。我非常幸运：我似乎生逢其时，总是在事业转折之际，走入了合适的单位。回想这些，我发觉命运待我真是非常非常仁厚。

我要谢谢你们每一位老远来参加这个会议，也谢谢各位待我的深厚友情。但是今晚有一位特别的人，我要致以特殊的谢意，就是我的妻子。致礼是我来美前1944—1945年我教的班上的学生，但我那时与她还不大熟识。1949年圣诞节前后，我同鲁廷格当时都是单身汉，二人一起到普林斯顿的维特史朗街上新开的"茶园"餐厅去吃饭，就在那里我与致礼不期而遇了。那天究竟是我先认出她来？还是她先认出我来？自那时起在我们家就成了一个争论不已的话题。我们结婚已经四十九年了，四十九年来她一直给我最大的支持，我愿意在此向她公开致谢。

1982年，我六十岁那一年，我认为自己有一很大的发现，也可以说很深的觉悟，即：生命是有限的。好像这种想法在我六十岁以前从来没有在我的脑海里出现过。而今，我七十六岁了，在过去一年半中我与致礼经历了四次手术，所幸每一次手术都很顺利。但我知道：一个人逐渐老去时，他的哲学观点也必然会随之改变。于此，我想起大约一千一百年以前，唐代大诗人李商隐写下的不朽的诗句：

夕阳无限好，只是近黄昏。[5]

本世纪初，另一大作家朱自清，他也是我父亲的朋友，把那两句诗改写成这样：

但得夕阳无限好，何须惆怅近黄昏。

谢谢大家。

注释：

［1］斯特曼（George Sterman）。

［2］吉姆·西蒙斯（Jim Simons），纽约州立大学石溪分校数学系教授兼系主任。

［3］A-B 效应为阿哈罗诺夫－博姆效应（Aharonov-Bohm effect）的简称。

［4］吴大峻（T. T. Wu），哈佛大学教授。有关"字典"事，参看论文：T. T. Wu and C. N. Yang, "Concept of Nonintegrable Phase Factors and Global Formulation of Gauge Fields", *Physics Review* D**12**, 3845–3857 (1975)。及 I. M. Singer, "Some Problems in the Quantization of Gauge Theories and String Theories", *Proc. Symposia in Pure Math.* **48**, 198–216 (1988)。

［5］李商隐原诗为《登乐游原》：

向晚意不适，驱车登古原。

夕阳无限好，只是近黄昏。

惊闻 Mills 逝世

1999 年 10 月 27 日 Robert Mills（1927—1999）逝世。消息传来，杨振宁写了下面的短文。此文后来刊载于 *Physics Today*，2003 年 10 月。译者：杨振宁。

　　Bob 今年 5 月间来参加我的退休学术会时，他显得很瘦，但是很精神。在宴会中他来到致礼和我的坐席旁寒暄（图 A99j. 1）。他问起致礼的病情，可是完全没有提到他自己的癌症。今天听到他过世的消息对我是一大震惊。

　　1953—1954 年我访问了 Brookhaven 一年。那一年 Bob 和我共用一间办公室。我们讨论了许多物理问题，从新的大加速器 Cosmotron 所做出的实验结果，到理论题目如重整化与 Ward 恒等式。就在那一年中我们发现了 Maxwell 方程式的极优美而独一的推广。我们当时十分喜欢此推广的美，可是他和我都没有料到二十年后它在物理学界所产生的影响。

　　好像是 1955—1956 年，Bob 在普林斯顿高等研究院工作一年，我们又重新合作讨论物理。成果之一是一篇关于 overlapping divergence 的文章，可是此文是十年后 1966 年夏天他和他的家属访问石溪的时候，我们才写出来发表的。

　　Bob 是一位尊重传统价值的人。在所有我认识的物理学家中，他是一位最守信用，最诚恳的人。他也是最奉信宗教的。

　　Bob 十分聪明。他能十分快速吸收各种新观念。我将永远怀念我们的深入合作与我们关于许多问题的讨论，从加速器原理到 computability 中的难题。

图 A99j. 1　杨振宁与 Robert Mills（1999 年 5 月 22 日摄于石溪）

从崔琦荣获诺贝尔奖谈起

原载 The Joy of the Search for Knowledge，World Scientific，1999。

崔琦获得 1998 年诺贝尔奖的消息，虽然不出乎物理学界的意料，仍然给我带来了极大的欢欣。我相信这是所有华裔人士的共同感受。

1982 年崔琦[1]和两位合作者发现了 FQHE，这是近年来量子物理学中完全出乎意料的重大发现，将电流在磁场中的量子现象引入了新的领域。因此对物理学界来说，崔琦会得诺贝尔奖久已是意料中事。（读者如果想知道一些细节，请参阅最近一篇半通俗文章[2]。）

崔琦是香港培正中学毕业的。培正在 20 世纪五六十年代培养了极多人才。为什么一所中学在那样困苦的经济环境中能那样成功，是值得我们深思的。这里面原因很多，但是我想一个重要原因是当时英国殖民政策[3]有形无形地压迫港人，激起家长们的愤恨，纷纷将子女送入中文中学，所以最好的几所中文中学拥有当时最好的香港中学生。

这两年朱棣文与崔琦连获诺贝尔奖，引起报纸杂志上许多讨论：为什么还没有获奖的工作在中国人的土地上做出来？

这是很值得讨论的问题，是一个重要问题，可是讨论时不能意气用事，不能扯进其他问题，要就事论事，要从长远历史观点来讨论：

（一）科学研究要有传统，要有实验，要有经济基础。在中国人的土地上，这些条件在 50 年代以前都没有。这是近五百年来历史所遗留下来的史实。

（二）中国的科技发展，一般人常以为是不成功，其实这是十分错误[4]的结论。本世纪初，中国可以说完全没有近代科技知识，真正"从零开始"。到了 20 世纪 60 年代竟造出"两弹一星"，这个发展速度是个奇迹。历史上只有日本自 1868 年明治维新开始的高速现代化可以与之媲美。

（三）讲到基础科学，1958 年到 1964 年间中国科学家成功合成胰岛素，领先世界，这是一个完全可以得到诺贝尔奖的工作。可是因为当时中国与世界隔绝，所以此成就未获奖。事实上此成就不只在学术上领先世界，从学术发展历史上看也是一个真正的奇迹：他们开始时万分困难，连氨基酸都要进口，所以他们的成功确实是"从零开始"，是科学史上罕见的快速突破。

（四）近年来许多人曾讨论的另一个问题是：为什么在生物学与医学界至今仍然没有华裔获奖者？我的看法是：这只是时间问题。相信十年内会有华裔科学家获生物医学奖。

近代生物学与医学是十分广泛的学问，发展方向极多，一时不容易打进去。50 年代在数学、物理学与工程方面，华裔的贡献已经很多了，很受国际上的注意，而在生物学与医学的西方杂志中，华人的名字出现还不太多。可是 20 世纪七八十年代以来，情形已经完全不同了，华人已经打入世界生物学与医学界的前沿：简悦威、徐立之、何大一和好几位别的生物学与医学研究者，我想已经被提名到诺贝尔奖委员会多次了。华裔科学家获生物医学诺贝尔奖应该是不久以后会再度引起我们极大欢欣的新闻。

（五）回到上文所提到的一个问题：为什么还没有获奖的工作在中国人的土地上做出来？我的看法是：这也只是时间的问题。基础科学前沿发展极快，要赶上去，而且要超越世界级的研究中心，不是容易的事。可是纵观20世纪近代科学在中国人的土地上发展的历史[4]就会认识到这个发展非常快速（像上文所提到的），以此速度赶超，在中国人的土地上发展出得诺贝尔奖的工作，我想应该是二十年之内的事。希望我能看到这一天。

注释：

［1］D. Tsui, H. Stormer, and A. Gossard, *Phys. Rev. Lett.* **48**, 1559 (1982).

［2］*Physics Today*, December 1998, pp. 17-19.

［3］英国殖民政府在印度所产生的影响可自 W. A. Blanpied 关于物理学家 S. Bose（1894—1974）的一篇文章中看出："Even more than forty years later one still has the impression that the young Bose was terribly intimidated by most Europeans. " "The nature of British rule in India in the early years of the present century had the effect of making the subject people believe that they really were inferior. "［*Am. J. Phys.* **40**, 1217 (1972)］

［4］杨振宁：《近代科学进入中国的回顾与前瞻》，香港《明报月刊》1993 年 10 月号。此文收入《杨振宁文集》，华东师范大学出版社，1998 年。

中国现代文学馆与鲁迅头像

原载《光明日报》2000 年 9 月 21 日。

　　7 月中的一晚有机会和几位朋友同去朝阳区文学馆路中国现代文学馆新馆参观。这是刚刚启用的中大型博物馆，里面收藏与展览了 20 世纪许多中国文学家的手稿、书信、笔记、照片等，内容非常丰富。馆长舒乙先生告诉我们建立中国现代文学馆是巴金先生最早倡议的。旧馆于 1985 年开馆，近年来为了扩大收藏，又建立了此新馆。

　　因为时间限制，我们只在一楼匆匆看了部分展品。虽然前后不过半小时，却已能充分了解开设此馆的深远意义。

　　20 世纪是中华民族浴火重生的世纪。一百年来的惨痛与悲壮的经历，辛酸与激昂的感情都深深注入了现代文学中，都将于此馆中永远保存。

　　20 世纪的新文学虽然脱胎于旧文学，但是其内容和形式都与旧文学不同。其间包容了多种创新的精神与大胆的尝试。这些创新与尝试的社会与个人背景通过此馆将成为本世纪给后人的一笔宝贵遗产。

　　馆后面有一个相当大的花园，园中放了 11 个全身塑像。

计有赵树理、丁玲、郭沫若、艾青、老舍、曹禺、叶圣陶、巴金、朱自清、茅盾与冰心。另外还放有沈从文的浮雕头像。

第 13 个雕塑是鲁迅的头像，放在馆前西侧（图 00c. 1）。这是最引起我注意的展品，因为是我的老朋友熊秉明所做的。他是住在巴黎的艺术家和文学家，去年在北京、上海、昆明、台北与高雄五城举办过他的个人巡回展览"远行与回归"，轰动一时。

鲁迅头像是用铁片焊接成的，高二米多，安放在高约三分之二米的一块大石头上面。舒乙馆长说从设计到切割铁片到焊接到最后安装"都是熊先生亲自动手的"。

头像立体感十分凸显。许多铁片造成了许多不同的面，一片一片地，一层一层地，用焊接线焊在一起，塑造出一个巍然凝聚着力量的金属立体——鲁迅的头。它给我的总印象是忧郁沉重的气质、敏锐深入的观察力和绝不妥协的精神。

头像面对东南。我可以想象阳光普照的时候，不同的平面当然各自明暗不同。从正面看应有许多粗的线条勾画着头像的脸。想到这里我立刻想到法国画家 Rouault（1871—1958）的富有宗教感的油画。他用粗线条勾画出了悲天悯人的境界。阳光下的鲁迅头像应该也会特别呈现出鲁迅的深沉的内心世界吧。

转到头像后面，看见秉明刻上去的《野草·墓碣文》中的一段："于浩歌狂热之际中寒；于天上看见深渊。于一切眼中看见无所有，于无所希望中得救……待我成尘时，你将见我的微笑！"

这是读了令人毛骨悚然的几句话，是浓缩了的真正原味的鲁迅。刻在头像上将让后世永远不忘鲁迅所经历的阴暗时代。我以前没有读过这几句话。今天读了不禁想到假如鲁迅复生，有机会观察他死后六十多年中华民族的翻天覆地的变迁，有机会展望下一世纪的未来世界，他将会写怎样的文章呢？

图 00c. 1　中国现代文学馆的鲁迅头像

中兴业　需人杰

台湾《中国时报》董事长余纪忠先生和夫人前年捐赠巨款给南京、东南两大学，成立华英基金会。2000 年 10 月底基金会在南京开会。杨振宁教授在宴会上作了演讲。原载《光明日报》2001 年 1 月 11 日。

余夫人、蒋校长、顾校长、各位贵宾：

内人杜致礼和我非常高兴有机会参加此盛会。我们刚刚从昆明旅游回来。昆明是我们少年时代居住过的地方，半个世纪以后，旧地重游，发现一切都有了翻天覆地的变化，感慨良多。

1937 年卢沟桥事变以后，清华、北大、南开三大学搬到长沙成立了"临时大学"。1937 年底南京失守，三大学又西迁到昆明，成立了"西南联合大学"。成立之初，冯友兰教授写了一首校歌。他一生很得意此校歌歌词，晚年时候写《三松堂自序》时还将歌词录了进去。

校歌是一首词，词牌是《满江红》。冯先生显然觉得宋朝的南渡和当时的西迁有相似的地方，所以不但用了岳飞的《满江红》词牌，还做了许多对比。

校歌第一阕开头几句是：

万里长征，辞却了，五朝宫阙。暂驻足，衡山湘水，
又成离别。

我于1938年秋考入西南联大，今天还记得当时唱此校
歌时悲愤而又坚决的心情。

岳飞的《满江红》的第二阕开头四句是：

靖康耻，犹未雪；臣子恨，何时灭。

冯先生把它改为：

千秋耻，终当雪；中兴业，需人杰。

幸而言中，联大前后培养了三千多个学生，为中国建设、
中国学术与世界学术都做出了巨大的贡献。

五十多年以后，中华民族的地位有了巨变。今天如果再
讨论此四句，似应改为：

千秋耻，既已雪；中兴业，需人杰。

从"终当雪"到"既已雪"，这是多么痛苦、多么困难
的经历；这是20世纪几代中国人的浴火重生的血泪史。

今天，展望21世纪，"既已雪"得之不易，"需人杰"
的要求比"终当雪"时还要孔急。这也恐怕正是余纪忠先生
和夫人所以捐巨资给东南大学和南京大学的初衷吧！

注：文中蒋校长系南京大学校长蒋树声先生，顾校长系
东南大学校长顾冠群先生。

读吴为山雕塑：真、纯、朴

原载《光明日报》2001 年 5 月 9 日。

　　第一次看见吴为山的雕塑是 2000 年 4 月，在南京大学和南京博物院。我立刻就喜欢上了他的多件作品。青铜的《齐白石》，从瘦削的脸孔，到长髯，到许多皱褶的长袍，捕捉了一个癯然独立的精神。费孝通是国际知名的社会学教授。我曾多次听过他的课与他的演讲。吴为山的《费孝通》比真人似乎更像费孝通：开朗的面貌、幽默的谈吐和乐观的精神都刻画了出来（图 01c. 1）。《荷兰女王》是另一件我十分欣赏的作品。通常西方艺术家很难画中国人面或塑中国人像，反之亦然。吴为山的女王头像完全跨越了此鸿沟。

　　最能显示吴为山的天才的是他的许多模糊形象的作品。我猜想他善于在几分钟之内就捏造出一个令人难忘的形象来。《春风》是吴为山给他的女儿塑的像（图 01c. 2），他说："当时我生病在家，女儿从幼儿园回来，小裙子飘起来，小脚丫翘起来，可爱之极……我认为一个人心中如果没有诗意，没有淳朴的情感，作品一定不会感人。"

图 01c. 1　费孝通（作于 2006 年）

图 01c. 2　春风（作于 1994 年）

　　另一个作品《无题》是圆球形的陶塑，融合几何球形与人头，浑然一体，极好，极美，是真、纯、朴的升华。我一直喜欢这几个字，很高兴吴为山把它们塑了出来。

　　大江健三郎（1935 年生，1994 年诺贝尔文学奖获得者）说小说和随笔是他文学生活的车之两轮。我想人物塑像和即兴随指恐怕是吴为山雕塑生活的车之两轮吧。

　　看了吴为山的作品我为他写了几个字：

　　　艺术与科学的灵魂同是创新

他的发自内心的创新力从他的每一件作品都凸显出来。

　　　　　2001 年 4 月于香港中文大学

他永远脚踏实地

——纪念恩芮科·费米诞辰 100 周年

原文 "Enrico Fermi"，载于 *Proceedings of the International Conference on "Enrico Fermi and the Universe of Physics"*，Rome，2001，译文原载《光明日报》2001 年 9 月 29 日。译者：范世藩、杨振玉。

> 力能加害而不屑，
>
> 最显能为而不为；
>
> 能动他人己如石，
>
> 坚定冷静不为移；
>
> 如彼允宜得天厚，
>
> 自然丰赐不浪掷；
>
> 如彼诚彼美颜后，
>
> 他人糜耗为美役。
>
> （引自莎士比亚十四行诗）

　　恩芮科·费米是 20 世纪所有伟大的物理学家中最受尊敬和崇拜者之一。他之所以受尊敬和崇拜，是因为他在理论物理和实验物理两方面的贡献，是因为在他领导下的工作为人类发现了强大的新能源，而更重要的是因为他的个性：他永远可靠和可信任；他永远脚踏实地。他的能力极强，却不滥用影响，也不哗众取宠，或巧语贬人。我一直认为他是一个标准的儒家君子。

费米最早在物理学中的兴趣似乎在广义相对论方面。1923 年左右他开始深入探讨统计力学中的"吉布斯佯谬"和"绝对熵常数"。然后，正如西格里所写的：

> 当他读了泡利关于不相容原理的文章后，立即意识到他已掌握了理想气体理论的全部要素。这个理论能在绝对温度零度时满足能斯脱原则，提供低密度高温度极限时绝对熵的正确的萨库尔－特罗德公式。这个理论没有形形色色的任意假设，而这些假设是以前统计力学中求正确的熵值时必须引入的。

这项研究导出了他的第一项不朽的工作，导出了"费米分布""费米球""费米液体""费米子"等概念。

按照费米研究风格的特点，在做出了这个理论方面的贡献以后，接着他就把此理论用到重原子的结构，导出了现在通称的托马斯－费米方法。对于这个方法中的微分方程，费米用一个小而原始的手持计算器求出了其数值解。此项计算也许花了他一个星期。马约拉纳是一位计算速度极快而又不轻信人言的人。他决定来验证费米的结果。他把方程式转换为里卡蒂方程再求其数值解。所得结果和费米得到的完全符合。

费米喜欢用计算器。不论是小的还是大的计算器他都喜欢用。我们这些在芝加哥的研究生们都看到了他这个特点，而且都很信服。显然在事业的早期，他就已爱上了计算器。

这个爱好一直延续到他的晚年。

费米下一个主要贡献是在量子电动力学方面，他成功地排除了纵向场，得到了库仑相互作用。1946—1954 年间在芝加哥的学生们都知道他对这个工作极为自豪（可是在今天，六十五岁以下的理论物理学家似乎已经很少有人知道费米的这一贡献了）。这一工作又是极有费米风格的：他看穿了复杂的形式场论，看到了其基本内涵——谐振子的集合，进而化问题为一个简单的薛定谔式方程。这项工作 1929 年 4 月他第一次在巴黎提出，1930 年夏在安娜堡有名的夏季研讨会中再次提出来。50 年代后期，乌伦贝克曾告诉我，在费米的这项工作以前，没有人真正了解量子电动力学。这个工作使得费米成为世界上少数几个顶尖的场论物理学家之一。

现在我跳过费米 1920 年在超精细结构理论中绝妙的工作来讲他的 β 衰变理论。按照西格里的讲法，费米终其一生都认为这个理论是他在理论物理学中最重要的贡献。我曾读过西格里在这方面的评论，但是感到迷惑不解。70 年代的一天，我和维格纳在洛克菲勒大学咖啡室中曾有过下面一段谈话：

杨振宁：你认为费米在理论物理中最重要的贡献是什么？

维格纳：β 衰变理论。

杨振宁：怎么会呢？它已被更基本的概念所取代。当然，他的 β 衰变理论是很重要的贡献，它支配了整个领域四十多年。它把当时无法了解的部分置之一旁，而专注于当时能计算的部分。结果是美妙的，并且和实验结果相符。可是它不是永恒的。相反，费米分布才是永恒的。

    维格纳：不然，不然，你不了解它在当时的影响。冯·诺伊曼和我以及其他人曾经对 β 衰变探讨过很长时间，我们就是不知道在原子核中怎么会产生一个电子出来。

    杨振宁：不是费米用了二次量子化的 Ψ 后大家才知道怎么做的吗？

    维格纳：是的。

    杨振宁：可是是你和约当首先发明二次量子化的 Ψ。

    维格纳：对的，对的，可是我们从来没有想到过它能用在现实的物理理论里。

    我不拟再继续讲费米此后的贡献，也不拟讲他和学生们的关系。后者，我在以前已经写过。我只讲两个关于费米的故事。

    琼·希顿（寒春）是第二次世界大战中费米在洛斯阿拉莫斯的助手之一，战后成为芝加哥大学的研究生。当我 1946 年后期开始为萨姆·阿立松工作时她也在这个实验室当研究生。1948 年春她去了中国，和她的男朋友欧文·恩斯特（阳早）结婚，并定居中国，从事农业（她的经历是一个应该写下来的很有意思的故事。我希望她能很快做这件事）。1971 年夏我第一次访问新中国，这是在尼克松访问中国之前半年。我偶然在昔阳县大寨的招待所中遇到了她。大寨是当时农业公社的一个模范典型。我们当然又惊又喜，共同回忆了在芝加哥的那些日子：我在实验室里是怎样的笨拙；我是怎样在无意中几乎使她受到致命的电击；我怎样教了她几句中文；我怎样借了一部汽车开车送她去拉萨拉车站，开始她去中国的漫长的旅程，等等。她问我还记不记得在她离开前费米夫妇为她举行的告别会，这我记得。她又问我记不记得那天晚上他们送她的照相机，这我不记得了。然后她说在告别会前几天，她觉得应该告诉费米她打算去中国大陆。考虑几天以后她终于告诉了费米。费米说什么呢？"他没有反对，对此我永生感激。"我知道她的这句话的分量，回到石溪后我立刻给在芝加哥的费米夫人打了电话，告诉她我在大寨遇到琼的全部过程。几年以后，琼自己到了芝加哥，有机会访问了费米夫人和她的女儿乃拉·费米。

现在引述我的《选集》（1983）第 48 页中的一段话作为结束：

> 不论是作为一位物理学家还是作为一个人，费米深为所有的人所崇敬。我相信，他之所以使人肃然起敬是因为他是一个扎实的人。他的所有表现无不散发出他的这种品格的魅力。50 年代早期，美国原子能委员会极重要的顾问委员会的主席奥本海默告诉我，他曾试图劝说费米在任期期满后继续留在顾问委员会中。费米不愿意。奥本海默坚持。最后费米说道："你知道，我不相信我自己在这些政治问题方面的见解总是正确的。"

沃纳·海森堡（1901—1976）

译文原载《二十一世纪》2002 年 4 月号，总第 70 期。译者：刘兵。

　　当他作为一个年轻的研究者开始工作时，物理学界正处于一种非常混乱而且令人灰心丧气的状态，对此，派斯（Abraham Pais）曾用狄更斯（Charles Dickens）在《双城记》（*A Tale of Two Cities*）中的话，将其描述为[1]：

图 01g.1　沃纳·海森堡

　　这是希望的春天，这是绝望的冬天。

　　人们在做的是一场猜谜游戏：纯粹是通过直觉，一次又一次地，有人提出一些临时方案，惊人地解释了光谱物理学中某些规则，这些了不起的成就会让人欢欣鼓舞。可是进一步的工作总是揭示出新方案自相矛盾或不完善，于是又带来了失望。在最后的光明到来之前的那些年月中，这种司空见惯的起伏不定，典型地反映在泡利（Wolfgang Pauli）在四个月间写给克罗尼希（Ralph Kronig）的两封信中[2]：

　　物理再一次走入了死胡同。至少对我来说，物理是太困难了。

　　　　　　　　——泡利致克罗尼希，1925 年 5 月 21 日

　　海森堡的力学让我恢复了对生活的兴趣。

　　　　　　　　——泡利致克罗尼希，1925 年 10 月 9 日

　　在第二封信中，泡利提到的是海森堡在 1925 年夏天所做的工作。不过这一次与以前那些充满欢欣与希望但又总是给人带来失望的经历不同，这次是物理学中一个新时代的开端。因为就在泡利写这两封信之间的那段时间，海森堡独自在赫里戈兰（Heligoland）度假时，得到了一个新的想法，这个新想法将给牛顿在大约二百五十年前建立的伟大的力学带来革命。它带来了无疑是人类历史中最伟大的智力成就之一的新科学，即量子力学。

　　对于这一震惊世界的成就，或是对于这一成就的应用，怎样讲都不能算夸张。可是海森堡当时并未充分理解他的想法的意义，虽然他把它写了下来，并于 1925 年 9 月发表在《物理学杂志》（Zeitschrift für Physik）上。许多年以后，在回忆当时是如何寻找新的方向使这一关键的想法呈现时，

他以登山作为类比[3]：

> 有些时候……你想攀登某座山峰，但到处都是雾气……你虽然有地图或其他什么东西指示你可能要去的地方，但你依然在雾中完全迷失方向。这时，你突然在迷雾中模模糊糊地看到一些细微的东西，你会说，"噢，那正是我要找的石头"。在这一瞬间，整个情况完全改变了：尽管你并不知道是否会走到那石头，但你会说，"现在我知道我在哪里了，我必须再走近一点，那样我肯定就会找到要走的路……"就像任何一次爬山那样，你可以说好了，你要再前行 15 码，或 100 码，甚至也许是一公里，虽然你仍不知道是走对了，还是完全偏离了正路。

这是一份极为有趣的自我分析。这个比喻揭示了海森堡如何看待他自己的创造过程：当在迷雾中摸索时，他能够看到"一些细微的东西"，因此"整个的情况完全改变了"。在下面我们将看到，这确实是对他在物理学中大多数重要工作的恰当的描述。

1925 年 9 月的论文一旦打开了大门，由玻恩（M. Born）、约尔丹（P. Jordan）、狄拉克（P. A. M. Dirac）和海森堡本人所写的许多重要论文便相继迅速地随之而来。接着泡利以雷霆万钧之力证明了海森堡的力学确实正确地给出氢的光谱，这对所有追随海森堡的人来说是一种极大的精神鼓舞。从而，下一个关键的问题就是下一个原子，即氦的光谱了。但这里有一个首先要克服的障碍：人们从实验中得知，氦的两个电子或是具有平行的自旋，或是具有反平行的自旋，因而它有两种不同的形式，即三重态或单态。奇怪的是，为什么在三重态和单态的基态间有如此巨大的能量差。戈德史密特

（Samuel A. Goudsmit）是电子自旋的发现者之一，为了解释这种巨大的差别，他尝试考虑在两个电子之间所有种类的磁相互作用，结果发现这些相互作用在数量级上太小，不足以解释能量差。

当时戈德史密特正在哥本哈根访问，在那里，玻尔（Neils Bohr）让他解决这个问题，但他没有成功。许多年以后，在一次访谈中，戈德史密特说[4]：

> 于是他（即玻尔）要海森堡来做，海森堡确实找到了答案——反对称的波函数，等等。这发展可就完全超出我能理解的范围了。

其实海森堡所发现的还要更重要：他发现神秘的"泡利不相容原理"与两个电子的波函数的反对称相关，这一要求反过来导致了单态和三重态被一个由交换积分表示的能量差所分开，而且这个交换积分具有库仑相互作用的数量级，足以解释被观察到的巨大的能量差。

海森堡在 1926 年 4 月末到哥本哈根，显然玻尔马上就告诉了他戈德史密特的不成功的尝试。他们意识到戈德史密特被困惑在迷雾中，不知道该走哪条道路。只用了不几天的时间，海森堡就奇迹般地指出了走出迷雾的道路。他做到这点，既不是通过与实验相吻合的完整计算，也不是通过对波函数进行完整的理论分析（这项工作是狄拉克后来做的），而是在摸索的过程中觉察到了本质性的线索：

> 你突然在迷雾中模模糊糊地看到一些细微的东西，你会说："噢，那正是我要找的石头。"

值得注意的是，在这些细微的东西中有对不相容原理意义深远的重要本质性线索（泡利不同意这种了解[5]，表明海森堡的看法是如何不显而易见）。更值得注意的是，海森堡得出这种了解是在他看到薛定谔（Erwin Schrödinger）的波函数观点[6]之前。事实上，大约在海森堡到达哥本哈根一周后，当他在 1926 年 5 月给泡利写信时[7]，在他的词汇中还没有波函数的反对称这个观念：

> 我想要写信告诉给你，我发现了一个相当决定性的论点，即你排除相同轨道的观点与单态－三重态的分离有联系。

这是在他了解此想法的数学意义之前。达到一种新的本质性的线索——还不十分清晰的线索——的这种能力，是海森堡之天才的标志。他真正让人震惊的能力，就是能模糊而不确定地，以直觉而不以逻辑的方式，觉察出控制物理宇宙的基本定律的本质性线索。

从海森堡在另一个完全不同的领域的工作中，可以找到其天才的另一个范例。这是关于在两块平行板之间的湍流突然出现的问题。这是一个著名的问题，在去哥廷根之前，他就在索末菲（Arnold Sommerfeld）的指导下研究这一问题。令人惊奇的是，他猜出了对这一问题的近似解。若干年后，在 1944 年，加州理工学院的林家翘在他的博士论文[8]中以数学分析证明了海森堡的猜测。后来，IBM 的冯·诺伊曼（J. von Neumann）和托马斯（L. H. Thomas）以数值计算的方式证实了林的结果。海森堡因为这些后来的发展而感到非常高兴，并写信将这些发展告诉了他旧日的老师索末菲[9]。

1928 年，狄拉克的电子相对论方程让所有物理学家都感到震惊。这个方程是如此简单，又是如此意义深刻：它说明了为什么电子有 1/2 的自旋，说明了为什么电子有在实验中观察到的磁矩，说明了为什么电子有同样是从实验中得知的自旋－轨道耦合。

这是一项天才的卓越工作，它肯定使年轻的海森堡既钦佩又恼火。1928 年 5 月 3 日，他写信给泡利说[10]：

> 为了不永远因狄拉克而烦恼，我做了一些别的事情以求改变（心情）。

这一些别的事情成了另一项划时代的成就：它解释了在铁磁体中相邻自旋之间很大的相互作用的起源，为现代理解一个磁体为什么是一个磁体奠定了基础。

在 1925—1932 年间，由于在物理学中有如此众多的革命性成就，显然是为主要的贡献者授予诺贝尔奖的时候了。1932 年底，瑞典皇家科学院宣布 1932 年的物理学奖延期。一年后，在 1933 年底，它宣布将 1932 年的奖授予海森堡：

> 因为创立量子力学，特别是它的应用导致了对氢的同素异形的发现。

而 1933 年的奖则同时授予薛定谔和狄拉克，这是：

> 因为发现了新的富有成效的原子理论形式。

1932 年和 1933 年奖的这种同时而不对称的颁发，以及在颁词中的用语，明显的是诺贝尔奖委员会中复杂的内部讨论的结果。

当此海森堡百年诞辰纪念中，我们很自然地注意到，在 1900—1902 年这三年间，有四位 20 世纪伟大的物理学家诞生：

> 泡利（1900—1958）
>
> 费米（1901—1954）
>
> 海森堡（1901—1976）

狄拉克（1902—1984）

这四人中，每一位都对物理学做出了伟大的贡献，每一位都以与众不同的风格来从事物理学研究。我们可以对他们每个人的风格的主要特征做总结吗？几年前，在一篇中文的题为《美与物理学》的文章中[11]，我曾尝试将海森堡与狄拉克进行比较。把这样的讨论拓宽，将他们四个人一起进行比较应是有趣的事。在古代中国的艺术与文学批评中有这样一种传统，是选用很少几个词来印象式地描绘每个画家或诗人的独特风格。现在允许我用同样的方法对这四位伟大的物理学家进行初步的尝试性比较，不过我用的是英文：

泡利——威力（power）

费米——稳健，有力（solidity, strength）

海森堡——深刻的洞察力（deep insight）

狄拉克——笛卡儿式的纯粹（Cartesian purity）

第二次世界大战之后，海森堡曾多次到美国旅行，我有机会聆听了他数次在美国和在欧洲的演讲。其中有一次，1958 年他在欧洲核子研究中心（CERN）召开的罗彻斯特（Rochester）高能物理学大会的演讲，是最戏剧性并且令人难忘的。他谈的是他部分与泡利合作的关于"世界方程"的工作，是对工作的总结，也是在由泡利主持的会议上的主要发言。在大会之前几个月，泡利决定退出合作，并对海森堡做了一些非常嘲讽的公开评论。这天，听众大多数人都是我们这一代的物理学家。我们知道这两个人之间关系紧张。尽管如此，我们还是没有料到泡利在海森堡发言结束时为嘲笑这一工作而使用的措辞，诸如"愚蠢""废话""垃圾"。海森堡则很冷静，非常镇静地对待泡利的攻击。他站在自己的立场上寸步不让，但却没有使用任何带有感情色彩的词语。这似乎只是给泡利的猛火上浇油。在听众中，我们都很惊讶。在这两个我们都佩服和尊敬的人之间这一令人尴尬争辩中，我们都觉得相当不自在。

今天，在回忆那次会议上所发生的事情时，与泡利的勃然大怒和讽刺挖苦相比，海森堡拒绝泡利的公开挑衅的能力给我留下了深刻的印象。

20 世纪 70 年代，海森堡出版了他的自传《物理与物理之外》（*Physics and Beyond*），对他早年参与青年运动、他研究生涯的开端、在赫里戈兰日出时的突破、希特勒的兴起及其对德国的影响，都作了敏感的低调描述，而且，也叙述了他在战争期间和在战后重建期间的经历。他追忆了与爱因斯坦（Albert Einstein）、狄拉克、欧拉（Hans Euler）、费米（Enrico Fermi）、玻尔以及其他一些人的重要谈话。人们在字里行间中可以感受到他对祖国的深爱。在第 191 页上，他描述了他以及他的家人在战争快要结束时遭受的苦难。然后：

> 5 月 4 日，当帕什上校带领一小股美军先遣部队将我俘虏时，我就像是一个完全精疲力竭了的游泳者最后脚踩在了坚实的土地上。
>
> 夜间，雪花飘落，当我离开时，春天的太阳在深蓝的天空中照耀着我们，把它耀眼的光芒播洒在雪原上。一位来抓捕我的美国兵，曾在世界上许多地方作过战，我问他是否喜欢我们的山中湖泊，他告诉我说，这是他所见过的最美丽的景色。

何等痛苦！何等深爱！何等记忆！何等原朴性的感情！在他锤塑这段文字时曾在他胸中有何等起伏！

在第二次世界大战之后，海森堡不是一个快乐的人。围绕着他在战争期间做了些什么和没做什么，有众多的争论。就此，人们写出了许多著作，而还有更多的著作将会问世。但尘埃终将落定。最终，将为人们永远记住的，是他在二十三岁时发动的那场改变了整个世界的伟大革命。

注释：

［1］［3］Abraham Pais, *Niels Bohr's Times* (Oxford: Clarendon Press, 1991), Title of Section 10; p. 276.

［2］In Wolfgang Pauli, *Scientific Correspondence*, Vol. 1 (New York: Springer-Verlag, 1979).

［4］［5］［6］［7］Jagdish Mehra and Helmut Rechenberg, *Historical Development of Quantum Theory*, Vol. 3 (New York: Springer-Verlag, 1982), p. 283; p. 300; chap. V. 6; p. 286.

［8］C. C. Lin in *Quarterly of Applied Mathematics* (1945).

［9］Heisenberg's letter to Sommerfeld was dated October 6, 1947. See Mehra and Rechenberg, *Historical Development of Quantum Theory*, Vol. 2 (New York: Springer-Verlag, 1982), p. 65.

［10］Abraham Pais, *Inward Bound* (New York: Oxford University Press, 1986), p. 348.

［11］杨振宁：《美与物理学》，载于《二十一世纪》1997年4月号，第71—79页。

后记（杨振宁）

海森堡诞生于1901年12月5日。2001年12月在Munich为庆祝他的百年诞辰举行了一个国际会议。这篇文章是我应邀在会上的演讲。

参加这次会议的美国物理学家极少。日本倒来了一位：Nishijima（西岛）。会上的空气与海森堡对物理学的伟大贡献极不相称。反映了海森堡后半生的不快。

海森堡二十四岁即写了一篇文章："带来了人类历史中最伟大的智力成就之一的新科学——量子力学。"而且此成就引导出了半导体工业、近代计算机工业与信息革命，从而改变了人类的生产力。说他是人类历史上最伟大的科学家之一绝不是过奖。

他热爱德国的山川，热爱德国的文化，埋藏于灵魂深处的感情正是他所以不能于第二次世界大战爆发前看清楚纳粹政权的本质，没有离开德国的原因，亦种下了他后半生的不快心情的种子。

追念秉明

这是 2002 年 12 月 20 日在巴黎熊秉明葬礼上的讲话。后刊载于
《二十一世纪》2003 年 2 月号，总第 75 期。

秉明是一位极少有的多才艺术家。他的雕塑、绘画、诗
与书法理论都将传世。

图 02h. 1　2002 年 7 月摄于巴黎郊外梵高（Vincent
van Gogh）墓地。左起：熊秉明、杨振宁、熊陆
丙安

秉明和我七十多年的友谊也是极少有的。我们有许多共

同兴趣。中西文化的对比，美在科学里面与艺术里面的异同，我们父辈中国知识分子的心情，清华园的童年，等等，都是我们谈话的题目。多次我们开始写下来我们的谈话，可惜都没有完稿。

今年 7 月底我在伦敦参观了讨论马蒂斯（Henri Matisse）与毕加索（Pablo Picasso）相互影响的双人展。展览最后引用了马蒂斯晚年毕加索给他写的几句话，毕加索说：我们要赶快，已没有很多时间向彼此倾诉了。我看了抄下来立刻寄给了秉明。这封信恐怕还在他的书桌上。

图 02h. 2　2002 年 7 月摄于熊秉明在巴黎郊外家中

近年来，秉明日益觉得时间紧迫。在 80 年代为吴冠中画展写的序中他说：

我们六十出头了，好像老了，好像剩下的日子不多了，又好像还很年轻，才从严冬的冻结中跳出来，精神抖擞，对未来有重重计划。

　　卷起袖口，臂膀的肌肉犹实，我曾写信给一个在自贡翻译西洋哲学史的老同学说："我们这一代的话还没有说完。"

　　确实没有说完。二十多年来他写文章，写书法理论，写诗，写诗评，作画，做雕塑，做锻铸。

　　他的文章、他的诗、他的雕塑，都是千锤百炼，敲打出来的。

　　在北京中国现代文学馆陈列的大型鲁迅头像就是秉明的杰作。鲁迅的深沉、鲁迅的倔强都被他锤打出来。

　　秉明的《母亲》是他母亲的头像，也是世界所有母亲的头像。

　　秉明在南京大学陈列的大型铜牛《孺子牛》深刻地塑造出了 20 世纪中国知识分子的自我认识。

　　秉明和我是同一时代的人，同一个大时代的人。我们都有话要说。我们走了不同的道路，采用了不同的语言，但是我们要说的却有同一底线。请看他的一首诗：

静夜思变调

——序

　　　　大诗人的小诗，

　　　　从橡笔的毫端落出来，

　　　　像一滴偶然，

　　　　不能再小的小诗。

　　　　而它已岸然存在，

　　　　它已是我们少不了的，

　　　　　　在我们学母语的开始，

　　　　　　在我们学步走向世界的开始，

在所有的诗的开始，

在童年预言未来成年的远行，

在故乡预言未来远行人的归心，

游子将通过童年预约的相思。

在月光里俯仰怅望，

于是听见自己的声音伴着土地的召唤，

甘蔗田，棉花地，红色的大河，

外婆家的小桥石榴……

织成一支魔笛的小曲。

甘蔗田，棉花地，红色的大河是云南省弥勒县秉明父亲和母亲的月光下的故乡，是世界所有游子的故乡。

从矢量势$\vec{A}$到联络
——规范场中心观念的演变史

原文 "Evolution of the Concept of the Vector Potential in the Description of Fundamental Interactions", 载于 *Int. J. Mod. Phys.* **21**, 3235（2006）。作者：吴期泰、杨振宁。此文甚长，下面是其引言的翻译。译者：杨振宁。

20 世纪物理学里面对时、空、运动、能量与力的观念都经历过深入的改变。这些观念都是早期的人类为了生存所必须了解的初级认知，所以在每一个原始文化中都有与它们相关的名词。它们后来为什么能演化成今天物理学中极准确而又微妙的数学结构恐怕将永远是人类智慧史中一个不解之谜。

关于力，或者用今天的名词——相互作用，其了解之演变，有过漫长的历史。早期的了解集中于长程力的观念。然后在 19 世纪中叶，Faraday 与 Maxwell 引进了场论来描述电磁相互作用。电磁场论在 20 世纪有了辉煌的成功。可是别种力量，20 世纪发现的核力与弱力如何？它们都是怎样的场？研究结果显示这些力也可以用极美丽而准确的场论来表示，而这些场论的数学结构都起源于对称的观念。所以：对称支配力量。本文就是要追溯这个发展的历史。

在此发展过程中占有重要而特殊地位的是矢量势 $\vec{A}$。它最早出现于 19 世纪中叶。当时就已发现它的定义里有一自由度（今天叫作规范自由度），是一个简单而略微麻烦的特点。就是这个自由度后来演化为一个基本的对称原则，支配着各种相互作用的数学结构。

很惊奇的是这个基本对称原则也差不多同时被数学家们发展成为纤维丛理论，与物理学里的发展本来完全无关。规范场与纤维丛的关系被了解以后，数学与物理学才又重新开始了它们之间的中断了多年的交流。

本文着眼点在于一些重要观念的发现，及其动机与其发展。这里面包含极多的文献，我们当然不能一一列举，而我们列举的文献中也有一些其论点我们并不同意。可是为了读者的方便，我们也包括了它们。

后记（杨振宁）

这篇文章讨论一百五十多年以来矢量势 $\vec{A}$ 如何演化为今天对称原理与规范场论里的中心角色。这段历史经过十分曲折，文章只能讨论一些大纲，列举一些重要文章，许多重要关键问题都还有待仔细研究，例如为什么 Maxwell 会想到用 $\vec{A}$ 来表示 Faraday 的 Electrotonic Intensity，为什么 Weyl 于 1930 年在他的 *Gruppen Theorie and Quantenmechanik* 的新版的前言中竟会提到后来的 C，T 与 P 三种对称观念，等等。

吴期泰和我于 2003 年写好此文，因故当时未发表。后来于 2006 年发表前曾略作增删。

归根反思

本文为杨振宁在"中国科学与人文论坛"（2004）上的演讲。原载《民主与科学》2004年第3期。

　　1929年，我父亲就任清华大学算学系教授。我们一家搬入了清华园居住。那时我是七岁。在清华园里我过了八年的童年生活，直到1937年抗战开始。关于那八年的生活，我曾在1983年的一篇演讲中这样描述：

　　　　清华园的八年在我的回忆中是非常美丽、非常幸福的。那时中国社会十分动荡，内忧外患，困难很多。但我们生活在清华园的围墙里头，不大与外界接触。我在这样一个被保护起来的环境里度过了童年。

　　今年我即将八十二岁了。最近搬回清华园居住。我的一生走了一个大圈，在清华园长大，于六十多年以后，又回到了故园，有感写了一首五言古诗《归根》：

　　　　昔负千寻质，高临九仞峰。

　　　　深究对称意，胆识云霄冲。

　　　　神州新天换，故园使命重。

　　　　学子凌云志，我当指路松。

千古三旋律，循循谈笑中。

耄耋新事业，东篱归根翁。

（首联取自骆宾王诗句。"三旋律"指我最近一篇演讲的题目：《二十世纪理论物理学的三个主题旋律：量子化、对称与相位因子》。）

回归几个月，感想良多。今天我就和大家谈谈我的几点感触和反思。

首先，最近到过的几个大城市：北京、上海和广州，都在急速变化，一派欣欣向荣的气氛。尤其令我高兴的是北京的空气污染问题，五年来大大地进步了。在清华园中现在几乎天天看到蓝天，不像七八年前那样经常烟雾迷蒙。当然问题还没有完全解决，希望 2008 年奥运会开会时可以宣称解决污染问题已彻底完工。

清华园中添了许多新楼。学生数目自抗战前的八百多人增加到今天的两万多人。海淀新开的书城里新版旧版的书美不胜收。大中学生看书的十分拥挤。都是新气象。

有机会去了北京的中国现代文学馆。这是巴金倡议修建的。收藏甚丰，并有十三座塑像。我特别喜欢巴金的雕像（图04b.1）和鲁迅的雕像（图 04b.2）。

李学勤教授带我去参观了东二环的保利博物馆。小而极精美。展示方法是绝对的第一流。他们近年来收购了许多流失海外的青铜器与雕塑，这是极有远见、极有长远意义的措施。他们非常重要的一件收藏是图 04b.3 所展示的遂公盨。其中的铭文在图 04b.4 中展示。

图 04b. 1　巴金像

图 04b. 2　鲁迅头像。这是我的好朋友熊秉明（1922—2002）的杰作

图 04b. 3　遂公盨

图 04b. 4　遂公盨铭文拓片

"德"字出现了六次。右起：第二行第八字，第四行第六字，第四行第十字，第六行第二字，第七行第九字，第十行第八字。

这九十多字的铭文十分重要，因为它是差不多三千年前的铭文，而开头即说"天命禹敷土，堕山浚川……"为上古史提供了宝贵的新材料。

我还有机会看了北京人民艺术剧院的话剧《李白》，和中国国家话剧院在北师大演出的《哥本哈根》。后者是前几年在伦敦和纽约都曾轰动一时的话剧，讲的是 1941 年海森堡（1901—1976）去哥本哈根访问玻尔（1885—1962）的故事（图 04b. 5）。那是一次历史性的访问，涉及能不能和应不应该造原子弹的历史性大问题。

图 04b.5 《哥本哈根》剧中一个镜头。
左起：海森堡、玻尔夫人、玻尔

这样学术性的话剧有那么多年轻人与大学生去看，给了我中华民族已迈入文艺复兴时代的感受。

一百多年来中华民族经过了戏剧性的转变。回想 1898 年中国几乎被列强瓜分了：

德国强占山东胶州湾，"租借" 99 年；

俄国强占辽宁旅顺大连，"租借" 25 年；

法国强占广东广州湾，"租借" 99 年；

英国强占山东威海卫与香港新界，前者"租借" 25 年，后者"租借" 99 年。

1900 年有八国联军占领首都北京的惨剧。1931 年日本占领东三省，成立了伪满洲国。记得那个时候我在清华园里的成志小学念书，在五年级。韩老师给了我们一些小册子，关于日本人在东三省的暴行。1937 年发生了卢沟桥事变。日本兵在北平近郊做"军事演习"，准备将华北变成另一个"满洲国"。那个时候我刚刚读完高中一年级。

20世纪初年，中国的知识分子对于国家民族的前途，很多人有十分悲观的看法。王国维先生是国学大师，1927年在颐和园投水自杀。他的遗书开头四句是：

> 五十之年，只欠一死。经此世变，义无再辱。

记得我和我小学的同学们常常去诵读在清华园中他的纪念碑的碑文，我们不能了解他为什么要自杀。

1938年秋天清华大学搬到昆明，和北京大学、南开大学合并成立西南联合大学。因为当时没有足够多的校舍，所以文法学院搬到蒙自，陈寅恪先生在蒙自写了下面一首诗：

> 景物居然似故京，荷花海子忆升平。
>
> 南渡自应思往事，北归端恐待来生。

他当时显然以为像北宋南迁一样没有再回到故京的希望。

今天的中国知识分子的心情是什么呢？也许1997年香港回归的时候，我所写的一段话是有代表性的：

> 1997年7月1日清晨零时，我有幸在香港会议展览中心参加了回归盛典。看着中华人民共和国国旗在"起来，不愿做奴隶的人们"的音乐声中冉冉上升，想到父亲如果能目睹这历史性的、象征中华民族复兴的仪式，一定比我还要激动。他出生于1896年——一百零一年前，马关条约、庚子赔款的年代，在残破贫穷，被列强欺侮，实质上已被瓜分了的祖国。他们那一辈的中国知识分子，目睹洋人在租界中的专横，忍受了二十一条款、五卅惨案、九一八事变、南京大屠杀等说不完的外人欺

凌，出国后尝了种族歧视的滋味，他们是多么盼望有一天能看到站了起来的富强的祖国，能看到大英帝国落旗退兵，能看到中国国旗骄傲地向世界宣称：这是中国的土地。这一天，1997 年 7 月 1 日，正是他们一生梦寐以求的一天。[1]

今天在世的中国人必须了解我们是多么幸运，能生活在中华民族"站起来了"的大时代。毛泽东的这一句名言的意义，从图 04b. 6 就可以了解。

图 04b. 6　上海英租界法庭开审（摄于 20 世纪初年）

我认为再过一百年如果讨论 20 世纪最重要的，对人类历史有最长远影响的史实的话，将不是两次世界大战；将不是希特勒的兴起与灭亡；也将不是苏联之崛起与解体，而是在此世纪中：

（一）人类利用科技大大增强了生产力；

（二）中华民族真的"站起来了"。

1947 年，英国大历史学家汤因比（Toynbee，1889—1975）出版了一本书，叫作《审判文化》(*Civilization on Trial*)。其中曾讨论美国与苏联以外会不会有第三个强国。他说：

> 我们在什么地方可以找到第三个强国？不在欧洲；也不在英联邦；当然也不在中国或印度，因为虽然这两国都有悠久文化、众多人口、广大土地、丰饶资源，但是这两个大国极不可能在未来关键性的历史年代里发展出它们的内在潜力。

汤因比错了。因为他在 1947 年没有看到中华民族的潜力，也没有看到中国共产党的潜力。当然，这不能怪他，因为这两种潜力当时是不容易看出来的。可是今天，知道后来五十多年的历史以后，我们必须要问，这些巨大的、汤因比没有看到的潜力的来源是什么？

我不是研究历史、政治、经济或社会学的。可是我曾在中国居住过二十多年，在美国居住过五十多年，今天我以外行的身份来大胆提出我觉得这些巨大潜力的内在来源。

任何一位在中国和在西方都长久住过的人都会感受到二者有极大的本质的不同。住得愈长久，对此不同的深度就愈多了解。我认为此不同的根源必已萌生于四五千年以前人类开始聚族而居的时代：从那时代起中国文化就走了人本的道路，而西方文化就走了神本的道路。几千年来，这两种不同方向的道路就逐渐制度化而演变出众多的语言、观念、社会、经济、政治、风俗等各方面的文化差异，如下表所列：

人本文化	神本文化
基于人与人的关系	基于个人与他的神的关系
社群为重	个人为重
忠、孝、恕、仁	"原罪"
礼	祈祷与忏悔
家族关系：亲、紧、近	家族关系：疏、松、远
朋友关系："义"	极少"义"的观念
融合凝聚的文化	分割竞争的文化
兼容并蓄	宗教战争
有教无类	种姓制度
"天人合一"	神→自然
人治	法治
以德治国	以利治国

表中所列各种对比都根源于人本与神本的基本差异。譬如在家族中父母子女及兄弟姐妹间的关系，中西文化有冷暖亲疏的显著的分别，就是因为人本文化是建筑在人和人的关系上面，与神本文化迥异。

至于朋友之间的关系，"义"字是西方极少有的观念。而在《水浒传》《三国演义》《今古奇观》等中国小说中，"义"字是极重要的、贯穿民间的、中心的观念。

近年来，许多书籍与文章讨论为什么近代科学没有在中国萌生。这是非常复杂的问题，没有简单的答案。可是我觉得其中一个要素是："天人合一"是传统中国人本精神中的一个重要观念。后来发展成"理在心中"，要用人文规律来"格"自然现象，当然"格"不出近代科学。而在神本文化中，神与自然本是一体。所以神本文化发展出客观分析自然的活动。这些活动最后引导出了现代科学的萌生。

至于"利"与"德"，孟子见梁惠王时就曾说："王何必曰利，亦有仁义而已矣。"关于"德"，保利博物馆就特别指出遂公盨上的铭文，98 个字中，"德"字就出现了六次（图 04b. 4）。那是差不多三千年前的历史文献，还在西周时代，表示一个民族的深层价值观有极长久的溯源。

注重"德"与注重"利"的社会有基本的分别，是长期居住中国和居住美国的人都体会到的。要看出二者的不同只需观察中学生和小学生的待人处事的态度：中国小孩子一般听话，勤而静，能忍耐，而美国小孩子一般不听话，好动，急求满足（instant gratification）。

能忍耐的文化才能有韧性，有韧性的民族才能承受巨大的、全民的、政策性的转变。我们如果比较一下毛泽东于 20 世纪 20 年代的《湖南农民运动考察报告》所描述的当时的社会状况，和改革开放伊始时的中国现状，和今天提倡的"与时俱进"的国策，就会了解到中华文化有多么大的韧性，也了解到中国共产党多么有利用此韧性的组织能力。

别的文化，如印度文化，别的政治体制，如巴西的"民主"，都没有中国文化的韧性，也没有中国共产党的组织能力，所以它们都不能在一穷二白的时代发展出"两弹一星"，都不能在二十年内创造出经济起飞，都不能使城镇居民文盲率降到 5% 以下，都不能在二十年之内迁移两亿农民到城镇工作而维持稳定的社会秩序：换言之，它们都还没有找到脱贫的道路。

前面我曾说 20 世纪人类历史上最有长远影响的史实是：（一）科技促进人类生产力之猛增；（二）中华民族的崛起。那么 21 世纪的最重要史实将会是什么？ 1996 年哈佛大学的 Samuel Huntington 教授曾写过一本书 *The Clash of Civilizations and the Remaking of World Order*（《文化的冲突与世界的新秩序》）。这本书曾引起广泛的讨论。其中有一些精辟的见解，但是我认为他过分注重文化的冲突，而忽视了经济因素。

到了 21 世纪下半叶，全世界各种资源都将短缺，以能源为最。我认为那时左右世界格局的最主要因素将是资源的争夺。这是今天已经可以看得十分清楚的总趋势。资源的分布是区域性的。所以资源争夺为主要因素的世界会产生"地缘政治"（geopolitics）主导的形势。那时极可能出现全世界分成三大地区对峙的局面：美洲、欧盟与可能产生的北亚盟，如果这种局面产生，在北亚盟中占主导地位的必将是中国。

即使北亚盟不产生，中国变成世界举足轻重的大国也是必然的。假如有人问我，中国现在面临许多问题：有三农问题、贪污问题、外交问题、贫富不均问题、环保问题，等等。你怎么对前途的发展如此乐观？我的回答很简单：虽然我的乐观态度确有感情成分在里面，可是并不是没有根据的，这些众多的问题，比起过去一百年中华民族所已经解决了的问题小得太多了。我们有理由相信，中华文化的特点和中国共产党的组织能力也能够帮助中华民族解决目前这些复杂的问题。

图 04b.7　1971 年 8 月 4 日摄于南口长城

　　1971 年夏天，我在离开祖国二十六年以后，第一次来新中国参观访问。在那次去过的地方中给我印象最深的是长城（图 04b.7）。长城的连续性、长城的韧性，使得我在回到美国以后，在一次演讲中讲了下面的一段话：

　　　　长城象征着中国的历史。它象征着中国历史的悠久，它象征着中国文化的坚韧。它表现出了几千年来无数中国人民的胼手胝足，以及他们的辛劳为人类所做出的优异贡献。它象征着历史上中国一统的观念：尽管中国历经盛衰兴亡，尽管中国有如此大的地域和多种的方言，尽管中国有过多次内战和朝代的更换，但是贯穿历史的只有一个中国。在世界人民心目中只有一个中国，在中国人民心目中只有一个中国：合则盛，分则衰。[2]

注释：

［1］录自香港《二十一世纪》1997 年 12 月号，《父亲和我》一文。

［2］杨振宁：《读书教学四十年》，香港：三联书店，1985 年。

《易经》对中华文化的影响

这是 2004 年的一个演讲。原载《自然杂志》第 27 卷第 1 期，
2005 年。

　　我的题目是《〈易经〉对中华文化的影响》，以下几十分
钟要讨论许多观念：精简、比类、天人合一、联想、取象、
汉语汉字之形成、归纳等（图 04e. 1）。这么多观念很短时间
不能讲得清楚，主要讨论的集中于三点。

图 04e. 1

　　第一，《易经》影响了中华文化的思维方式，而这个影
响是近代科学没有在中国萌芽的重要原因之一。这也是我所

以对于《易经》发生了兴趣。

第二,《易经》是汉语成为单音语言的原因之一。

第三,《易经》影响了中华文化的审美观念。

我是研究物理学的,没有研究过历史学、考古学、语言学、语音学、美学、哲学,等等。可是对于中国文化的成因,我近年来发生了兴趣,所以大胆地在今天这个场合跟大家谈谈我自己的一些想法。

《易经》,大家知道是中国非常古老的一个文献,据说是夏朝已经有了最早的《易经》叫《连山》,商朝有了比较晚一点的叫《归藏》,都失传了。我们现在所看见的《易经》是西周时候的《周易》。所以《易经》的孕育前后至少经过一千多年,这个结论我想是大家可以同意的。

《易经》里面六十四卦开始是乾卦和坤卦。如果问《易经》是怎么形成的,以下这个说法大家似乎可以接受:最早中国发展了占卜,因为要对占卜作系统性发展就产生了卦符,所有六十四卦都有卦符。乾就是六个连线,坤是六个断线。有了符以后还得有名与字。卦名有音,有音还不够,就有一个字。这前后发展的次序我不是研究考古学的,不过我想这个次序很可能多少是对的。

可是我们知道孕育《易经》的年代也正是汉语汉字开始形成的年代,是中华文化孕生的年代。这些卦是"象",这是《周易》里面自己讲的,是浓缩了的观念,以卦符卦名将天、地、人的变迁分类为"象"。

上面这几句话可以说是用今天的语言来描述到底《易经》的精神是什么。浓缩化、分类化、抽象化、精简化、符号化是《易经》的精神。这种精神我认为贯穿到了几千年以来中国文化里面每一个角落。

譬如分类精简，例子极多。今天大家知道中医的理论其中重要的一点就是把疾病与医药各分成阴阳、寒暖、表里等类，用这个分类的观念做大前提发展中医理论。这是从《易经》的传统所遗留下来的。像这样的例子我们可以举很多。

一、近代科学没有在中国萌生的原因

近代科学为什么没有在中国萌生，已经有很多人讨论过了。归纳起来大概有五种道理：

第一，中国的传统是入世的，不是出世的。换句话就是比较注重实际的，不注重抽象的理论架构。

第二，科举制度。

第三，观念上认为技术不重要，认为是"奇技淫巧"。

第四，中国传统里面无推演式的思维方法。

第五，有"天人合一"的观念。

第四与第五两点我认为跟《易经》都有密切的关系。

先讲第四点，关于推演与归纳两种思维方法。近代科学的思维方法见图 04e.2。

图 04e. 2　近代科学的两条寻求自然规律的方法

归纳法用虚线表示，以示其难；推演法用实线表示，以示其易归纳与推演都是近代科学中不可缺少的思维方法。为说明此点让我们看一下 Maxwell（1831—1879）创建 Maxwell 方程的历史。

Maxwell 是 19 世纪最伟大的物理学家。他在 19 世纪中叶写了三篇论文，奠定了电磁波的准确结构，从而改变了人类的历史。20 世纪所发展出来的无线电、电视、网络通信，等等，统统都基于 Maxwell 方程。他是怎样得到此划时代的结果的呢？

他的第一篇文章里面用的是归纳法，里面有这样一段话："我们必须认识到互相类似的物理学分支。就是说物理学中有不同的分支，可是它们的结构可以相互印证。"

他用这个观念来研究怎样写出电磁学方程式，以流体力学的一些方程式为蓝本。这种研究方法遵循了归纳法的精神。

几年以后，在后面的文章中他把用归纳法猜出的电磁方程式，运用推演法而得出新结论：这些方程式显示电磁可以以波的形式传播，其波速与当时已知的光速相符，所以"光即是电磁波"，这是划时代的推测，催生了 20 世纪的科技发展与人类今天的生活方式。

上面的故事清楚地显示归纳与推演二者同时是近代科学的基本思维方法。

中华传统文化的一大特色是有归纳法，可是没有推演法。其中归纳法的来源是什么？

"易者象也""圣人立象以尽意""取象比类""观物取象"都是贯穿《易经》的精神，都是归纳法，是向上求整体"象"的方法。

可是，中华文化没有发展出推演法。我们怎么可以证明此欠缺呢？请看徐光启的一些话。徐光启（1562—1633）是明朝末年一个大臣，而且是一个大学者。大家知道他是最早与利玛窦合作翻译欧几里得的《几何原本》的人，翻译了前六章。他们翻译的原版，现在在国内还有几本，我曾经在北京图书馆去请他们给我看过一本。

欧几里得的几何学是人类历史上一个大贡献，第一次把推演法规律化，其影响不可以道里计。后来牛顿写了 *Principia Mathematica*。如果你翻一下此书就会发现他写的方法完全是照着欧几里得《几何原本》的方法，是由公理、定理，然后到证明等。它是照抄欧几里得的推演法的形式。不幸的是徐光启翻译《几何原本》的时候虽早（那时牛顿还没有出生），可是这翻译有将近三百多年在中国没有发生应该有的影响。

徐光启在翻译了以后，了解到推演法一个特点就是"欲前后更置之不可得"，就是一条一条推论不能次序颠倒。这跟中国传统不一样。中国传统对于逻辑不注意，说理次序不注意，要读者自己体会出来最后的结论。徐光启又有这样几句很有名的话："似至晦，实至明，似至繁，实至简，似至难，实至易。"

这也是推演法的特点。懂了推演法的精神以后就知道推演其实比归纳容易。

下面要讲上述第五点，关于"天人合一"的观念。

"天人一物""理一分殊"和"内外一理"起源于《易经》：每一卦都包含天道、地道与人道在内，认为天的规律跟人世的规律是一回事。

我们知道王阳明格竹子，是要用人世间的"理"追求自然界的"理",这样当然格不出近代科学。近代科学的一个特点就是要摆脱掉"天人合一"这个观念,承认人世间有人世间的规律,有人世间复杂的现象,自然界有自然界的规律与自然界的复杂现象,这两者是两回事,不能把它们合在一起。

当然我讲这句话会使得很多人觉得,尤其是研究中国哲学的人觉得我对于中国的传统哲学攻击得太厉害了。我完全没有攻击的意思。"天人合一"的内涵绝不止"内外一理",还有更重要的"天人和谐"。"天人和谐"对于中国的传统影响极大,而且从今天的世界现状讲起来,我们可以问,摒弃"天人合一"而完全用西方的办法发展下去是否将要有"天人对立"的现象。这是一个非常重要的题目,不过不在我今天所能够讨论的范围之内。

二、汉语汉字的成因

世界上原始语言与成熟语言几乎都是复音的,单音的语言是仅有的。我不晓得是否有任何一个别的成熟的语言是像汉语这样单音的。近年考古学家发现一万六千年以前江西的居民已经采集野生稻为主要的粮食。所以在一万多年以前已经开始形成了中华文化。我们可以相信他们已经有语言,我们也有理由可以假设,这些我们的祖先所用的语言是复音的。那么后来怎么变成单音的汉语呢?

从复音的汉语变成单音的汉语这中间一定有一个很长的过程,而且一定有它的道理,因为这是十分独特的事情。

我的一个大胆的假设是:这变化是受了《易经》的影响。

卦名是单音的，乾、坤……都是单音的。是统治者用的，是神秘的、有重大影响的、念起来有分量的。久之就形成了一个重视单音符号的价值观，而影响后来整个汉语的发展。在座有语言学的专家，我这个讲法是很大胆的，希望不被语言学家批评得体无完肤。我们看元、亨、利、贞、吉、凶、阴、阳、日、月、天、地，这些有声有色、有分量的、讲出来有影响的单音字对于整个语言文字的发展当然产生重要的影响，所以我刚才说我猜想汉语、汉字所以变成单音的语言文字与《易经》有密切关系。

三、中华文化的审美观

《易经》的浓缩化、分类化、抽象化、精简化和符号化的精神对中华文化的影响极深又极广。下面我简单讨论它对汉语、汉文法、文学、艺术、书法等的影响。

英文"word"，通常翻译为"字"。这不恰当。应翻译为"词"，是一个或好几个字构成的。比如"现代"，比如"所以"，都是两个字的词。词可以是一个、两个或更多字所组成的，可是绝大多数是一个或者两个字的，不太有三个字以上的词。多半的三个字或以上的词都是复词，或是音译的词。前者如"外祖父""洞庭湖"，后者如"成吉思汗"。

19世纪开始翻译元素名字的时候也只用一个字，氧、硫、镭，这些在英文里面都是复音的，在中国翻译都变成一个单音的词。为什么这样啬啬呢？我认为在中华文化形成时代，在汉语形成时代，受了《易经》的卦名的影响，发展出了"精简为美，浓缩为美"的深层观念。此审美观影响了词的形成。

世界所有的语言都有共同的深层文法，然后在此深层文法之上，不同的语系各自发展，这是 Chomsky 的一个大发现。比较不同的语言就会发现每一种语言都有名词、动词、形容词、介词，等等。汉语亦然。可是汉语的一大特点就是极少用助词。如不说"我的父亲"而说"我父亲"；不说"慢慢地跑"而说"慢慢跑"，把助词省略掉了。所以西方人说中文是电报式的文字，尤其是古文。好的古文确实是极美的文学。美的原因之一就是古文不遵循通常文法的发展方式，而力求用最少的词表达出最多的意思。这种审美观念应是《易经》的浓缩化精简化的延伸。

联想在世界任何文学之中都占重要的位置，而在汉文文学之中占有特别重要的位置，因为汉文中的词即常常建构于数个单音的字，就往往是根据联想而形成的。譬如风气、风云、风流、风景、风光、风雨、风俗都是联想形成的词。"风云"一词的形成可用图 04e. 3 来表示。这种词的结构更进一步促使汉文学演化成联想的文学，"云想衣裳花想容""秦时明月汉时关"就都是升华了的联想。

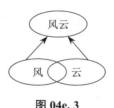

图 04e. 3

中华传统绘画所追求的意境与西方传统绘画完全不同，是"观物取象"的象，不是照像的像；是神似的象，不是形似的像；是"天人合一"的象，不是歌颂自然的像。我认为这种思维精神是从《易经》来的。

至于说《易经》对书法的影响，更是非常清楚了。书法在传统的中华文化中占极重要的位置，是其他文化所没有的。书法显然跟《易经》的浓缩化、符号化、抽象化的精神有直接关系。我的一个好朋友，书法家、雕塑家、文学家、文学评论家熊秉明在《中国书法理论体系》里面曾说："中国文化的核心是哲学，中国文化核心的核心是书法。"我之所以完全同意他这句话，就是因为书法把《易经》的精神具体化了，现实化了。

后记（杨振宁）

这篇文章是 2004 年我在北京的一场演讲的记录。发表以后，网上有许多批评。下面我写下几点补充意见：

（1）请参阅本书 93c《近代科学进入中国的回顾与前瞻》、97a《美与物理学》和 05c《中国文化与近代科学》三篇文章。

（2）梁漱溟在《东西文化及其哲学》第四章中就曾提到演绎法（即推演法）与归纳法。可是他没有深究二者对东西文化发展的影响。

（3）有人说《易经》中也有推演法。可是那不是我所讲的推演法。我讲的是希腊几何学家发展出来的逻辑演绎法。梁漱溟称它为数理论理。

（4）逻辑推演法自身发展到 20 世纪初年，经过德国大数学家 Hilbert（1862—1943）的推动，变为一支很专、很窄、很深的学问。它要穷究推演法的最原始的根基。后来于 1930 年前后 Gödel（1906—1978）做出了革命性的研究，证明了逻辑的 incompleteness（不完整性）。这些发展不只是人类思想史上的里程碑，还影响了后来的 Turing（1912—1954）与 von Neumann（1903—1957）对计算机结构的工作，引导出 20 世纪末的信息革命，为人类的历史开始了新的篇章。

（5）中国学者第一位真正了解推演法的真谛的是明末的徐光启。他的"欲前后更置之不可得"，"似至晦，实至明；似至繁，实至简；似至难，实至易"，写的时候比牛顿的 *Principia Mathematica* 还早约八十年！

（6）这篇文章中最大胆的假设在第二节：汉语汉字为什么是单音的？我的假设是：受了《易经》的影响。对这个想法我十分希望听到专家的意见。

CCTV 的访问

2005 年 1 月 26 日，CCTV《面对面》栏目的王志先生来清华园访问杨振宁。下面是这次访问的记录。

（旁白：清华大学专家公寓 B 栋是杨振宁先生在北京的居所。从 2003 年 11 月回到国内，杨先生就一直住在这里，并把这里取名为"归根居"。回归祖国后的一年多时间里，这位八十多岁的诺贝尔奖获得者屡屡受到了媒体的广泛关注。2005 年 1 月 26 日，CCTV《面对面》栏目的记者来到这里，对处在新闻旋涡中的杨振宁进行了独家专访。）

王志：我想从您回国的这件事情开始说。回来定居的决定是怎么做出的？

杨振宁：我虽然在美国住了五十多年，可是就像我的一个朋友所讲的，说杨振宁你血管里所流的是你父亲的血液，是中华文化的血液。

王志：但是您在美国功成名就，美国的生活您舍得下吗？

杨振宁：假如十五年以前，有许多在美国的东西在这儿买不着的话，现在已经完全改过来了。事实上，我想多半我在美国的朋友，当然都是学术界的，可以说他们对于我在八十多岁搬了一个地方，要想创建一个新的事业，我想正确的描述是赞赏跟羡慕的。我这一辈子非常幸运，简直可以说是没法子比我更幸运了。我人生里头每一个转折点我都选择了正确的道路，我想很少有人能有我这么幸运。

王志：我们替杨先生高兴。

杨振宁：我还要讲，我还有最后一个幸运。就是上帝给了我一个最后的礼物。所以没法比我这个人更幸运的了。

（旁白：杨振宁所说的上帝给他的最后的礼物，指的是他的新婚的妻子翁帆。2004 年 12 月 24 日，八十二岁的杨振宁和二十八岁的硕士生翁帆在广东汕头登记结婚。消息传出，舆论一片大哗，杨振宁一下子成为全球瞩目的新闻焦点。）

图 A05q.1　翁帆，2005 年 1 月摄于三亚

王志：您介意说一说她吗？

杨振宁：你今天预备不预备谈呢？

王志：我们想问啊，当然大家非常关心。

杨振宁：你给我写的那几条（提纲）上没有这一条。

王志：是，所以我们君子协定，我想现在给您请求。

杨振宁：我想提一下可以，不过不必深谈。

王志：好。好像您这一次引起大家那么强烈的关注，就是因为您的婚事。

杨振宁：是，这个问题是我们预先想到的。我想大家觉得年龄差距这么大，是比较少有的。所以就发生兴趣了。不过我们觉得，这是我们自己的事情，所以虽然有压力，我们觉得我们可以承受的。确实也是有些人觉得，这个跟一般的情形不一样，有些人很天然地就有一些反感。

王志：您不在乎吗？

杨振宁：当然翁帆跟我都有一点点在乎。（不过我们觉得）我记得当时跟她说，我说不管现在别人怎么讲，过了三十年、四十年以后，大家一定认为我们这个结合是一个美丽的罗曼史。翁帆跟我这两天在看一个电视连续剧，叫作《人间四月天》，是讲徐志摩的。那上面其实主要讲的，就是说一个新思潮之下的人，跟许多旧时的想法之间有许多很大的冲突。在那个情形之下出现的一些，也可以说是悲剧。我相信我们这次结合，最后大家会认为是绝对美好的。

王志：其实我们大家都替杨先生高兴，都希望杨先生幸福。能不能帮您妻子说句话呢？她爱您什么呢？

杨振宁：我们没有仔细讨论过这个问题，不过我猜想，她觉得我这人是很诚，很真，我想这是她主要欣赏我的地方。

王志：其实很多的担心都是出于关心杨先生。您不担心翁小姐那么年轻，她把您给骗了吗？

杨振宁：是。我想是有人这样想，但还有更多的人我想不是,(他们)觉得我做了不道德的事情,是我骗了一个年轻的女孩子。事实上呢,我们都是想得很成熟的,我想这个是最主要的条件。

王志:杨先生说过一句话,给人耳目一新的感觉,说翁小姐是上帝给您的最后一件礼物。

杨振宁:是的,我写这几句话,是考虑了以后写的,是我真实的感觉。

王志:能说一说这个话的含义吗?

杨振宁:你知道所有的诗句,它的好处就是它的含义是讲不清楚的。我想这句话如果需要解释的话,它的诗意就没有了。

图 A05q. 2　杜致礼(摄于 1949 年)

（旁白：杨振宁 1922 年出生于安徽合肥。父亲杨武之曾在美国留学，是中国第一名念数论研究获得博士学位的学者，回国后在清华大学担任数学系教授和系主任长达二十年之久。幼年时的杨振宁曾在清华园内度过了八年的美好时光。1945 年，杨振宁获取了留美公费，赴美国攻读博士学位。1950 年，二十八岁的杨振宁在普林斯顿结婚，夫人杜致礼是国民党高级将领杜聿明的长女。两个人携手度过了五十三年的人生风雨，直到杜致礼在 2003 年因病去世。）

图 A05q. 3

（这段画面拍摄于 1957 年。这一年，三十五岁的杨振宁和李政道合作推翻了"宇称守恒定律"，提出"宇称不守恒理论"，从而获得了诺贝尔物理学奖。杨振宁和李政道也成为最早获得这一荣誉的中国人。）

王志：*杨先生，您说过您一生最大的贡献也许不是得诺*

贝尔奖，而是帮助中国人改变了一个看法，不如人的看法。很多年前您就开始这么说。但是我们很想知道，您是面对中国人讲的一种客气话呢，还是真心的就这样认为。

杨振宁：我当然是真心这样觉得，不过我想比你刚才所讲的还要有更深一层的考虑。你如果看 19 世纪末 20 世纪初的文献，你就会了解到，20 世纪初中国的科学是多么落后。那个时候中国念过初等微积分的人，恐怕不到十个人。所以你可以想象到 20 世纪初，在那样落后的情形之下，一些中国人，尤其是知识分子，有多么大的自卑感。1957 年李政道跟我得到诺贝尔奖，为什么当时全世界的华人都非常高兴呢？我想了一下这个，所以就讲了刚才你所讲的那一句话，是我认为我最重要的贡献，是帮助中国人改变了自己觉得不如外国人这个心理。

（旁白：1964 年，也就是获得诺贝尔奖七年之后，杨振宁和夫人杜致礼及全家人加入了美国籍。这对在中国长大并接受中国传统文化教育的杨振宁来说，是一次很重要的改变。）

王志：杨先生的经历有很多谜，那当初为什么加入美国籍呢？

杨振宁：在我以前的一些中国的学者去美国、欧洲、日本留学的，绝大部分的人都回来了，所以我到美国去的时候，当时的目的跟以前的中国留学生一样，就是去那儿学成归国，然后很可能就是在大学教书，再训练一批下一代的学术工作者。可是我到美国去念书，得了博士学位以后，还在做一两年的博士后的时候，就发生了朝鲜战争。于是杜鲁门总统就下了一个命令，说是中国血统的人在美国得了理工的博士学位，不可以回中国。所以就在这个情形之下，我留在美国了。

王志：科学是没有国界的，但是科学家是有国界的。

杨振宁：是的，这个话讲得很好。拿到了绿卡以后呢，我并不希望立刻就变成美国人。我的文章上曾经讲过，我想全世界的人要想换一个国籍都是非常触及灵魂的一个决定，尤其是对于中国人，因为中国人对于离乡背井，到另外一个国家去居住，这个观念在中国从来是没有的，而且我父亲、母亲对于这件事情，我下意识地就知道是不会赞成的，所以一直到1964年，我才入了美国籍。为什么要入美国籍呢？

王志：什么诱使你做这个决定？

杨振宁：我想最重要的一个道理，因为学术的工作的关系，要去各个地方旅行，我当时拿的是中华民国的护照，拿中华民国的护照非常麻烦，所以我想很多像我这样的人，在60年代入了美国籍。其中一个最主要的原因，就是这个旅行的方便。

王志：您的书中就好像谈到了您父亲对这件事情耿耿于怀。

杨振宁：对的，我父亲不赞成这件事情是我灵魂深处知道的，所以这个对于我当然有极大的影响，所以我入了美国籍以后，好几年没有告诉他这件事情。这个里头我想是一个感情上的冲突，很重要的我的人生的经验里头的一部分。

（旁白：加入美国籍的杨振宁始终无法忘记自己的祖国。1971年，杨振宁回到了阔别二十六年的祖国进行访问。当时中美关系尚未完全解冻，作为第一个回国的华裔知名学者，杨振宁为中美文化交流和中美人民的相互了解起到了极大作用，并且受到了毛泽东主席和周恩来总理的赞誉。）

　　王志：1971 年你离开中国二十六年了，为什么突然想到要回国？

　　杨振宁：为什么我那么着急回来呢？我想我是比较知名的中国学者第一个回来的。道理很简单，因为国际的变化是千变万化，很容易一个打开的门又关起来了，所以我就赶快回来了。

　　王志：但是当时您已经离开中国那么多年了，跟中国没有亲眼见，您不担心吗？

　　杨振宁：1971 年我想要回中国的时候，很多在美国的朋友，中国人、非中国人，都跟我说你这回去非常危险，中国可能把你扣住。我说不会，因为在 1957 年、1960 年、1962 年、1964 年我跟我父亲、母亲、弟弟、妹妹，在日内瓦、在香港团聚过好几次。通过这些团聚，我当然对于新中国有一些认识。

　　王志：顺利吗？

　　杨振宁：还顺利。当然先是我写信给我父亲说我想回来，我父亲写了一个报告给国务院，那么后来打了一个电报给我，说是中国欢迎你来。那次我想也是我人生，现在八十多年的经历里头，一个非常重要的转折点。

　　（旁白：就在这次回国的过程中，杨振宁亲自证实了 1964 年中国第一颗原子弹爆炸成功确实是中国人独立完成，而且，这项伟大工程的带头人正是自己的好朋友邓稼先，得到这一确切消息时，杨振宁竟一时泪流满面，激动不已。）

图 A05q. 4　左起：杨振宁，邓稼先，杨振平
（1949 年摄于芝加哥大学）

王志：你当时离席了，你去了洗手间。

杨振宁：是。

王志：为什么那么在意这个问题？

杨振宁：我想我父亲那一代的知识分子，跟我这一代的知识分子，对于当初中国的落后，当初中国被人歧视，有了今天的年轻人所没有的感受，在这个情形之下，了解到中国人也可以自己制造出来最尖端的世界重要的武器，这是灵魂深处的一个震荡。所以确实不错，当我知道邓稼先的回答以后，我感情上的冲动不是当时能够自己控制住的。

王志：但是从杨先生的角度来说，杨先生的哭，也让人推测，是不是您心里难过，因为您也是做这一行的，而原子弹您没有参与。

杨振宁：我后来曾经问过我自己这个问题，那天感情那么震荡，是因为民族的骄傲的感情，还是因为邓稼先是我的朋友而我特别震荡。我想这两个都有，我想非常复杂的真正触及灵魂的一些感受，很少是单纯的，正因为好几个东西纠缠在一起，所以才有更深的感受。

　　回到美国去以后，我在美国很多的大学做了一些演讲，第一个演讲是在 1971 年 9 月，在 Stony Brook（纽约州立大学石溪分校），就是我所在的学校，那一天完全爆满，因为当时美国对于中国是非常发生兴趣而又没有知识。那个演讲也是我一生里头感情非常丰富的一个演讲。我还记得在演讲里头，我说我在北京，住在北京饭店，住了一个礼拜，当时北京饭店很旧，是一个很大的房子，可是墙上空空如也，只挂了一副对联，这一副对联我天天看，（看了）一个礼拜，有了很深的印象。对联就是"为有牺牲多壮志，敢教日月换新天"。所以我在石溪的演讲，就是以这副对联为最后的结束。有一些中国同学办了一个小报纸，叫作《石溪通讯》。他们把这两句话变成大标题。去年，有一位我不认识的、当时在石溪的中国同学，保存了这个，他把这个装在一个镜框里头送给我，现在挂在清华我的办公室的墙上。

　　（旁白：杨振宁的生命中，李政道一直是一个不可回避的人物，从 1946 年开始，两个人的合作长达十六年之久，并因"宇称不守恒理论"同获诺贝尔奖，永被后世学者铭记，合作关系在近代物理科学历史上相当罕见。然而，从 1962 年以后，两个人的关系彻底决裂，这也成为国际科学界以及中国科学发展史上的一大憾事。）

　　王志：奥本海默（普林斯顿高等研究院院长）曾经说过这样的话，他最希望看到的景象是杨振宁跟李政道并肩走在普林斯顿的草坪上，但是 1962 年之后，我们看不到这样的情形了。

杨振宁：这是一个悲剧，而这个悲剧的根源非常复杂，不是一句话、两句话所能够解释的，更不是我今天应该在摄影机的面前所讨论的。我想这个问题我们两个人身后一定会有人研究的，我想研究以后，大家中国人、外国人会得到一个结论的。

王志：我们中国有句老话"相逢一笑泯恩仇"，我相信所有中国人都希望看到你们俩和好。

杨振宁：对，这也是我现在决定，我公开地在生前不再在这方面讨论这个问题的道理，是因为大家很显然、很自然地都希望我们和好，可是我们没法再和好，所以在这种情形下，最好的就是不再讨论。

王志：是合作出现问题？但是杨先生的经历不是这样。

杨振宁：你知道人跟人之间的关系是非常非常复杂的，这个里头有戏剧性的、做人方面的差异，有性格方面的差异，不是这么简单的。我想我现在的决定是对的，就是这个事情我不要再公开讨论。

（旁白：虽然众说纷纭，但杨振宁和李政道的分手原因始终是迷雾一团。值得回味的是，两个人在各自的物理学研究中，都有过多次与他人合作的经历。除了与李政道合作的"宇称不守恒理论"之外，杨振宁丰硕成就中的另外两项"杨－米尔斯规范场理论"和"杨－巴克斯特方程"，也都是与人分享。但是，却没有重蹈杨李之争的覆辙。）

王志：我们也注意到，杨先生很多的成果、重要的成果都是跟人合作的。那么是您喜欢跟人合作呢，还是别人觉得您是一个很好的合作伙伴？

杨振宁：我想一方面我喜欢跟人合作，一方面近代物理很多理论工作都是合作的。合作有很多的好处，因为你知道你在讨论一个问题，有时候走不通了，你的想法都走不通了，那个时候假如另外有一个人跟你讨论讨论，问你几个问题，或者想出来一个新的方向，于是你就又起劲了，这是很重要的一个研究的途径。

王志：可能有人看到的就是杨先生您得了诺贝尔奖，但是业界的人士评价杨先生应该得第二次。

杨振宁：通常得诺贝尔奖的重要性，可以说那是十年之间最重要的物理的文章。那如果你问"宇称不守恒"是不是当时十年之间最重要的文章呢，我想这是当之无愧的。所以它得到诺贝尔奖，是所有的人都认为是理所当然。规范场的研究没有得到诺贝尔奖，可是我想你要是去问内行的人，现在所有的人都会认为规范场的重要是世纪性的重要，不只是十年的重要。就是它要长期下去到 21 世纪、到 22 世纪还是重要的，因为它把一个基本原则给找出来了。那当然你就会问了，说那为什么还没得到诺贝尔奖呢。这个很多人都猜测，这个与诺贝尔奖委员会他们认为诺贝尔奖应不应该给一个已经得过诺贝尔奖的人，恐怕有很密切的关系。

王志：另外一个人没得。您的合作者没有得过。

杨振宁：他叫米尔斯。他没有。他是 1999 年过去的。他是一个非常诚恳的人。1984 年规范场文章发表三十年以后，在北京大学有一个讨论会。在那个前后有人问他，说是米尔斯教授，你们这个非常重要的工作，当初是怎么写出来的。米尔斯的回答是："我在里头做了一些贡献，不过主要的发展都是杨振宁的功劳。"

图 A05q. 5　米尔斯，摄于 1982 年

王志：您喜欢这样的合作者？

杨振宁：你如果要我讲的话，是他不必要的太诚实了。他不应该加最后的一句话，说是所有重要的观念都是杨振宁的。我想你知道人有很多种，有的人是他如果对一件事情有 30% 的贡献，他就跟人讲他有 70% 的贡献。米尔斯是如果他有 70% 的贡献，他要讲他只有 30% 的贡献；假如他有 30% 的贡献，他就会讲他只有 5% 的贡献。

王志：那他这样说不是对您很好吗？

杨振宁（激动十分）：他不必。他到临死，在物理学界对于他的评价，我认为是不公平的。因为规范场这篇文章，很多人会告诉你，是 20 世纪最后五十年理论物理学中最重要的一篇文章。我想俄亥俄州立大学这五十年，我可以讲，没有一篇他们的教授的文章比这个文章重要。把所有的文章都加起来，物理、数学、天文、生物都加起来，这也是最重要的，这不是我在这儿吹。可是因为米尔斯的作风，使得他们没有了解到，他应该得到他们所有能够给的荣誉。都应该给他的，而他们没给。

（旁白：回国之后的杨振宁除了参与清华高等研究中心的研究工作之外，还亲自担任大学一年级的本科生的基础物理课程。2004 年 9 月下旬，在北京举行的"2004 文化高峰论坛"上，杨振宁做了一篇名为《〈易经〉对中华文化的影响》的报告，指出《易经》影响了中华文化的思维方式，是近代科学没有在中国萌芽的重要原因之一。这次报告引起了海内外华人圈，尤其是易学专家们的强烈反响，在一些人眼中，杨振宁甚至成了中华文明的离经叛道者。）

王志：《易经》是作为中国传统文化的代表作之一？

杨振宁：是。

王志：那么杨先生对《易经》开炮？

杨振宁：不不，对不起，这句话有点原则性的错误，因为我那个文章是叫作《〈易经〉对中华文化的影响》。你如果看我整个那篇文章，80% 是讲这个影响非常之大，而且是正面的。只有 20% 是讲它有负面的影响。那篇文章变得非常有名，尤其在网上变得非常有名是为什么呢？因为有些人专看那 20%，不看整个的文章。认为这是大逆不道。

王志：这个演讲是你长期研究的一个必然的结果呢，还是说您确实有一个灵感的显现，您有冲动？

杨振宁：已经有几十年了。为什么中国有这么多聪明的人，有过很大的过去的科技的贡献，为什么没有在中国萌生出近代科学？这个是讨论很多了。我在这方面去看了一些书，去想了一下子，我看出一个别人从前不大注意的道理，就是说是没有推演法。从《易经》开始就已经没有推演法了，还不止没有推演法，它那个方法是跟推演法相反的。所以这使得中国有个框架，这个框架就是思维的方法，就是归纳法的方法，认为这是唯一的思维的方法。所以你如果要说我有什么革命性见解呢？就是我指出来，说这是一个致命伤。那么这是他们不喜欢的。

王志：但是杨先生您自己也说过，您说您就是中西文化冲突结合的一个产物。

杨振宁：西方对于学术的精神，有一点跟中国不一样的地方：中国太尊师重道。就是前人讲过的话，孔子讲的话、孟子讲的话，这个不能评论的，这个绝对是对的。老师讲的话绝对是对的，你不能评论的。这个现在太根深蒂固了。

（旁白：2004 年 11 月初，就在一些人批评他对中华传统文化大逆不道的时候，杨振宁获得了在华永久居留证。就像他在 1971 年是第一个回国访问的华裔知名学者一样，他也是首批获得在华永久居留证的外籍人士之一。）

王志：去年杨先生拿到了第一批绿卡中间的一张。

杨振宁：是。

王志：为什么拿这张绿卡呢？您跟所有的领导，跟几任的领导人都是朋友，在我们看来您用不着拿这张卡，但是您有发自内心的喜欢的真情的流露。

杨振宁：因为我本来就已经有五年的多次往返的签证，所以这个绿卡对于我的作用并不那么大，不过它有一个很重要的象征性的意义，我相信以后用这个绿卡的方法，中国可以吸引很多很多的优秀的人才来。我觉得这是一个明智的举动。

王志：您想用您的行动，来表明您对中国开放的这种支持？

杨振宁：这不是我的目的，不过可能是一个后果。假如我 1945 年离开的中国是旧中国的话，假如我 1971 年回来所看见的是新中国的话，那么到了 21 世纪，这个中国是一个新的新中国。在这个情形之下，我回来的心情是我要加入一个欣欣向荣、正在崛起而有非常好的前途的大的事业，我希望能够在这个大事业里头，做一些我自己所能做的小贡献。

追忆陈省身先生

原载《纪念陈省身先生文集》，浙江大学出版社，2005 年。

　　1930 年秋，陈省身先生在清华大学注册为算学系的研究生。我父亲杨武之当时是该系的教授，我们住在清华园内。那年陈先生曾多次来我家。我那时在读小学四年级，刚刚八岁，曾见过陈先生几次。没有想到几十年以后我们两人的学术工作虽在不同的领域，却都走到了同一胜地。今天写这篇纪念陈先生的短文，回想起我们的生平，觉得我们二人当初

图 05a. 1　陈省身（左）与杨振宁的合影

似乎是在爬同一座大山，自不同的山麓开始，沿着不同的途径，却没有认识到我们攀登的竟是同一高峰。

陈先生在清华毕业后去了欧洲深造。1937 年回国后在昆明西南联合大学数学系任教授。我在 1938—1942 年是该校物理系的本科生。陈先生当时是有名的年轻教授，我曾经选过他的微分几何课。陈先生教课认真而有条理，记得我听课时对曲线和曲面的几何都很感兴趣。可是最使我终生难忘的却是一件小事：我曾经想证明任何二维几何都和平面有保角（conformal）关系。我会证明度量张量可以化为 $A^2 \mathrm{d}\mu^2 + B^2 \mathrm{d}\omega^2$，可是不会证明可以把 A 和 B 变成相等。苦思而无结果。有一天陈先生告诉我只要利用复变量，即可立刻解决此问题。当时我的顿悟之感至今不忘。

1943 年，陈先生应邀去普林斯顿高等研究院做研究。在那里的两年时间里，他将微分几何领入了新的领域。此新领域以后在他的领导下迅速发展，成为 20 世纪基础数学一个最重要的分支。

1945 年 11 月我去美国以后，曾于 12 月在普林斯顿，又于 1949 年元旦在芝加哥和陈先生两次小聚。1949 年夏，陈先生就任芝加哥大学教授，60 年代初转去伯克利。此期间直到 70 年代，我们在芝加哥、普林斯顿、伯克利曾多次见面（图 05a.1）。我还在伯克利北面的 El Cerrito 镇他的家中小住过多次。我和陈先生的夫人郑士宁女士，和他的两个孩子陈伯龙和陈璞也都很熟悉，所以我们每次见面谈到的题目很多：朋友、亲戚、国事、家事，可是几乎完全没有谈到我们二人的研究工作，虽然我十分了解他已经是 20 世纪世界级的数学大师了。

数学和物理学早年本来有密切的关系，可是自 19 世纪中叶以来，二者的前沿发展渐渐走了不同的方向。芝加哥大学前数学系主任斯同（Marshall Stone，1903—1989）教授就曾在 *American Mathematical Monthly* 第 68 卷中发表过一篇有名的文章：《数学的革命》，其中有这样一段话（我的翻译）：

> 1900 年以来对于数学的看法有了一些重要的改变，其中真正革命性的发现是：数学原来完全与物理世界无关。

斯同的这篇文章发表于 1961 年。当时由陈先生发展出来的整体微分几何学已经成为近代数学的一支主流，把几何、代数、分析和拓扑联系到一起。可是就像斯同所说的，当时大家认为整个近代数学都与"物理世界"没有关系。

但是斯同的说法完全错了：陈先生的整体微分几何学中的一些重要的观念，如外微分形式和纤维丛等，都与近代基础理论物理中的规范场论有密切的关系。我是在 70 年代初才了解到此中奥妙，当时的感受我于 1980 年的一篇文章中曾这样描述：

> 1975 年，规范场就是纤维丛上联络的事实使我非常激动。我驾车去陈省身在伯克利附近 El Cerrito 的家。1940 年初，当我是国立西南联大的学生，陈省身是年轻教授的时候，我听过他的课。那是在陈省身推广高斯－博内定理（Gauss-Bonnet Theorem）和"陈氏级"的历史性贡献之前，纤维丛在微分几何中还不重要。
>
> 我们谈到友谊、亲朋、中国。当我们谈到纤维丛时，我告诉他我从西蒙斯那里学到了漂亮的纤维丛理论以及

深奥的陈省身－韦尔定理。我说，令我惊诧不止的是，
规范场正是纤维丛上的联络，而数学家是在不涉及物理
世界的情况下搞出来的。我又说："这既使我震惊，也
令我迷惑不解，因为，你们数学家居然能凭空想象出这
些概念。"他立即反对说："不，不，这些概念不是想象
出来的。它们是自然而真实的。"

为什么造物者选用了"自然而真实的"但是极抽象的数
学观念，来创建物质世界，恐怕将是永远不解之谜。70年代
震惊于此不解之谜之后，我写了一首小诗：

> 天衣岂无缝，匠心剪接成。
>
> 浑然归一体，广邃妙绝伦。
>
> 造化爱几何，四力纤维能。
>
> 千古寸心事，欧高黎嘉陈。

造化爱几何之说，其实爱因斯坦很早就曾预言过。70年
代以来，此说渐渐发展成为今日理论物理学家的共识。

陈先生说他对此小诗的写作不负任何责任。不错，写作
的时候我确实没有和他讨论过。可是我不只深信诗中的造化
爱几何之说，更相信与基础物理最相关的几何就是整体微分
几何；而且陈先生和我当年所爬的高峰上面，还会有更高的
境界，更抽象的，但是"自然而真实的"数学观念，为造化
所钟爱。

画家范曾和陈先生与我都很熟悉。2004年夏，他为南开
大学画了一幅大画（图05a.2），还写了一首诗：

> 纷繁造化赋玄黄，宇宙浑茫即大荒。
>
> 递变时空皆有数，迁流物类总成场。
>
> 天衣剪掇丛无缝，太极平衡律是纲。

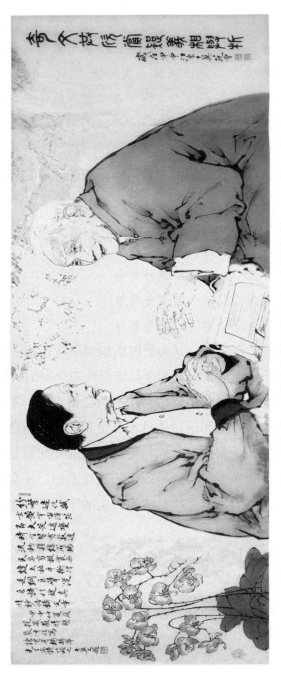

图 05a. 2　画家范曾笔下的陈省身与杨振宁

巨擘从来诗作魄，真情妙悟铸文章。

看了他的诗与画，我就想起陈先生 1987 年所写的文章《我与杨家两代的因缘》中的一句话："先后五十年，从联大到南开，造物主待我们厚矣。"

爱因斯坦：机遇与眼光

本文是杨振宁在 2005 年 7 月 24 日在北京召开的第 22 届国际科学史大会上的报告。译文载于《科学文化评论》第 2 卷第 4 期，2005 年。译者：翁帆。

一

1905 年通常称为阿尔伯特·爱因斯坦的"奇迹年"（*Annus Mirabilis*）。在那一年，爱因斯坦引发了人类关于物理世界的基本概念（时间、空间、能量、光和物质）的三大革命。一个二十六岁、默默无闻的专利局职员如何能引起如此深远的观念变革，因而打开了通往现代科技时代之门？当然没有人能够绝对完满地回答这个问题。可是，我们也许可以分析他成为这一历史性人物的一些必要因素。

首先，爱因斯坦极其幸运：他生逢其时，当物理学界面临着重重危机时，他的创造力正处于巅峰。换句话说，他有机会改写物理学的进程，这也许是自从牛顿时代以来独一无二的机遇。这种机遇少之又少。贝尔（E. T. Bell）的《数学精英》（*Man of Mathematics*, New York: Dover Publications,

1937）引用了拉格朗日（J. L. Lagrange，1736—1813）的话：

> 虽然牛顿确实是杰出的天才，但是我们必须承认他
> 也是最幸运的人：人类只有一次机会去建立世界的体系。

这里，拉格朗日引用的是牛顿的巨著《自然哲学的数学原理》
中第三卷即最后一卷前言中的话：

> 现在我要演示世界体系的框架。

拉格朗日显然非常嫉妒牛顿的机遇。可是爱因斯坦对牛
顿的公开评价给我们不一样的感觉：

> 幸运的牛顿，幸福的科学童年……他既融合实验者、
> 理论家、机械师为一体，又是阐释的艺术家。他屹立在
> 我们面前，坚强，自信，独一无二。

爱因斯坦有机会修正二百多年前牛顿所创建的体系。可
是这个机会当然也对同时代的科学家们开放。的确，自从
1881 年麦克尔逊－莫雷（Michelson-Morley）首次实验以及
1887 年第二次实验以来，运动系统中的电动力学一直是许多
人在钻研的热门课题。令人惊奇的是，当爱因斯坦仍在苏黎
世念书时，他已经对这个题目发生了浓厚的兴趣。1899 年他
曾写信给他后来的太太米列娃（Mileva Marić）：

> 我还了赫姆霍兹的书，现正在非常仔细地重读赫
> 兹的电力传播工作，因为我以前没能明白赫姆霍兹关
> 于电动力学中最小作用量原理的论述。我越来越相信
> 今天所了解的运动物体的电动力学与实际并不相符，
> 而且可能有更简单的理解方式。（引自 *Albert Einstein/
> Mileva Marić: The Love Letters*, eds. Renn & Schulmann,
> translated into English by S. Smith, Princeton University
> Press, 1992）

他追寻此更简单的理解方式，六年以后引导出了狭义相对论。

当时许多科学家对这个科目也极感兴趣。庞加莱（L. H. Poincaré，1854—1912）是当时两位最伟大的数学家之一，也正在钻研同一个问题。事实上，相对性（relativity）这一名词的发明者并不是爱因斯坦，而是庞加莱。庞加莱在 1905 年的前一年的演讲（载于《新世纪的物理学》，*Physics for A New Century*, AIP Publication on History, Vol. 5, 1986）中有这样一段：

> 根据相对性原则，物理现象的规律应该是同样的，无论是对于固定不动的观察者，或是对于做匀速运动的观察者。这样我们不能，也不可能，辨别我们是否正处于这样一个运动状态。

这一段不仅介绍了相对性这个概念，而且显示出了异常的哲学洞察力。然而，庞加莱没有完全理解这段话在物理上的意义：同一演讲的后几段证明他没有抓住同时性的相对性（relativity of simultaneity）这个关键性、革命性的思想。

爱因斯坦也不是首位写下伟大的转换公式的人：

$$x'=\gamma\ (x-vt), \quad y'=y, \quad z'=z$$

$$t' = \gamma\left(t-\frac{vx}{c^2}\right)$$

$$\gamma = \frac{1}{\sqrt{1-v^2/c^2}}$$

之前，洛伦兹（H. A. Lorentz, 1853—1928）曾写出这个公式，所以当时这个公式以洛伦兹命名，现在仍然是这样。可是洛伦兹也没能抓住同时性的相对性这个革命性思想。1915 年他写道：

我失败的主要原因是我死守一个观念：只有变量 t 才能作为真正的时间，而我的当地时间 t' 仅能作为辅助的数学量。（转引自 Abraham Pais, *Subtle Is the Lord: The Science and the Life of Albert Einstein*, Oxford University Press, 1982, p. 167）

这就是说，洛伦兹有数学，但没有物理学；庞加莱有哲学，但也没有物理学。正是二十六岁的爱因斯坦敢质疑人类关于时间的原始观念，坚持同时性是相对的，才能从而打开了通向微观世界的新物理之门。

几乎今天所有的物理学家都同意是爱因斯坦创建了狭义相对论。这对庞加莱和洛伦兹是否公平？要讨论这个问题，让我们先引用怀特海（A. N. Whitehead）的话：

科学的历史告诉我们：非常接近真理和真正懂得它的意义是两回事。每一个重要的理论都被它的发现者之前的人说过。（参见 *The Organization of Thought*, Westport CT: Greenwood Press, 1974, p. 127）

洛伦兹和庞加莱都没有抓住那个时代的机遇。他们致力于当时最重要的问题之一，即运动系统中的电动力学。可是他们都错失其重点，因为他们死守着旧观念，正如洛伦兹自己后来所说的一样。爱因斯坦没有错失重点是因为他对于时空有更自由的眼光。

要有自由的眼光（free perception），必须能够同时近观和远看同一课题。远距离眼光（distant perception）这一常用词就显示了保持一定距离在任何研究工作中的必要性。可是只有远距离眼光还不够，必须与近距离的探索相结合。正是这种能自由调节、评价与比较远近观察的能力，形成了自由

447

的眼光。按照这一比喻，我们可以说洛伦兹失败了是因为他只有近距离眼光，而庞加莱失败了是因为他只有远距离眼光。

中国伟大的美学家朱光潜（1897—1986）强调过"心理距离"在艺术和文学创作上的重要性。我认为他的观念与上述的远距离眼光是一致的，只是在不同的学术领域而已。在最权威的爱因斯坦的科学传记 *Subtle Is the Lord*（即前文所引 A. Pais 的著作）中，作者选择这样一个词来描写爱因斯坦的性格：孤持（apartness），并且在第三章开始时引述道：

> 与其他人保持距离；单独地、孤立地、独自地。（《牛津英文词典》）

的确，孤持、距离、自由眼光是互相联系的特征，是所有科学、艺术与文学创造活动中一个必要因素。

1905 年爱因斯坦另一个具有历史意义的成果是他于 3 月间写的论文《关于光的产生和转化的一个启发性观点》（"On A Heuristic Point of View Concerning the Generation and Conversion of Light"）。这篇文章首次提出了光是带分立能量 $h\nu$ 的量子。常数 h 由普朗克于 1900 年在其大胆的关于黑体辐射的理论研究中提出。然而，在接下来的几年里，普朗克变得胆怯，开始退缩。1905 年爱因斯坦不仅没有退缩，还勇敢地提出关于光量子的"启发性观点"。这一大胆的观点当时完全没有受到人们的赞赏，从以下的几句话就可以看出这一点：八年后，当普朗克、能斯特（W. H. Nernst）、鲁本斯（Heinrich Rubens）、瓦尔堡（O. H. Warburg）提名爱因斯坦为普鲁士科学院院士时，推荐书上说：

> 总之，我们可以说几乎没有一个现代物理学的重要问题是爱因斯坦没有做过巨大贡献的。当然他有时在创

新思维中会错过目标，例如，他对光量子的假设。可是我们不应该过分批评他，因为即使在最准确的科学里，要提出真正新的观点而不冒任何风险是不可能的。（参见前引 A. Pais 的著作，p.382）

这封推荐书写于 1913 年，其中被嘲笑的光量子假设（hypothesis of light-quanta）指的就是上述爱因斯坦于 1905 年大胆提出的想法。可是爱因斯坦不理这些嘲笑，继续把他的想法向前推进，于 1916—1917 年确定了光量子的动量，进而发展为 1924 年对康普顿效应（Compton effect）的划时代的认识。

光量子这一革命性之观点产生的历史可以总结为：

1905 年　　爱因斯坦关于 $E=hv$ 的论文

1916 年　　爱因斯坦关于 $P=E/c$ 的论文

1924 年　　康普顿效应

在那些年里，在 1924 年康普顿效应确立之前，爱因斯坦完全孤立，因为他对光量子的深邃眼光不被物理学界所接受。

二

在 1905 年至 1924 年之间，爱因斯坦的研究兴趣主要在广义相对论。作为科学革命，广义相对论在人类历史上是独一无二的。其设想宏伟、美妙、广邃，催生了令人敬畏的宇宙学，而且它是一个人独自孕育并完成的，这一切让我想起《旧约》里的创世篇（不知爱因斯坦本人是否曾想起这个比较）。

当然，我们很自然也会想起其他的科学革命，例如，牛顿的巨著、狭义相对论、量子力学。不同之处：牛顿的工作确实是宏伟、美妙、广邃的。对，可是在他之前有伽利略（Galileo）、开普勒（Kepler），还有更早的数学家和哲学家们的成果。他也不是当时唯一在寻求万有引力定律的人。狭义相对论和量子力学也都是影响深远的革命。可是它们是当时许多人研究的热门课题，都不是由一个人所创建的。

关于广义相对论，爱因斯坦没有抓住什么机遇，而是创造了这个机遇。他独自一人通过深邃的目光、宏伟的设想，经过七八年孤独的奋斗，建立起一个难以想象的美妙体系。这是一次纯粹的创造。

三

广义相对论代表引力场的几何化。自然而然它使爱因斯坦接着提出电磁场的几何化。从而又产生了将所有自然力几何化的想法，即统一场论。此发展成为他后半生的研究重点。例如，1949 年至 1950 年在普林斯顿高等研究院他最后的研讨会上，他尝试着把电磁场 $F_{\mu\nu}$ 合并成不对称的度量 $g_{\mu\nu}$。他这个尝试和他先前在同一方向所做出的努力一样，都没能成功。

由于没有成功，也由于自 20 世纪 20 年代以后，爱因斯坦将其注意力几乎全部放在这项研究上而忽略了像固体物理和核子物理这些新发展的领域，他经常遭受批评，甚至被嘲笑。他对于统一场论的投入被描述为着魔（obsession）。这种批评的一个例子是拉比（I. I. Rabi，1898—1988）于 1979 年在普林斯顿举行的爱因斯坦百年纪念上所讲的话：

图 05b.1　爱因斯坦在柏林 Haberlandstraβe 家里的书房

　　当你想起爱因斯坦于 1903 年或 1902 年至 1917 年的工作时，那是极其多彩的，非常有创造力，非常接近物理，有非常惊人的洞察力；然而，在他不得不学习数学，特别是各种形式的微分几何的时期以后，他就改变了。

　　他改变了他的想法。他的那种对物理学的伟大创意也随之改变了。

拉比是否正确呢？爱因斯坦有没有改变呢？

　　答案是：爱因斯坦的确改变了。改变的证据可以在他 1933 年的斯宾塞演讲（Herbert Spencer Lecture）《关于理论物理的方法》（*On the Method of Theoretical Physics*, New Nork: Oxford University Press, 1933）中找到：

理论物理的公理基础不可能从经验中提取，而是必须自由地创造出来……经验可能提示适当的数学观念，可是它们绝对不能从经验中演绎而出……

但是创造源泉属于数学。因此，在某种意义上，我认为单纯的思考可以抓住现实，正如古人梦想的一样。

虽然你可以同意或反对这些非常简要的论点，但是你必须同意它们强有力地描述了爱因斯坦在 1933 年关于如何做基础理论物理的想法，而且此想法相对于他早年的想法有极大的变化。

爱因斯坦自己对这一变化非常清楚。在他七十岁出版的《自述》（*Autobiographical Notes*）里，我们看到：

我作为一个学生，并不懂得获取物理学基本原理的深奥知识的方法是与最复杂的数学方法紧密相连的。在许多年独立的科学工作以后，我才渐渐明白了这一点。

很明显，在这一段里，"独立的科学工作"指的是他于 1908 年至 1915 年间创建广义相对论的长期奋斗。长期奋斗改变了他。是否朝更好的方向改变了呢？拉比说：不是，他的新眼光变成徒劳无益的走火入魔。我们说：他的新眼光改写了基础物理日后的发展进程。

爱因斯坦逝世五十年来，他的追求已经渗透了理论物理基础研究的灵魂，这是他的勇敢、独立、倔强和深邃眼光的永久证明。

中国文化与近代科学

原载《光明日报》2005 年 12 月 21 日，第五版。

　　1993 年，我在香港大学做过一个演讲：《近代科学进入中国的回顾与前瞻》。那篇演讲与今天我们要讨论的"中国文化与近代科学"有密切的关系。那篇演讲的结论是：到了21 世纪中叶，中国极可能成为一个世界级的科技强国，因为一个国家的科技发展需要有四个条件：人才、传统、决心和经济支持，而此四条件中国已基本上或即将具备了。

　　今天没有时间把这四个条件都再一一讨论，下面只重复对于"传统"这个条件，当时所讲的话：

　　　　儒家文化注重忠诚，注重家庭人伦关系，注重个人勤奋和忍耐，重视子女教育。这些文化特征曾经，而且将继续培养出一代又一代勤奋而有纪律的青年。（与此相反，西方文化，尤其是当代美国文化，不幸太不看重纪律，影响了青年教育，产生了严重的社会与经济问题。）

　　　　能培养出勤奋而有纪律的青年是中国文化传统的一个特征，同时也是对发展近代科学极有利的一个因素。

2005 年 8 月中，我在新疆参加全国科协年会，在回答一个新闻记者提问的时候加重地再讲了这几句话，又说开国以来新中国大学办得非常成功。

自新疆回来才发现，不得了，网上很多人狠狠地批评了我。而且说，丘成桐教授对于中国大学的评价与我的意见相反，又说网上82%的人赞成丘的看法，只有2%的人赞成我的看法。

丘成桐是当今世界一流的数学家，也是我的朋友。我们为什么会有这么不同的看法？

我想：第一，我们的着眼点不一样，就像苏轼的名句"横看成岭侧成峰，远近高低各不同"所讲的；第二，一个八十多岁的人的着眼点不可能和一个五十多岁的人的着眼点一样。

下面我较详细地讲一下我对于中国大学教育的几点看法。

甲、今天全世界对于大学的评价有一个共识，就是要从三方面来着想：一、对社会的贡献；二、本科教育；三、研究与研究生教育。

关于一、二两点，五十多年来中国的大学培养了几代毕业生，他们对国家的贡献是无法估价的巨大。没有五十多年来中国大学毕业生的贡献，今天的中国不可能是目前所达到的状况。我更进一步认为，中国最好的大学对中国的贡献，比哈佛今天对美国的贡献大；中国二流的大学对中国的贡献，也比美国二流的大学对美国的贡献大。这是历史发展的结果，起源于正在发展中的国家与已发展的国家社会需要的不同，是不争的事实。虽然对这事实中国办教育的人不可引以自满，但是也不应忘记。

2004 年，我在清华大学教了一学期的大一物理。在 80 年代、90 年代我也曾在美国教过两年的大一物理。对比中美学生，我得到两个极深的印象：

（一）中国学生在中学习题做得多。远比美国学生根基扎实。

（二）中国的大一学生比美国大一学生成熟多了。能集中注意力，能努力学习。

所以我认为清华的本科生平均比哈佛的本科生好。听说复旦前校长杨福家不赞成我的这个说法。杨福家也是我的朋友，关于我们的不同意见，我还没有工夫和他细谈。不过我想他心目中的是哈佛的后来有大成就的学生，而我心目中的是哈佛的平均学生。也就是说，他把着眼点放在研究与研究生教育，放在上面所讲的第三点，而我的着眼点放在全部三点。

那么大学教育应该注重平均学生呢，还是应该注重特殊学生？

两者当然都要注重，但是在一个急速发展的国家，像中国，对平均学生的训练比在一个发达的国家，像美国，更为重要。在中国，最需要的是大多数大学生能够成才，能够为社会做出贡献。在美国，一个已发展的国家，最需要的是十分杰出的年轻人，能够通过新的途径创造知识与财富。

美国的教育哲学对于年轻人采取的是放任政策。讲得不好，是让他们随波逐流。这种教育哲学的好处是给有特殊天资才干的人以极大的创新空间，可是这个教育哲学有一个阴暗面，是国内很多人不知道或者不注意的。这就是美国的教育哲学浪费了许多人才，造成了许多悲剧。

乙、关于第三点：研究与研究生教育。中国大学确实比先进国家的大学落后许多。清华、北大、复旦的研究成绩比哈佛还差得很远。这是全国都十分关注的问题，也是丘成桐和我都十分关注的问题。

关于这个问题，我有几点意见：

（一）丘成桐所提出的许多对现行体制的批评我十分同意，希望大家能注意与讨论这些批评。

（二）学术传统在人文与科技领域对研究工作都十分重要。在任何一个学科里面建立学术传统需要时间，不是一朝一夕的事情，不能着急。

（三）国内科技研究成果之所以仍然跟不上先进国家，有多种原因，而我认为其中极重要的是经费仍然不足。近年来，投入于科研的经费的确是大大地提升了，可是对于年轻教师，对于博士后和研究生的待遇，包括居住条件、薪水、子女教育与医疗条件，所花的钱仍然远远不够。

科研工作者需要长期稳定的生活环境。最好能长期不受干扰，不必整天写研究项目申请书，不必因为住所拥挤而夫妻经常吵架，不必为孩子的读书困扰，不必于家人生病时要排队挂号，等等。可以专心做研究，这样积累起几年的思考和探索才容易有成就。

在国家还未能给许多科研工作者安排长期稳定的生活环境的时候，责备他们工作成果不理想是不公平的，忽视中国大学在本科生教育的成功是不恰当的，对中国科研发展前途抱悲观的看法是不明智的。

（四）中国的教育哲学与美国的教育哲学有基本的不一样的地方：中国注重训导，美国注重启发。这当然是极重要的分别。

那么既然美国科研十分成功，是不是应该照搬美国办小学、中学、大学的办法？许多人认为应该，理由是中国的教育哲学对创新精神不利。

中国的教育哲学确实不注重创新，可是美国的教育哲学也有极大的毛病。比较二者的优劣必须考虑到二者对不同的学生的影响各有好坏：

一般来讲，对于多数学生，90分以下的学生，中国的教育哲学比较好，能够训导他们成才，少走弯路，增加他们的自信心和安全感。而这些成才的大学毕业生正是今天中国社会所急需的人才。

至于90分以上的学生，他们常常不大需要训导。对于这些学生，美国的教育哲学一般比较好，能够让他们有更多空间发展他们的才能。

如何保持中国教育哲学的优点，同时引进美国教育哲学对优秀学生的长处应是全国教育界亟须关注的问题。

"三四十年后，大家一定
认为这是罗曼史"
——杨振宁、翁帆接受台报专访

原载《参考消息》2006 年 7 月 11 日。

【台湾《联合报》7 月 6 日报道】题：杨振宁、翁帆相对论婚姻——接受本报 90 分钟深度专访

婚后首次来台的杨振宁和翁帆于 7 月 5 日接受本报专访。专访之后，杨振宁偕翁帆中午参加吴大猷科普著作奖颁奖典礼，并做《21 世纪的科学发展》专题演讲。

穿着碎花洋装的翁帆掩不住的青春气息，她是杨振宁的伴侣，也是他的"耳朵"。佩戴助听器五年的杨振宁坦然地说，到了这年纪，听力不行，"你们得大声点儿"；若是不清楚，他只消望妻子一眼，翁帆会握着他的手，用略带潮汕腔的普通话把问题重复一次。以下是访谈内容：

"这个婚姻把自己的生命做了延长"

问：两位结婚快两年了，结婚对你们各自的人生，最大

的改变是什么？

杨振宁：我们是不同时代的人，婚后，我们从彼此学习到一些自己以前没经历过的事情。我们年纪差很多，媒体有非常多讨论，不过有一点大家都没注意到：一个人到了八十多岁，不可能不想到他的生命是有限的，跟一个年纪很轻的人结婚，很深刻的感受是，这个婚姻把自己的生命在某种方式上做了延长。

假如我没跟翁帆结婚，我会觉得三四十年后的事跟我没关系；现在我知道，三四十年后的事，透过翁帆的生命，与我有非常密切的关系。下意识里，这个想法对我有很重要的影响。

翁帆：振宁讲过："有些事我看不到了，可是再过三四十年，你帮我看。"我们心底难免有点伤感，但大家都晓得这是一个事实，每个人都会经历。对我来说，婚后经常要旅行，参加一些会议和活动，这跟我以前的生活不一样，因为我结婚前还在念书。

问：杨振宁的过去，翁帆没有参与，会造成隔阂吗？或反而可以分享不重叠的人生？

杨振宁：我认识很多人，有的认识很多年，像这两天翁帆和我会看到很多人，我都会预先向翁帆介绍，这个人多少岁、做什么研究。我想人相处了以后，年龄差别没什么重要性，重要的是，每个人都不一样。

透过跟翁帆的接触，我也认识很多和她同年纪、在潮州长大的中国年轻人，帮助我对中国今天的各种现象多一些了解。

问：会不会在价值观上因为世代差距有不同看法？

杨振宁：像吃东西，毕竟我在美国住了快六十年，而她最近才长期接触外国生活。

翁帆：我发现他吃中餐和西餐的量不一样，西餐吃得较多，中餐通常吃一点就说饱了。

杨振宁：又比如说她对中国的补药，相信的程度比我大了很多很多。

翁帆：中国人普遍觉得人参是好的，广东人喜欢煲汤，里头会放些药材。这些我相信对身体有好处。他一边喝，一边说不相信。不过只要他肯喝，我还是会煲给他。

"我走了，翁帆可再婚"

问：你们谈论科学吗？跟诺贝尔奖得主生活在一起是什么感受？

翁帆：我想他首先是一个人。当我们生活在一起，我很少去想他是什么得主或什么人物，只把他当作丈夫一样来相处。

杨振宁：我可以解释得更清楚一点。比如说我看电视或看电影，了解的速度不如一般人，一方面是我的耳朵有点问题，不过不只是这个。我跟翁帆看电影，她会觉得：喔，原来杨振宁这人并不怎么聪明。

问：结婚两年，院士做过的什么事让你最感动？

翁帆：嗯，现在我刚好想起两件事，心里觉得是甜的。有一回我们在日本，早上我病了，头晕、肚子疼，没法起床，振宁到楼下帮我拿一碗麦片粥上来，喂我吃。（杨：多半时候，都是她照顾我。）

另一件是在三亚的酒店，他通常比我早起看报纸、看书。那天他不想开灯吵醒我，就到洗手间里去看。我醒来后跟他说，你可以开灯的。

问：你似乎对自己的年龄很坦然？

杨振宁：是，很幸运，我现在身体很好。假如我不能行动了，我们的关系和对前途的看法不可能跟现在一样。有人认为我们的年纪差这么多，兴趣可能完全在不同方向，过去经验也不一样，会影响我们彼此之间的了解程度。不过，我觉得这些婚姻不成功的可能性在我们之间都没有。

问：婚前你们曾讨论过如何排解别人的议论或亲友的压力吗？

杨振宁：亲人的看法当然是我们比较重要的考虑（杨有三名子女），不过在我们两家的情形，他们没有任何异议。至于朋友，我想绝大多数都觉得这是一桩不寻常的婚姻，不过他们也认为是值得做的事情。

最近我们到美欧去了一趟，因为翁帆是念英文的，所以她和别人交谈一点困难也没有。我曾经想过，如果她不大会说英文，我们会不会结婚？这是没办法回答的问题，人的感情很复杂，不过这的确是一个重要因素。

翁帆：我们结婚是先自己决定，再通知家人。当然希望他们支持，不过我想，首先是我们自己做了决定。振宁说过，三四十年后，大家一定会认为这是罗曼史，我也这样觉得。我这样想没什么特别理由，只因为我们生活得很好。

杨振宁：我想（看了翁一眼），翁帆也许不会反对我给你们讲这个故事。讨论结婚的时候，我跟翁帆说，将来我不在了，我赞成你再婚。她说："我当然不会，你怎么可以这

样讲 !"

但我的话是有哲理的。人生非常复杂，没有绝对的对与不对。我告诉她，赞成你将来再婚，是年纪大的杨振宁讲的；年纪轻的杨振宁，希望你不再结婚。

"一生这么多幸运很少有的"

问：杨院士曾说自己一辈子非常幸运，人生每个转折都占了很大便宜，这话怎么讲？

杨振宁：一个人到了我的年纪，不可能不想到一生的经历（翁伸手轻轻拿掉杨脸上的一根头发）。我在安徽合肥出生，当时的合肥，像还在 19 世纪甚至 18 世纪的状态，没有电，没有马路，大的公共汽车因城门太小进不来。直到父亲在我六岁时回国，到厦门大学当教授，把我和母亲接去，我才从 19 世纪跨进 20 世纪，第一次看见抽水马桶、水果罐头，也第一次吃到香蕉和菠萝。

到美国时我二十二岁，"二战"刚结束，这以后五六十年来，全世界人类生产力大幅增长。这与我个人一生命运有很密切的关系。我在美国当研究生时，正好物理学有新的一支刚发展，就是高能物理和粒子物理。一个年轻人能和一个开始蓬勃发展的领域结合在一起是最幸运的，那景况像是"遍地黄金"。那也是美国学术研究大发展的时候，各校、各研究所都在扩充，机会非常多。所以我从没找过工作，都是职业来找我，这当然非常幸运。

在个人生活方面，我跟杜致礼结婚五十多年，现在又跟翁帆结婚，不管别人怎么想，在我自己看起来，都是很幸运的。

而这么多幸运结合在一起是很少有的。

翁帆：我想我没他那么幸运，这是肯定的。不过我也觉得，我一切都还不坏，对目前的生活很满意。

问：你对自己的学术成就，总评是什么？有遗憾之处吗？

杨振宁：科学前沿的研究工作，我想可以比喻为冲锋陷阵。年纪大的人冲锋陷阵的本领不能和年轻人相比，这点和文学完全不一样。比如我的老朋友何炳棣（历史学家），比我大三四岁吧，著作和研究还是在前沿做得很好。我现在基本上渐渐从最前沿退下来，改走到物理学发展的历史，注意的是过去一两百年学术上发展的总趋势。我到各地去演讲，讲题都与这有关。这些年关于这方面，我写了不少文章，现在翁帆帮我整理文章，翻译成中文，打算出一本《杨振宁选集》。1985 年我出过一本英文的 *Selected Papers*（《论文选集》），现在等于出续集，但用中文出版。

问：杨院士曾说中国应多几个比尔·盖茨，不必多几个诺贝尔奖得主，意思是……

杨振宁：这是有媒体断章取义，我的意思是中国更需要的是比尔·盖茨那样的企业家，或能发明任天堂的企业，创新的同时也带来很多经济效益。得诺贝尔奖当然好，问题是目前哪个更重要。

问：你对 21 世纪的中国有很大的期许？

杨振宁：对，我想这是人类史无前例的发展吧。一个这么古老的文化、这么多的人口，从一百多年前濒于灭亡的状态走到今天，是人类历史上一个重大的事情，对 21 世纪的影响是非常巨大的。我常常想，我这点也很幸运，到了八十多岁的年纪，还能看到我所关怀的一个文化传统处在崛起的状态。

有位印度裔诺贝尔奖得主 Naipaul 也七八十岁了，他对印度文化前途的关怀就像我对中国文化的前途一样，可是他没有我这么乐观。另一个几年前过世的大学者萨义德，关心伊斯兰文化的发展，但对它的文化前途同样没有我乐观。我想，大家都看得出来，这二十年来中国的经济情形、国际影响都提升得很快，这有长远的历史道理，这道理还会继续下去。

问：那你对台湾地区的未来一样乐观吗？

杨振宁：我对台湾的发展也采取乐观的态度。

我们是天作之合

这是杨振宁与翁帆在 2006 年 2 月 19 日的《亚洲周刊》上发表的一篇短文。

　　2006 年 1 月 22 日的《亚洲周刊》上面刊载了平路女士的文章《浪漫不浪漫？》。我们以前没有听说过平路女士，也没有看过她的文章。但是她点了我们的名字，说三道四了一通。我们觉得有必要在《亚洲周刊》上作一回应。平路在短短一千多字的文章中：

　　嘲笑和骂了老年人身体不好的窘态；

　　嘲笑和骂了儒家传统的种种；

　　用了多种言语描述老夫少妻婚姻有"解决不了的孤独"。

　　在我们看起来，整篇文章缺少的是阳光，是希望，是同情，是爱。

　　文章中说："或许因为快乐而悲伤，或许因为悲伤而快乐……问题是，谁会告诉我们这样的真相呢？"

　　平路女士，我们现在就告诉你我们相处的真相：我们没有孤独，只有快乐；与你所描述的，或所期望的，完全不同。我们两人都认为我们的婚姻是"天作之合"。（你一定不喜欢这个成语，其实像许多汉语成语一样，它是极富内涵的四个字。）

不管平路女士怎样解说，在我们读来，她的文章中多处是在咒骂我们。我们是骂不倒的。可是她是否应该反省，应该道歉呢？

附：浪漫不浪漫？

平路女士原文，原载《亚洲周刊》2006 年 1 月 22 日。

不久之前，音乐会中见到那位老科学家与他的新婚妻子。

其实，我见到的是他们的后脑袋，唧唧咕咕不时在私语。看起来，年轻妻子频繁请教，得过诺贝尔奖的老科学家耐心作答。小鸟依人一般，妻子时时把一头秀发靠了过去。

结束时他们起身，沿着走道往出口走，众人让路，眼光里有朝圣般的景仰艳羡。男士们大概也深受鼓舞，有为者亦当如是；女士们瞪着她光洁的面孔，这一刻优劣立判，是的，年轻就是胜利。

两人十指紧扣，走道两边频频轻呼：

"好浪漫！"

"没见过的，真罗曼蒂克。"

这么样目光所聚，背叛了世俗？不，我要说，他们恰恰是切合于世俗。

远远看着，白发红颜，像浪漫的佳偶。

几乎湮没了真相。尤其我们的儒家传统温柔敦厚，总为贤者讳。不像日本，作家习惯写作诚实的私小说，譬如川端康成、谷崎润一郎等人，将老之际，便用文字坦露面对年轻女性苍凉而异色的心境。

但在儒家传统的道袍之下，老夫少妻的匹配对照于社会期待，反而相得益彰：他们是常规的遵循者，不是顽勇的叛逆者。

男性家长制的权威操控，其实，正是儒家文化中被一再遵循的家庭模式。儒家的丈夫角色如父如兄，因之，最可以消受白纸白璧般无知无瑕的小女人：幼齿的"幼"、尚青的"青"，乃至雏妓的"雏"，对男人来说，意味着无须拼搏就可以轻松操控。

更何况，儒家文化对女性的训育也注重在妾妇之德：所谓的妇德、妇功、妇言，都教女人及早放弃自己的自主性，甘愿把心智停留在稚嫩的髫龄。

对妻子，毕竟是一种太长久的压抑，所以儒家文化的家庭结构包含着隐隐的暴力：日后，不满足的妇人用扭曲的欲望或变态的凌虐，掌理家、支使子媳，或顿挫那只无能的老兽。

真相是……

老夫少妻怎么过日子？

眼前飞着细小的蚊子，视网膜有破洞，膝盖头也飕飕地风湿骨刺，睡到夜晚有欲尿的感觉，站着，憋气，却又像滴漏一样迟迟出不来。

老男人的夜，实情像叶慈的诗篇《航向拜占庭》吗？

An aged man is but a paltry thing.／老年男人无非琐屑小事。

A tattered coat upon a stick./ 竿子上荡着一件破布衫。

还有彼此体温也解决不了的孤独。

见诸艾瑞丝·梅铎（Iris Murdoch）的丈夫 John Bailey 描述他们晚年相处的书（英文书名是 *Elegy for Iris*，中文译成《挽歌》），写到"我们在彼此身上看到了孤独"，当杨振宁碰到翁帆，老年的孤独碰上青春的孤独，加起来，说不定正好是小说家马尔克斯的题目：

一百年的孤独

无从跨越的还有……两人之间两个甲子的时代，其中难以跨越的时代感。他的生命章节已经写到最后，而前面那些关键的章节，萧条异代不同时，她甚至尚没有出生，又怎样用超前的心智一起去重数，去缅怀，去相濡以沫？

即使两人偶有温馨的时光，不是昂扬，不是灿烂，像是站在晚霞的回光里，随处带着淡淡的哀愁，或许因为快乐而悲伤，或许因为悲伤而快乐……

问题是，谁会告诉我们这样的真相呢？

对隐然合于流俗的事，华人世界总喜欢锦上添花。因此，这"美丽的礼物"，目前看来，将为大师的晚年红袖添香；为传统老男人的生命，添加上令人羡慕的尾巴。

我在意于它强化的仍是某种"迷思"（myth）。教导俗世男女，追求最传统的标的物。偏偏有人说他们充满勇气。这是混淆视听的说法。

其实，他们依着传统的模式相遇与相交，像是某种形式的郎才女貌、某种形式的各取所需，其实并非异类的情爱，亦算不上艰辛的苦恋痴恋，过程既不惊世，也不骇俗，后来婚礼果然祝福盈庭，如果要说当事人有勇气，他与她的勇气加起来也比不过任何一位毅然出柜的同志朋友。

明明是在传统架构里镶嵌得宜，却名之为浪漫，名之为勇气……

而我担心的尤其是，这浪漫的"迷思"将影响深远：它关系着女人继续把皮相青春当作本身可欲与否的唯一标准。

在浸会大学的一次发言

2006 年 11 月 13 日，香港浸会大学举行了 Polkinghorne 神父与
杨振宁的对话。下面是杨的发言。译者：翁帆。

　　我年纪渐渐大了，对宗教的看法也有了一些转变。我想
今天从一些方面跟你们谈谈这种转变。当然这是一种个人的
体验，涉及许多方面。下面我只谈两个方面。

图 06e. 1

图 06e. 2

（一）我一直是教师和研究员，而你（指 Polkinghorne）最初也是一位物理研究者。一位研究者，当他看到了自然一些秘密时，常常会有非常敬畏的感受。你方才提到保罗·狄拉克（Paul Dirac），狄拉克是 20 世纪一位伟大的物理学家，他因为屏幕上第二个方程式而闻名，现在叫狄拉克方程式。

$$E=mc^2$$

$$[\,\alpha\cdot pc+\beta\cdot mc^2\,]\,\Psi=E\Psi$$

第一个方程式大家都很熟悉。它极大地影响了人类的命运。 1905 年爱因斯坦写下这个方程式时，狄拉克只有三岁。二十三年后狄拉克写下了第二个方程式。其中的 E 与 mc^2，两个都在爱因斯坦的方程式里出现了，狄拉克所做的是加进了 α 和 β。这两个简单的数学结构非常神奇，加了它们出现了一个奇迹：（a）预测基础粒子电子是一个陀螺。我们每一个人的身上都有万亿个电子。狄拉克方程式说它们都在旋转。（b）狄拉克方程式给出这些陀螺的旋转速度，以及旋转过程中产生出多少磁场。这些理论结果都与当时（1928 年）的实验结果吻合。而且通过以后数十年的许多物理学家的努力，磁场强度的理论计算变得更精确了，今天已达到小数点后 11 位。要了解这个计算多么准确，让我们来想象，把这个大礼堂装满玻璃弹子，而要你数出弹子的总数。总数大概有数千亿个，你要一个个数下去，直至最后一个，才能得出准确的数目。一个 12 位的数字，每一位数都正确无误，这是狄拉克方程式预测的准度，而神奇地与最新实验结果完全吻合。

科学工作者发现自然界有美丽、高雅而庄严的结构。初次了解这种结构是产生敬畏感的经验。而今天在我年纪大的时候，我更加明白了，这种敬畏感，这种看到似乎不应被凡人看到的秘密时的畏惧，事实上是极深的宗教体验。

（二）人类文明初期的农业发展距今大概有一万年，那是 100 个世纪。在这 100 个世纪的前 99 个世纪里，人类的活动在每一个领域的发展都非常缓慢。然后，在这 100 个世纪的最后一个世纪里，即 20 世纪，人类的进步却突飞猛进：

在 1900 年最快的交通方式是骑马，大概每小时 8 公里；今天我们以每小时 800 公里的速度飞行。

在 1900 年电话是个新玩意儿；今天几十亿个手提电话在全球广泛使用。

在 1900 年最好的计算器是算盘；今天我们有每秒钟能做万亿个运算的超级计算器。

在 1900 年糖尿病是一种可怕的不治之疾；今天我们有胰岛素、抗生素、核磁共振成像、器官移植，等等，使得人类的寿命延长至两倍。

在 1900 年人类只能在地球上活动；今天人类已经登上

了月球。

在 1900 年人类制造 500 磅重的 TNT 炸弹；今天一个氢弹的爆炸威力是 100 000 000 000 磅 TNT。

所有这些奇迹，无论是好的或是坏的，都是一个世纪（20 世纪）中科技发展的结果。

因此我常常思考：今天人类好像坐上了一列快速的火车，由科技推动着，猛进，加速，加速，继续加速。

会不会大撞车？

当然，没有人能回答这个问题。可是它引起了忧虑，引起了不安。今天，我意识到这种不安恐怕是虔诚宗教信仰的原动力。

我十分同意 Polkinghorne 博士所说的科学与宗教急需对话。谢谢。

《雕塑的特性》序言

2007 年吴为山出版新书《雕塑的特性》。下面是我为此书写的短序。

吴为山既扎根于中国传统文化，又从近两个世纪以来西方艺术的伟大革命中汲取灵感，几乎给自己提出了一个塑造中国文明精髓的艰巨任务。

从老子的恢宏宁静，到鲁迅的沉郁峻切，吴为山一次又一次地从中国三千年漫长而复杂的历史中探索着"中国"二字的真意。他的雕塑打造了一种神似与形似之间的精妙平衡，而这种平衡正是中国艺术的立足之本。

我曾以三个字概括吴为山作品的特点：真、纯、朴。他的每一件大大小小的作品都洋溢着这些特点。

我相信吴为山注定将成为 21 世纪的伟大雕塑家之一。

母亲和我

本文曾刊于繁体版《曙光集》（新加坡：世界科技出版公司，2008 年）中《父亲和我》一文的后记中。

　　1923 年秋，我还不到一足岁的时候，父亲到美国去读书。以后五年的时间，母亲和我生活在一个大家庭里面。当时杨家经济情形很差，加上那时候许多留学生回国后就抛弃了他们原有的旧式妻子。母亲当然非常害怕父亲也会这样做，所以曾与附近的一间教堂中"吃教"的某姐谈过，说如果父亲抛弃我们母子，她就带我也去教堂"吃教"。这是她晚年亲口告诉我的。

　　在那五年间母亲和我确是"相依为命"（图 07b. 1）。她后来多次告诉我，我两三岁的时候，每晚要她讲"二十四孝"的故事，尤其喜欢《王祥卧冰》，"百听不厌"。我四岁的时候，母亲开始教我认方块字，一年多的时间，我认识了三千多个字。

　　1929 年到 1937 年间我们住在清华园。清华园中父亲的同事的夫人们多半是受过大学教育，甚至是留过学的，这对母亲产生了极大的精神压力。父亲的态度很好，但是这并不能解决母亲的问题。1933 年夏天以前，我还是小学生，可是已经能感受到母亲所承受的压力。她应付的办法很简单：她尽力把家管好，少去交际，不去打牌。一两年以后，母亲在清华园中已经有了治家整洁有方的声誉。

图 07b.1　1927 年前后摄于合肥

抗战期间母亲又承受了另外一种压力：父亲的收入不够用，而物价却飞涨。四十多年以后，我在一本英文书中曾这样描写那七年：

　　为了一家七口的生活，母亲——一个意志坚强、自奉严谨的女人，操劳终日，年复一年。全家度过了艰苦的战时岁月，人人瘦削，但都健康。

1945 年我二十二岁的时候，一生第一次离开母亲远去美国，以后十五年我们都没有见面。1960 年夏，我写信请父亲、母亲到瑞士跟我、杜致礼及我们的二儿子光宇（那时一岁半）团聚。父亲欣然答应，可是母亲却迟迟未能决定。她心中有一个疙瘩：她的"解放脚"。她小时候曾缠过足，后来虽然"解放"了，可是脚已变了形。下意识地她觉得她的脚似乎代表了中国一切的落后与丑陋。考虑了好多天，最后想看见她的大儿子和孙子的欲望终于克服了此心理作用，她陪父亲去了瑞士几个星期。（她到瑞士以后，发现瑞士人看见她这位中国老太太都客气地说"Bonjour, Madam"，心中的疙瘩很快就消失了。）

图 07b. 2　1983 年摄于香港中文大学教师宿舍十一苑

1982 年与 1983 年春节前后我接母亲到香港小住。图 07b. 2 是 1983 年在香港中文大学十一苑门口照的。她十分喜欢香港冬天的气候，也十分欣赏中文大学的优美环境。一天清晨我自室内远眺吐露港的海景，写了一首诗：

马鞍山衬朝阳辉，吐露静寂渔舟归。

槛外南国冬日暖，槛内花草沐春晖。

1984 年母亲已达八十八岁的高龄。我们兄弟姐妹商量许久，决定请她到美国探亲游览。她欣然答应。在美国的四个月，她去了西岸及东岸，一切都十分顺利美好，留下了许多珍贵的照片。图 07b. 3 是在 Brookhaven National Laboratory 里面摄的，背景是 1954 年及 1956 年我写我一生最重要的两篇论文（BNL-1938 与 BNL-2819）时所用的办公室。

图 07b. 3　1984 年春摄于 Brookhaven National Laboratory

1985 年母亲患了多发性骨髓癌症，我把她接到香港居住，以方便照顾。每个月她要去养和医院打一次针。头两年病情控制得很好。最后于 1987 年 9 月 12 日逝世，享年九十一岁。

　　图 07b.4 是 1987 年春节在香港仔照的一张照片。五年以后，1992 年 6 月 9 日南开大学为庆祝我七十岁生日举办了一个学术讨论会。会上我做了一个演讲，用了这张照片做幻灯片。介绍这张幻灯片时我说："这是母亲和我最后一次过春节……"忽然悲从中来，泣不成声。熊秉明当时在座。他后来写了一篇文章《杨振宁和他的母亲》，描写当时的情景。

图 07b.4　1987 年旧历新年摄于香港仔

　　母亲出生于 1896 年的旧中国，没有受过学校教育，只

念过一两年私塾。小时候她只有小名，和父亲结婚以后才取
了一个正式的名字：罗孟华。她经历了 20 世纪中国社会的
多种动乱，以镇静的、坚定不移的做人态度克服了一切困难。
她是杨家的精神支柱，受到她的丈夫、她的子女和所有认识
她的人的尊敬。

后记（杨振宁）

三联书店为出版《曙光集》的简体字版，于 2008 年 1 月 6
日在北京举行了一个首发式。周光召在简短的发言中，提到书
中既有一文《父亲和我》，似乎也应有一文《母亲和我》。

多年来我曾在多处谈到与写到我的母亲。因为我写作速度
极慢，今天我不再尝试那样展开写一篇《母亲和我》了，只写
下几个片段。

联合早报的一篇访问

原载新加坡《联合早报》2007 年 11 月 11 日。记者：潘星华。
下文转载自《参考消息》2007 年 11 月 20 日。

　　本月初，华裔科学家杨振宁教授到新加坡出席南洋理工大学高等研究所为庆祝他八十五岁生日而举行的国际物理学大会，接受本报专访时，回顾过去的八十五年，杨振宁对记者说："我是一个非常幸运的人。"

　　在九十分钟的专访中，这位充满幸福感的科学家，畅谈中国的现状、两岸统一、中美关系、高等教育、东西方教育方式，文思滔滔，处处显现他的敏锐和睿智。

回顾中国从积弱走上富强

　　记者：这次在新加坡，看到这么多老朋友从世界各地来为你庆生，感觉怎样？

　　杨振宁：我很感谢潘国驹教授（新加坡著名学者——本报注）为我安排了这个国际会议，让我看见很多在不同时代跟我非常熟的朋友，给了我机会，让我重新回顾一下我人生的不同章节。最近一两年，我常有"我是一个非常幸运的人"

481

的感觉。

我出生在1922年，那时候也许是中国几千年历史中最困难的时期。正如鲁迅回复给为《新青年》邀稿的钱玄同的信中写到的，意思说假如有一间铁屋子，里面的人都昏昏沉沉，不知道自己的命运。你现在去大声叫醒他们，使他们了解到自己痛苦的命运，你觉得这对他们有帮助吗？由此可见当时中国知识分子是多么悲观，对前途多么没有信心。我就是在那个时代出生。记得当时军阀混战，常常打到合肥来，我们家经常要"跑反"，跑到乡下或者医院去避难。

八十多年后，到了今天，情况完全不一样了。一个人能够在年纪大的时候，对于他所关心的民族的命运感到舒泰，是幸运的。

理性对待中国存在的问题

记者：在中国走上幸福之路的过程中，有您的贡献吗？

杨振宁：我不敢说有大贡献，我只是曾经再三说过，我早年的得奖，"能够帮助改变中国人自觉不如人的心理"。

今天中国进步很快，这是有目共睹；今天中国的问题多得不得了，也是有目共睹。很多人在网上抨击我，说我只会"歌功颂德"。"歌功颂德"之所以听来是一个贬义词，是因为很多人这样做，是为了要提高自己在当局的地位。我觉得我没有必要再提高我的地位，我的地位已经够高了。很多人攻击中国，我觉得都说得很有道理，很多建议，也是好的。既然讲这些话的人已经多极了，用不着再增加我了。

我只是觉得很多痛骂中国的人，并没有了解到，很多问题的存在不是今天政府制造出来的，而是历史遗留下来的。中国要想在三五十年内创造一个西方人四五百年才创造出来的社会，时间要缩短十倍，是不可能不出现问题的。所以客观来说，中国现在的成就已经是很了不起了。

不能抹杀中国高校的贡献

记者：对中国高等教育，你们就经常交锋。

杨振宁：是的。现在痛骂中国高等教育的人很多。他们的痛骂，是不是完全没有道理呢？也不是，是有些道理，只是他们还没有想清楚。我说，中国最优秀的名校如北大、清华和复旦等对今天中国的贡献，比美国最好的大学如哈佛、耶鲁对今天美国的贡献要来得大。我认为美国社会已经发展到稳定期，不像中国是一个走上坡路的艰难期，两个国家大学毕业生对社会所做出的贡献，影响力因此就不同了。中国近二十年来的高速发展，很大的功劳来自成千上万的大学毕业生。

对于高等教育需要什么样的改革，中国政府曾找我再三谈过，他们也虚心准备接受，有很多事，不是一天两天就能解决。这些不是只靠每年拨款几亿元，几年就可以解决的。

还有一个大问题，就是刚才你们（新加坡）教育部部长问我："北京的大学，最大的问题在哪儿？"我说，我认为他们最大的问题是，老师太多了。一个系动不动就有二百个老师，这都是从前永久聘约造成的，现在大家都同意要改，但是这么多人，哪里可以叫他明天不要来上班？这里面有很多困难，这些困难都是历史遗留下来的，不是现任政府能够

483

立刻解决的。

　　我对你们部长说，看北京的大学，一年的进步很少。如果放宽尺度，看五年、十年，进步就很大了。我的意思是说，很多历史包袱，中国需要时间去解决，新加坡历史短，没有太多历史遗留下来的问题。

中美关系是最关心的课题

　　记者：您对未来有什么期盼？

　　杨振宁：前两天，你们的同事问我八十五岁了，对世界最关心什么？我说，中美关系是我最关心的课题。我在中国出生，完成小学、中学、大学、硕士教育，近年来，我回到中国居住，我的父母亲是中国人。我在美国六十年，三个孩子现在都住在美国，我对中美两个国家都有相当的认识、有深厚的感情，中美关系很自然是我最关心的课题。

　　现在看，中美关系在二三十年内，不会出大问题，两国就算时有摩擦有冲突，却仍有种种必须合作的地方，我对这二三十年的中美关系是乐观的。可是四五十年后，就不敢预料了。主要是因为人类正面临很多复杂的问题，尤其是资源问题、能源问题、污染问题，到那时，因为中美两国对世界的影响力太大了，冲突会有集中在这两个国家的倾向。

　　记者：您游走在中美两国，受东西方教育，怎样看中国、美国文化？

　　杨振宁：上星期我在香港向年轻人讲话，我推荐他们读DNA双螺旋结构发现者沃森（James Watson）的著作《双螺旋》。我认为这本书可以告诉读者，为什么美国今天的科技这么成功。整本书的弦外之音是"你不需要绝顶聪明，也不需要有精湛的学问，只要有相当的聪明，肯努力，还要有天不怕地不怕的精神，就可以做出很重要的事情来"。

沃森和克里克发现 DNA 双螺旋结构，其实是依据了同一个实验室的女同事所做的 DNA 的 X 射线晶格衍射图像，可是沃森在书中，不只没有把这个功劳归给这个女同事，还对她极尽嘲讽，塑造她是"老小姐"的恶劣形象。沃森这个人和《双螺旋》这本书都很有争议。

我举沃森的例子，是要说明这样的人对人类绝对有贡献，这个贡献和他的个性很难分开。如果沃森生长在东方儒家社会，肯定不会有他后来的成就。他的成就是美国文化的成就。

我一向认为中国的社会、环境、教育哲学、教育体制，对 60 分至 85 分能力的孩子是好的，它可以使这样的人变得有用、成才，长大后能朝正规的方向发展。中国这几十年的建设，和这样的系统有密切关系。但是，美国的社会、环境和教育，整个系统，对 95 分以上能力的人特别有利，因为它采取放任的态度。放任对多数人不利，可非常聪明的尖端人才，却需要放任带给他们自由发挥的空间。

台当局不顾民生丧失前途

记者：您也一向很关心台海问题。

杨振宁：是的。五年前，有记者问我八十岁的生日愿望。当时我说，我最希望两岸统一。今天，我已经不再说同样的话，因为我认为两岸统一是必然的结果。近年来，中国大陆对台湾采取"让你去乱搞"的政策，而且随着中国国势急速上升，使我相信两岸统一已经是没有任何人能够阻挡的事情，不管陈水扁如何翻云覆雨都没有用。我可以大胆地说，陈水扁现在的胡搞，只会造成明年选举，马英九大胜。

我为什么会这么说呢？只要看前两次选举，票数非常接近，显然，三分之一是深蓝、三分之一是深绿，随便怎样搞法，这些铁杆票是不动的。只有剩下三分之一的游离票发挥作用，我不相信陈水扁翻云覆雨为民进党赢得的票会比输的票多。

我对马英九也有些意见。我觉得他跟陈水扁在一起，被陈水扁左右了活动的空间。马英九应该把当初要打的经济牌举出来，一打出经济牌，陈水扁就要输了。可是陈水扁很"厉害"，他翻云覆雨乱搞，马英九反而显得很被动。他为什么会这么被动，我不知道，也许是他的策略，不正面冲突，让人民看清楚陈水扁是乱来。

编后言

　　《曙光集》已经到了最后审稿的阶段了。再次编读这些文章后，我对于振宁的价值观、为人处世、物理生涯更加了解。我特别喜欢 Dyson 在振宁退休典礼上的演讲:《杨振宁——保守的革命者》。这并不是一篇迎合场面、用赞美堆砌出来的讲话。Dyson 的语言平实而感人，字句间的真挚之情随处可见。我知道 Dyson 一定是个读懂了振宁、知道怎么去欣赏振宁的人，要不不可能用"保守的革命者"这么准确、这么简洁的词语来形容他。

　　这两三年来，我慢慢地听振宁讲述关于他的朋友的故事，渐渐地在不同场合遇到他的许多朋友。遗憾的是，与振宁一起在清华园长大、几十年来一直保持着深厚友情的熊秉明于2002 年逝世，我始终没能认识他。与振宁在西南联大一起"高谈阔论"的两位舍友，我只见到了张守廉，却没能见到黄昆。我没能看见振宁的挚友邓稼先;没能看见振宁的老师陈省身;也没能看见振宁的合作者 Mills。至今，每每想起 Mills，振宁仍难掩其真切之情。这些朋友，都重现于《曙光集》里。

　　虽然书里有些文章我多年前曾经读过，可是因为现在我对于文章里的人与事更加了解，使得我这几个月来阅读时的感受与以前不尽相同，一切变得更加鲜明和立体。其中的一些文章又让我想起我们生活的一些片断。我记得，在北京振宁第一次带我去的地方就是中国现代文学馆，那时他特别给我介绍了鲁迅的铜像。前几个月，我们为了这本书还专门到中国现代文学馆为铜像照了一张相片。而几年前看《美与物理学》，让我非常喜欢 W. Blake 的诗句：

> To see a World in a Grain of Sand
>
> And a Heaven in a Wild Flower.
>
> Hold Infinity in the palm of your hand
>
> And Eternity in an hour.

我们还对比了当时两种不同的翻译。至今，我对于这首诗还是一样地着迷。

振宁每天除了上办公室，主要的时间都在看书和写作上。有时半夜起床，继续准备文稿，往往一写就一两个小时。他总是说，一有好的想法，就睡不下来。我想很多学者都是这样的。不过，有时振宁的写作习惯很有意思：他静静坐着或躺着，举一只手，在空中比画着。我问他："你在做什么呢？"他说："我把正在思考的东西写下来，这样就不会忘了。"他告诉我这个习惯已经跟随他几十年了。近三年的文章与演讲，不少就是他在空中"写"下的。《曙光集》里的文章，应该有好些也是这样记下来的。

翁　帆

2007 年 12 月于北京

范曾的大画（作于 2004 年）

杨又礼（杨振宁女儿），2004 年 5 月摄于故宫博物院

2004 年 10 月摄于广西北海

杨振宁、翁帆夫妇结婚照（2004 年 12 月）

翁帆，2005 年 1 月摄于三亚

2005 年 4 月摄于颐和园。左起：杨光诺（杨振宁长子）、Ann

2005 年 10 月摄于日本奈良

陈赛蒙斯楼揭幕，摄于 2005 年 10 月。前排左起：顾秉林、
杨振宁、赛蒙斯（Simons）夫妇、聂华桐

2005 年 12 月摄于清华园家中。杨振宁与两孙女：Alexa（左）、Micaela（右）

2005 年 12 月摄于颐和园大门前。翁帆、杨振宁与杨光宇（杨振宁次子）一家

2006 年 5 月摄于美国黄石湖畔

2006 年 6 月摄于奥地利

2006 年夏摄于青海湖畔

2007 年 8 月摄于清华园。左起：杨振玉、杨振宁、杨振汉、杨振平

2007 年 9 月 22 日摄于香港中文大学

2007 年 12 月摄于清华园的办公室中